新时代法律职业教育系列教材

DIANZI SHANGWU FALÜ SHIWU

电子商务法律实务

主　编◎李　明
副主编◎刘春英　　贺红燕　　张　钊
参　编◎张　迎　　张　悦　　王　璐
　　　　王淑清　　袁修月　　张运鸿
　　　　贾科峰　　刘志强　　李海峰

中国政法大学出版社

2025·北京

图书在版编目（CIP）数据

电子商务法律实务 / 李明主编. -- 北京：中国政法大学出版社, 2025.8. -- ISBN 978-7-5764-2220-7

Ⅰ. D922.294

中国国家版本馆 CIP 数据核字第 2025B50U75 号

出　版　者	中国政法大学出版社
地　　　址	北京市海淀区西土城路 25 号
邮　　　箱	fadapress@163.com
网　　　址	http://www.cuplpress.com（网络实名：中国政法大学出版社)
电　　　话	010-58908435(第一编辑部) 58908334(邮购部)
承　　　印	固安华明印业有限公司
开　　　本	787mm×1092mm　1/16
印　　　张	13.75
字　　　数	370 千字
版　　　次	2025 年 8 月第 1 版
印　　　次	2025 年 8 月第 1 次印刷
印　　　数	1~3000 册
定　　　价	59.00 元

总　序

为深入贯彻习近平新时代中国特色社会主义思想，特别是习近平法治思想、习近平总书记关于法律职业教育的重要论述，落实《关于加强新时代法学教育和法学理论研究的意见》提出的"扶持发展法律职业教育""构建中国特色法学教材体系"的战略部署，适应法律职业教育从内容到形式、从方法到生态的全方位变革，我们组织编写了"新时代法律职业教育系列教材"。

"新时代法律职业教育系列教材"强调实践导向，紧密围绕法律职业岗位能力要求，以"职业性、实践性、创新性"为核心理念，构建起覆盖法律实务全链条的知识体系，以解决传统法学教育模式偏重理论灌输，与法律实务需求存在一定程度的脱节问题。教材以法律实务岗位能力培养为核心，整合司法实践中的典型案例、行业规范与新兴领域法律问题，构建"理论—实务—技能"三位一体的教材编写模式，致力于推动法律职业教育与法治工作实践的深度融合，为推进全面依法治国培养"德法技兼修"的高质量复合型法务人才：以"德"为根基，筑牢理想信念，坚定政治立场；以"法"为内核，坚持"法律+"跨专业互融，培养复合型法务人才；以"技"为特色，聚焦法律职业教育人才培养面向，突出法务技术技能培养。

根据编写规划，"新时代法律职业教育系列教材"将陆续出版《刑法原理与实务》《刑事诉讼法原理与实务》《国际经济法实务》《企业法律服务》《电子商务法律实务》《生态环境损害案件的法律适用》《税法与办税实务》《法律文书写作》《法律基础》《公证实务》等教材。这些教材既充分反映了新时代中国特色社会主义法治建设的最新成果和实践经验，又紧密结合了法律职业岗位的实际需求，具有很强的针对性和实用性。同时，本系列教材充分体现了新时代法律职业教育的特点和要求。在内容编排上，打破传统学科体系的束缚，以工作任务和职业能力为导向，构建以项目驱动、案例教学为主的教材体例，让学生在实际案例和项目中学习法律知识和技能，提高解决实际问题的能力。在编写形式上，注重多样化和创新性，运用图表、案例、实训等多种形式，增强教材的可读性和趣味性，激发学生的学习积极性和主动性。

为了确保教材的质量，我们组建了一支由高校法学教师、法律实务工作者和职业教育教学专家组成的编写团队。他们既有深厚的法学理论功底，又有丰富的法律实务经验和职业教育教学经验，坚持理论与实践紧密结合，将最新的法律知识和实践经验融入教材内容，使教材更符合新时代法律职业教育的需求和学生的学习特点。在编写过程中，团队成员深入调研法律职业岗位需求，广泛汲取一线法律工作者的实践经验，确保教材契合法律职业教育教学要求。

"法者，治之端也。"新时代法律职业教育肩负着为法治中国建设输送高质量复合型法务人才的重任。我们相信，"新时代法律职业教育系列教材"的出版，将为新时代法律职业教育提供有力的教学支持，为培养适应新时代需求的高质量复合型法律人才发挥积极的作用。同时，我们也希望广大师生和法律实务工作者在使用本系列教材的过程中，能够提出宝贵的意见和建议，以便我们能不断完善教材内容，提高教材质量，共同为中国特色社会主义法治建设培养优秀法务人才，为加快构建中国特色、世界一流的法律职业教育体系贡献力量。

2025 年 5 月

前　言

随着信息技术的飞速发展和互联网的广泛应用，电子商务已成为现代化经济体系中最具活力和创新力的领域之一。它不仅极大地改变了人们的消费习惯和商业模式，还在拉动内需、解决就业、促进传统产业升级等方面发挥了重要作用。然而，电子商务的快速发展也带来了诸多法律挑战，如交易安全、信息安全、消费者权益保护、电子商务市场秩序规制等问题，这些问题的解决离不开完善的法律法规体系。

近年来，我国在电子商务立法方面取得了显著进展，除《中华人民共和国电子商务法》和《中华人民共和国民法典》的相关规定以外，关于数据安全、个人信息保护、市场主体登记、网络交易监督管理、互联网广告管理、网络反不正当竞争等一系列法律法规规章相继颁布实施，为电子商务的健康有序发展提供了坚实的法律保障。党的二十大报告明确提出"加快建设……网络强国、数字中国"的战略部署，为电子商务法治的未来建设指明了方向。在此背景下，编写一本系统、实用且贴近实际的《电子商务法律实务》教材显得尤为重要。

本书深入贯彻落实党的二十大精神，坚持为党育人、为国育才的根本任务，以培养学习者的应用能力为出发点，以电子商务实务流程为线索，结合相关的法律制度，系统介绍了电子商务经营主体市场准入制度、电商运营推广法律制度、电子支付法律实务、快递物流与交付法律实务、电子商务权益保护法律实务、网络信息安全法律实务、电子商务争议解决机制等方面的重要内容。全书将社会主义核心价值观贯穿教材始终，着力培养具有法治信仰、数字素养和工匠精神的"法商复合型"高技能人才。本书具有以下特色：

一、理实融通，构建"教-学-做"一体化教学体系

本书突破传统学科体系框架，深度融合电子商务实务流程与法律法规，以真实电商运营场景为依托，系统构建"理论阐释-实务解析-法律应用"三位一体的教学内容。通过9个教学项目的递进式设计，形成覆盖电商全链条的法律知识体系，实现教学内容与岗位需求的精准对接。

二、岗课赛证融通，打造"学以致用"实践教学模式

教材深度对接电子商务师、互联网营销师等职业标准，将1+X证书考核要点融入教学内容，设置"法条链接""案例研习""实训操作"等特色栏目。通过电子合同签订模拟、网络侵权证据固定等实训任务，强化学生法律实务能力。

三、动态更新，聚焦"新业态·新技术·新规范"前沿领域

教材建立"法规更新-案例迭代-教法升级"动态调整机制，及时纳入《中华人民共和国电子商务法》《中华人民共和国数据安全法》《中华人民共和国个人信息保护法》等最新立法成果，新增跨境电商税收、智能合约法律效力等前沿内容。引导学生把握数字经济时代法律规制新趋势，培养适应产业变革的法治思维。

本书由河北政法职业学院李明任主编，主持全书的编写工作。刘春英、贺红燕、张钊任副主编。张迎、张悦、王璐、王淑清、袁修月、张运鸿、贾科峰、刘志强、李海峰任参编。

　　本书既可作为高职和大专院校电子商务、市场营销、经济贸易等专业的教材，也可作为各类与电子商务有关的短期培训教材，对于广大法律工作者和电子商务创业者也是一本有益的参考书籍。

　　在编写过程中，我们参阅了大量相关书籍和资料，并得到了众多专家、学者的指导和支持，在此表示衷心的感谢。由于电子商务领域发展迅速，书中难免存在疏漏和不足之处，恳请广大读者批评指正，以便我们不断改进和完善。

编　者

2025 年 3 月

目　录

项目一 电子商务与电子商务法概述
——认识电子商务法

近年来，我国电子商务市场经历了前所未有的迅猛发展。一方面，电子商务平台凭借其强大的网络效应，在社会经济运作和民众日常生活中占据了日益重要的基础性地位，成为社会资源优化配置和人际交互的关键枢纽。另一方面，新兴电子商务形态如直播电商、跨境电商以及二手交易电商等，正逐步崛起为电子商务市场的重要增长部分。为应对这一变化并推动电子商务市场的健康发展，我国于 2018 年通过了《中华人民共和国电子商务法》（以下简称《电子商务法》），并于 2019 年正式施行。该法旨在系统规范我国基于电子商务行为进行的商事交易关系，不仅保障了网络交易的安全性，填补了电子商务领域的法律空白，更为当前电子商务的蓬勃发展营造了一个健全的法律环境。

知识目标：

- 掌握电子商务与电子商务法的概念、特征。
- 了解电子商务法律关系。
- 熟悉我国《电子商务法》的立法历程和我国主要电子商务相关法律法规。

能力目标：

- 对电子商务与电子商务法有整体认知能力。
- 能够明确电子商务法调整的法律关系。
- 能够规避电子商务过程中的法律风险，提高自我防范意识。

课程思政：

- 树立诚信意识，增强法治观念、社会责任意识。
- 增强民族自信心和自豪感。
- 提高法律维权意识。

📱 **思维导图：**

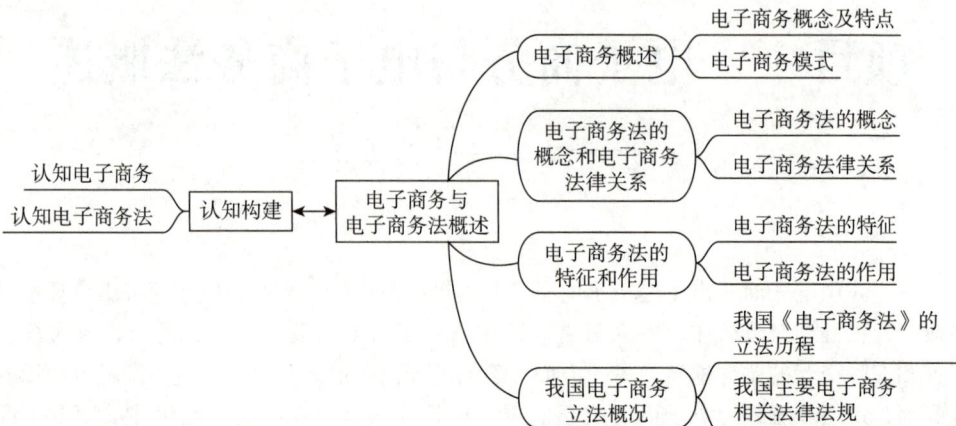

任务 1   电子商务概述

随着信息技术的迅猛发展和互联网的普及，电子商务已成为现代商业领域不可或缺的一部分。它利用互联网、移动网络和其他信息技术，打破了传统商业模式的时空限制，为企业和个人提供了全新的交易和服务方式。了解电子商务的相关概念、特点和模式是学习电子商务法的必要条件。

一、电子商务的概念及特点

（一）电子商务的概念

关于何为电子商务，权威各方并未达成一致观点，存在较多的争议与分歧。其中代表性观点主要是广义与狭义之说。

广义的电子商务是指一切依托于电子技术手段而进行的货物交换、运输、咨询、工程设计、合营、银行业务等商事活动。其中，电子技术，是指一切能够实现信息快速传输的远程通信技术。在实践中，互联网、广电网、移动网络等载体形式均可纳入电子技术的范畴。所谓的商事活动，不论其是否具有契约的法律形式，只要其与商事核心要义相关，则应当认为满足构成要件。广义的电子商务被大多数域内外立法所采用，比较典型的包括美国《统一电子交易法》、联合国国际贸易法委员会制订的《电子商务示范法》等。

狭义的电子商务认为电子商务的概念仅包含以计算机网络为技术支撑开展的商事交易活动。其将电子商务等同于在线交易，认为两者的内涵和外延大致相同。此类观点对电子商务法的调整范围进行了比较严格的限缩：一是在技术层面，要求电子商务的活动媒介以计算机网络为限，而广播电视、电报通信等技术手段均被排除在外；二是在行为性质方面，要求电子商务必须为特定的交易活动，能够产生设立、变更、终止权利义务关系的规范行为。需要特别注意的是，狭义的电子商务中，商事交易活动必须发生在线上，契约通过线上交易系统缔结，合同以数据电文方式呈现和留存，而在线上发布信息，采取线下缔约的行为并不属于电子商务调整的范畴。采用狭义立场的规范性文件相对较少，其中最为典型的是世界贸易组织颁布的《电子商务与世界贸易组织的作用》。

《电子商务法》采取的是广义电子商务的概念立场，其第 2 条采用"积极明确+消极排除"的定义模式对该法中的电子商务进行了界定。

1. 积极层面的定义明确。《电子商务法》第 2 条第 2 款规定："本法所称电子商务，是指通过互联网等信息网络销售商品或者提供服务的经营活动。"

（1）"信息网络"是电子商务所依托的技术，是一个开放性的概念，其具体表现形式随着技术发展与更新而改变或扩充，就现阶段而言，主要包括互联网、广电网络、移动网络等形式。

（2）"销售商品"是电子商务交易行为之一，指出卖人将特定商品的所有权转移给买受人，由买受人支付经济对价的行为，其在法律属性上表现为买卖合同的订立与履行。销售商品既包括有形产品，也包括销售无形产品，如数字音乐、电子书、计算机软件的复制件等。

（3）"提供服务"是电子商务交易的另一常见行为，是指一方提供并不具有可视外观的经济性劳务，而另一方予以接受的行为，主要指在线提供的服务，如滴滴打车、网络教育、在线旅游等，也包括线上订立服务合同，线下履行的服务活动，如家政服务等。

（4）"经营活动"是指以营利为目的的持续性业务活动，即商事行为。一是，经营活动意味着以取得利润为目的，不以取得利润为目的的活动，即便利用了信息网络也不属于电子商务。二是，经营活动还应当是具有一定持续性的业务活动，自然人利用信息网络出售闲置物品等偶发性或短期性的交易活动因不属于经营活动而被排除在电子商务的范畴之外，此类行为应当通过合同法等民商事法律规范进行调整。

2. 消极层面的定义排除。《电子商务法》第 2 条第 3 款规定："法律、行政法规对销售商品或者提供服务有规定的，适用其规定。金融类产品和服务，利用信息网络提供新闻信息、音视频节目、出版以及文化产品等内容方面的服务，不适用本法。"

对于金融活动而言，由于其关涉国家经济安全，也与每一个自然人的财产安全息息相关，因此，国家建立了较为严格的规制体系，以防范金融风险的滋生与蔓延。同时，金融领域专业性、技术性较强，互联网领域金融创新日新月异，其交易方式较为复杂，需要进一步研究，待时机成熟后出台单行法予以规制。

对于部分文化传播活动而言，其也被称为有关网络内容的服务，涉及新闻信息、播放节目、提供出版文化产品等领域，这些领域也存在着专门的规范性文件，其与电子商务的其他交易活动在立法取向、规范体系、规制目标等方面存在着较大区别，因此，《电子商务法》将其排除在外，而交由专门法规进行调整。

（二）电子商务的特点

电子商务作为一种新型的商业运营模式，具有全球化与开放性、交易虚拟化、高效率与低成本、交互性与个性化、信息透明化与对称性、管理协调性以及服务性等特点。

1. 全球化与开放性。电子商务通过互联网打破了地域限制，使得全球的消费者和商家可以随时随地进行交易。同时，电子商务平台通常对参与者开放，无论是大型企业还是个人创业者，都可以平等地参与市场竞争。

2. 交易虚拟化。在电子商务环境中，交易双方并不需要面对面地进行商品和服务的交换，而是通过网络完成信息的传递和资金的支付。这种虚拟化的交易方式大大节省了时间和成本，提高了交易的灵活性。

3. 高效率与低成本。电子商务通过自动化、智能化的手段，实现了信息的快速传递和交易的及时处理，大大提高了商业活动的效率。同时，电子商务降低了实体店铺、库存管理等传统商业模式的成本，使得商品价格更具竞争力。

4. 交互性与个性化。电子商务平台通常提供丰富的交互功能，如在线客服、用户评价等，使得消费者能够更方便地获取商品信息和进行购物决策。同时，电子商务平台还可以根据消费者的浏览记录、购买行为等信息，提供个性化的推荐和服务，提高消费者的购物体验。

5. 信息透明化与对称性。在电子商务环境下，商品信息、价格信息等都能够得到充分的展示和比较，使得消费者能够更加全面地了解商品信息，降低了信息不对称的风险。同时，电子商务平台还可以通过数据分析和挖掘等手段，为商家提供更加精准的市场分析和决策支持。

6. 管理协调性。电子商务要求企业不仅要能够协调企业内部各部门之间的业务流程，还要能够协调企业与企业之间、企业与消费者之间的业务流程。这种协调性的提高有助于优化整个供应链的运作效率，提高市场竞争力。

7. 服务性。电子商务的最终目标是为客户提供满意的服务。这种服务不仅包括商品信息的提供、交易的完成等基础服务，还包括售后服务、客户关系管理等增值服务。只有不断提高服务水平，才能赢得客户的信任和忠诚。

这些特点使得电子商务在现代商业活动中发挥着越来越重要的作用，也为企业和个人提供了更多的商业机会和发展空间。

二、电子商务模式

电子商务模式，指的是在电子商务领域中，企业或个人为了实现其商业目标而采取的一系列经营策略、方法和技术手段。

（一）常见电子商务模式

根据参与电子商务活动的主体可以将电子商务模式分为 B2B 模式、B2C 模式、C2C 模式、O2O 模式等几大类常见模式，其分别具有自身的优缺点，并适用于不同的经营场景。

1. B2B 模式（Business-to-Business）。B2B 模式是指企业与企业之间的电子商务交易模式。这种模式下，买卖双方均为企业，通过网络平台完成产品、服务及信息的交换。

B2B 模式的特点有：①交易金额大：B2B 模式的交易通常涉及大宗采购和销售，交易金额较大。②交易过程复杂：由于涉及众多环节和多个参与方，交易过程相对复杂。③长期合作：B2B 模式注重建立长期稳定的合作关系，以促进双方的共同发展。

B2B 模式适用于原材料供应商、制造商、批发商和零售商之间的交易，如工业设备的采购、批发市场的运营等。

2. B2C 模式（Business-to-Consumer）。B2C 模式是指企业与消费者之间的电子商务交易模式。在这种模式下，企业通过网络平台向消费者提供商品和服务。

B2C 模式的特点有：①交易金额小：B2C 模式的交易通常涉及个体消费者，交易金额相对较小。②交易过程简便：消费者可以直接通过网络平台浏览商品、下单购买，方便快捷。③商品多样化：B2C 模式涵盖了众多商品和服务，满足了消费者多样化的需求。

B2C 模式广泛应用于在线零售、电子商务平台等领域，如淘宝、京东等购物网站。

3. C2C 模式（Consumer-to-Consumer）。C2C 模式是指消费者与消费者之间的电子商务交易模式。在这种模式下，消费者之间通过网络平台进行商品和服务的买卖。

C2C 模式的特点包括：①交易双方均为个体：C2C 模式的交易双方都是消费者，不涉及企业参与。②交易方式灵活：消费者可以根据自己的需求和兴趣在平台上发布商品信息，进行买卖交易。③社交属性强：C2C 模式具有较强的社交属性，消费者可以通过平台结识新朋友、分享购物心得等。

C2C 模式适用于二手市场、共享经济等领域，如闲鱼、转转等二手交易平台。

4. O2O 模式（Online-to-Offline）。O2O 模式是指将线上与线下相结合的电子商务模式。这种模式利用网络平台吸引消费者，并引导他们到线下实体店进行消费。

O2O 模式的特点有：①线上线下融合：O2O 模式将线上流量转化为线下消费，实现了线上线下的有效融合。②提供体验式服务：O2O 模式通过线下实体店为消费者提供真实的产品体验和优质服务。③扩大市场份额：O2O 模式有助于企业拓展市场渠道，提高品牌知名度和影响力。

O2O 模式广泛应用于餐饮、美容、娱乐等行业，如美团、大众点评等生活服务平台。

课堂讨论：你曾参与过哪种模式的电子商务活动？说说你的体验感受。

（二）新零售与"互联网+"

1. 新零售——电子商务发展的新阶段。新零售是指以互联网为依托，通过运用大数据、人工智能等先进技术手段，对商品的生产、流通与销售过程进行升级改造，进而重塑业态结构与生态圈，并对线上服务、线下体验以及现代物流进行深度融合的零售新模式。

新零售的特点主要表现在以下几个方面：

（1）以消费需求为核心：新零售注重满足消费者个性化、多元化的需求，通过大数据等工具对消费者进行精准画像，提供个性化服务。

（2）全渠道销售：新零售实现了零售行业的全渠道销售，打破了线上线下的壁垒，提供了更加便捷、丰富的购物体验。

（3）智能化管理：运用大数据、人工智能等技术手段，对商品的生产、流通与销售过程进行智能化管理，提高运营效率。

（4）跨界合作与创新：新零售推动了不同行业之间的跨界合作，创造出更多创新性的商业模式。

2. "互联网+"下的电子商务。"互联网+"是指依托互联网信息技术实现互联网与传统产业的联合，充分发挥互联网在社会资源配置中的优化和集成作用，以优化生产要素、更新业务体系、重构商业模式等途径来完成经济转型和升级，将互联网的创新成果深度融合于经济、社会各领域之中，提升全社会的创新力和生产力。其核心是利用信息通信技术以及互联网平台，让互联网与传统行业进行深度融合，创造新的发展生态。

"互联网+"的特点包括：①创新驱动——通过互联网技术的创新应用，推动传统产业的转型升级，提升产业竞争力。②跨界融合——"互联网+"打破了传统产业的边界，实现了不同行业之间的跨界融合，创造出更多新的商业机会。③高效便捷——互联网技术提高了信息传递和处理的效率，使得商业活动更加高效便捷。

在电子商务领域，"互联网+"的应用主要体现在以下几个方面：一是推动了电子商务平台的发展，随着互联网的普及，电子商务平台如淘宝、京东等迅速发展，为消费者提供了更加便捷的购物渠道；二是促进了社交电商的兴起，利用社交媒体平台进行商品销售和推广，如微信小程序、抖音电商等，为行业带来了新的增长点；三是加强了跨境电商的拓展，通过互联网实现跨国贸易，为消费者提供了更多样化的商品选择。

3. 新零售与"互联网+"共同作用的电子商务。新零售的发展离不开"互联网+"的支持，而"互联网+"的深入应用也推动了新零售模式的创新。例如，大数据、人工智能等技术手段在新零售中得到了广泛应用，提升了运营效率和服务质量；同时，电子商务平台、社交电商等也为新零售提供了更多的销售渠道和营销手段。

新零售和"互联网+"下的电子商务在融合发展中实现了互利共赢。新零售通过线上线下融合、全渠道销售等方式为消费者提供了更加便捷、丰富的购物体验；而"互联网+"下的电子商务则通过技术创新和模式创新为新零售提供了更多的发展机会和空间。

新零售和"互联网+"下的电子商务各有优势，可以相互补充。新零售注重线下体验和商品质量，能够提供更加真实、可感的购物体验；而"互联网+"下的电子商务则注重线上便捷性和多样性，能够满足消费者随时随地购物的需求。通过共同作用，可以提升消费者的购物体验和满意度。

新零售与"互联网+"下的电子商务之间存在着紧密的联系和相互促进的关系。在未来的发展中，两者将继续深化融合、创新发展，为消费者带来更加优质、便捷的购物体验。

> **课堂讨论**：你认为电子商务未来发展可以有哪些新模式？说说你的想法。

任务2 电子商务法的概念和电子商务法律关系

一、电子商务法的概念

《电子商务法》是政府调整企业和个人以数据电文为交易手段，通过信息网络所产生的，因交易形式所引起的各种商事交易关系，以及与这种商事交易关系密切相关的社会关系、政府管理关系的法律规范总称。

实质意义的电子商务法是指电子商务法律规范的总称，它不仅包括《电子商务法》，还包括其他各种制定法中有关电子商务的法律规范，如《合同法》中关于数字电文的规定、《刑法》中关于计算机犯罪的规定等。

> **法条链接：**
>
> 《电子商务法》第2条 中华人民共和国境内的电子商务活动，适用本法。
>
> 本法所称电子商务，是指通过互联网等信息网络销售商品或者提供服务的经营活动。
>
> 法律、行政法规对销售商品或者提供服务有规定的，适用其规定。金融类产品和服务，利用信息网络提供新闻信息、音视频节目、出版以及文化产品等内容方面的服务，不适用本法。

二、电子商务法律关系

电子商务法律关系，系指由电子商务法律规范所确认并调整的，以电子商务活动参与者的权利与义务为核心内容的社会关系体系。在社会生活的广阔领域中，个人与组织为了满足各自的多样化需求，势必会参与各类社会活动，从而在这些活动中形成错综复杂的社会关系。为确保这些社会关系的形成与发展能够符合国家和社会的整体利益，国家通过制定并实施不同的法律规范来对这些社会关系进行有序的调整。

依据所适用的法律规范的不同，这些社会关系所构成的法律关系也呈现出差异化的特征。例如，经行政法规范调整的社会关系被界定为行政法律关系；经诉讼法规范调整的社会关系则形成诉讼法律关系；同样地，由民法规范调整的社会关系被归类为民事法律关系。而在电子商务领域，那些由电子商务法律规范所调整的社会关系，则被明确界定为电子商务法律关系。这一法律关系的定义，不仅明确了电子商务活动参与者的权利与义务，也为电子商务活动的有序进行提供了坚实的法律基础。

（一）电子商务交易规则

电子商务交易规则，作为电子商务法律关系中的核心构成部分，涵盖了一系列至关重要的法律要素。这些要素包括但不限于电子商务合同的订立流程、合同的生效时间与地点判定、电子商务文件在法律上的证据效力确认、电子签名的认证机制，以及争端解决方式的确立和电子商务交易纠纷司法管辖权的界定。这些详尽的规则体系共同构成了电子商务交易的法律框架，为电子商务活动的规范运作和健康发展提供了坚实的法律保障。通过明确各方在交易中的权利与义务，以及解决纠纷的途径与原则，电子商务交易规则有效地促进了电子商务领域的法治化进程，为电子商务的全球化发展奠定了坚实的基础。

（二）电子商务中的知识产权保护

在电子商务活动中，知识产权问题具有不可忽视的重要性，这涵盖了广泛的领域，如域名权、计算机软件著作权、版权以及商标权等。电子商务法律关系的关键组成部分之一即在于确保这些知识产权能够得到充分且有效的法律保护。这一保护机制旨在维护市场的公平竞争环境，促进创新和技术发展，同时保障消费者的合法权益不受侵害。

（三）电子商务经营者的责任与义务

《电子商务法》第9条第1款规定："本法所称电子商务经营者，是指通过互联网等信息网络从事销售商品或者提供服务的经营活动的自然人、法人和非法人组织，包括电子商务平台经营者、平台内经营者以及通过自建网站、其他网络服务销售商品或者提供服务的电子商务经营者。"

电子商务经营者在电子商务法律关系中占据核心地位，其重要性不言而喻。《电子商务法》第2章详细且明确地规定了电子商务经营者的责任与义务。这些责任和义务包括但不限于：市场主体登记、税务登记和纳税义务、依法取得行政许可的义务、销售的商品或提供的服务应符合法定要求、经营主体身份及行政许可信息公示义务、向主管部门提供数据信息的义务等。

综上所述，电子商务法律关系主要涉及电子商务交易规则、电子商务中的知识产权保护、电子商务经营者的责任与义务等方面。这些法律关系共同构成了电子商务活动的法律框架，为电子商务的健康发展提供了有力的法律支持。

> **课堂讨论**：回想自己的经历，是否存在需要《电子商务法》调整的法律关系？

任务3　电子商务法的特征与作用

一、电子商务法的特征

（一）技术性

电子商务作为网络环境与现代科技深度融合的产物，其运行与发展均深受技术因素的影响。因此，规范电子商务行为的法律——电子商务法，也必然需要适应这一技术性的特点。在电子商务法的法律规范体系中，众多法律条文和规定均直接或间接地源于技术规范，例如，电子签名和数字认证机制中所应用的密钥技术、数字证书等，均是特定技术规范的实践应用。此外，电子商务交易系统的顺畅运行也依赖于一定的技术标准，这些技术标准是保障网络交易得以实施的基础。因此，技术性特点被视为电子商务法的首要特征，它贯穿于电子商务法的各个方面，对电子商务法的制定、实施以及发展均产生深远影响。

（二）复合性

电子商务的复合性特征源于其交易手段的复杂性和对技术手段的高度依赖。这一特性在电子商务活动中表现为，交易的完成常常依赖于第三方的协助或参与。除了直接面对面的买卖外，即使在传统的点对点交易模式中，交易双方也需借助第三方的服务，如电话、电报或邮件等，以完成交易流程。然而，在电子商务环境下，这一依赖性更为显著。合同的订立可能需要第三方提供的网络接入服务，货款的支付可能依赖于第三方提供的在线电子支付系统，甚至为了保障交易安全，还可能涉及由第三方提供的电子签名认证或密钥管理等多种服务。这些服务中，第三方主体扮演着不可或缺的参与者或协助者的角色。

因此，电子商务法不仅需要对直接参与交易的商事主体双方进行规范，还需对广泛参与商事交易的第三方主体予以关注。实际上，每笔电子商务交易的进行都建立在多重法律关系的基础之上，这些关系可能涉及民事、商事、经济、行政乃至刑事等法律领域。这种复杂多面的法律关系架构，是传统的口头或书面交易形式所不具备的。由此可见，电子商务的规范和管理需要一个全方位、多角度的法律调整框架，同时也需要多学科知识的综合运用。

（三）开放性

电子商务的开放性源于其基础——互联网，这是一个连接国与国、网络与网络的庞大体系，实现了全球性的信息互通。在这个开放的网络环境中，多样化的技术手段和信息媒介并存，为电子商务的发展提供了丰富的土壤。因此，电子商务法必须以开放性的思维来接纳这些多样化的技术手段和信息媒介，以开放的方式来制定相应的规范和标准。这种开放性不仅体现在法律的制定过程中，还需要在法律的执行和监管中保持灵活性和适应性，以便更好地促进电子商务的健康发展。

（四）国际性

电子商务的活动本质是一种跨越国界的全球性商务活动，其运作不受地域限制，使得交易双方能够在全球范围内进行商业活动。因此，电子商务的立法规范必须具备国际性视野，以全球性的解决方案为基础，旨在适应全球电子商务活动的需求。在制定电子商务法时，需要充分考虑不同国家和地区的法律体系和商业习惯，寻求国际的合作与共识，以确保电子商务法的普遍适用性和有效性。同时，电子商务法也需要随着全球电子商务活动的不断发展而不断完善和调整，以适应新的需求和挑战。

二、电子商务法的作用

◇ 案例 1-1

跨境电子商务平台商品质量管理自治案[1]

原告某电子商务公司在某跨境电子商务平台注册有两家网络店铺，面向海外买家客户从事商品销售的经营活动。2021 年 10 月，被告某跨境电子商务平台经营者以某电子商务公司在平台开设的两家涉案店铺对买家购物过程带来了严重的不良体验等为由，对该公司两家涉案店铺实施了关闭店铺及冻结店铺保证金等处罚措施。某跨境电子商务平台经营者做出前述处罚措施后，即通知某电子商务公司称："鉴于您的店铺的运营指标：纠纷率、DSR 和好评率远低于行业水平，店铺的运营情况不健康，给消费者带来了严重不良体验，已经涉及违反平台规则（全球速卖通）'严重扰乱平台秩序'规则……从保障消费者体验和维护平台健康商业环境角度，平台依据规则对您的店铺执行关店处置。"某电子商务公司诉至人民法院，请求判令某跨境电子商务平台经营者，解除平台注册的店铺关闭状态并双倍返还店铺保证金等。

人民法院经审理认为，根据平台后台的统计数据，原告注册经营的两家跨境网络店铺的 DSR

---

〔1〕《杭州互联网法院司法护航跨境数字贸易高质量发展十大典型案例之四：某电商公司与某跨境电商平台不正当竞争纠纷案——跨境电商平台商品质量管理自治案》，载 https://www.pkulaw.com/pfnl/08df102e7c10f2061270d5a8496db65c2435b819dca63492bdfb. html？keyword=%E8%B7%A8%E5%A2%83%E7%94%B5%E5%95%86%E5%B9%B3%E5%8F%B0%E5%95%86%E5%93%81%E8%B4%A8%E9%87%8F&way=listView，最后访问日期：2025 年 7 月 15 日。

商品描述平均分、店铺纠纷率、好评率等远低于行业水平，严重影响消费者体验。现无证据推翻后台统计的数据。平台经营者综合上述客观指标以及众多消费者的评价留言等偏主观的体验指标，判定原告存在严重扰乱平台秩序的行为并做出相应的处罚，具有合同依据，故驳回了原告的全部诉讼请求。

请分析：

本案中展现了电子商务法的哪些作用？

（一）对电子商务市场营商环境的规范与数字经济发展的促进作用

电子商务作为一种新兴的贸易形式，已经深刻改变了传统贸易的格局和交易模式。由于电子商务具有其独特的性质和特点，传统民商法的许多规定难以直接适用于这一领域。因此，《电子商务法》的出台成为了必然趋势。《电子商务法》针对网上交易过程、交易双方的权利义务等方面，根据电子商务的特性制定了全新的法律规范，并对涉及的技术性问题进行了明确的规范。这些规定确保了电子商务活动能够按照法律规定的程序进行，同时也为处理电子商务交易纠纷提供了明确的法律依据，使得电子商务活动得以在法治的轨道上健康发展。

从 2018 年至 2022 年，全国电子商务市场规模从 31.6 万亿元增长至 43.8 万亿元，同时，全国数字经济规模也从 31.3 万亿元扩大到 50.2 万亿元，数字经济在 GDP 中的比重由 34.8% 上升至 41.5%。这一显著的增长态势充分证明了电子商务市场的蓬勃发展和数字经济的强劲动力。而这一切的背后，离不开《电子商务法》所提供的制度保障。良法作为善治的前提，《电子商务法》通过明确法律规范、强化法律监管，为电子商务市场营造了良好的营商环境，促进了电子商务和数字经济的健康发展。

（二）对网络交易安全的保障作用

随着现代社会互联网技术的迅猛发展，网络安全问题日益凸显，对电子商务交易安全构成了严重威胁。网络入侵、网络攻击等非法活动不仅威胁着信息的安全，还可能导致非法获取公民信息、侵犯知识产权，进而损害公民的合法权益。此外，网络空间中宣扬恐怖主义、极端主义的行为，更是严重危害了国家安全和社会公共利益，直接干扰了电子商务的正常交易活动。网络空间的安全性直接关系到电子商务的稳健运行。网络作为电子商务的核心基础设施，一旦遭受攻击或破坏，可能导致交易中断、金融秩序混乱等严重后果，对经济社会造成巨大损失。

然而，由于犯罪分子的攻击手段不断演进，而安全技术与管理往往难以同步更新，网络交易系统面临的安全隐患不容忽视。在应对这一挑战时，法律手段成为了保护网络交易安全的最终屏障。通过加强电子商务法治建设，不仅可以有效打击网络犯罪行为，还能对民事行为进行法律调整，为网络交易安全提供基础性、全局性的保障。因此，加强电子商务法治建设对于维护网络运行安全、保障电子商务交易安全具有极其重要的意义。

（三）对利用现代信息技术进行交易活动的鼓励作用

《电子商务法》展现出其对技术中立与开放性的深刻理解。该法律不仅平等、无差别地对待基于传统书面文件和基于数据电文的用户，更致力于推动高科技手段在商务活动中的广泛应用。通过这种方式，《电子商务法》为电子商务的普及奠定了坚实基础，同时也为现代信息技术在商务领域的深度融合创造了有利条件。

此外，《电子商务法》的立法宗旨还在于积极鼓励交易参与者有效利用现代信息技术手段，以进行更为快速、便捷和安全的交易活动。这不仅有助于提升交易效率，还能显著促进经济增长，提高国际和国内贸易的流通速度和质量。因此，《电子商务法》在推动现代信息技术在商务交易中的应用方面，发挥着至关重要的引领和推动作用。

法条链接：

《电子商务法》第1条 为了保障电子商务各方主体的合法权益，规范电子商务行为，维护市场秩序，促进电子商务持续健康发展，制定本法。

《电子商务法》第3条 国家鼓励发展电子商务新业态，创新商业模式，促进电子商务技术研发和推广应用，推进电子商务诚信体系建设，营造有利于电子商务创新发展的市场环境，充分发挥电子商务在推动高质量发展、满足人民日益增长的美好生活需要、构建开放型经济方面的重要作用。

《电子商务法》第8条 电子商务行业组织按照本组织章程开展行业自律，建立健全行业规范，推动行业诚信建设，监督、引导本行业经营者公平参与市场竞争。

任务4 我国电子商务立法概况

一、我国《电子商务法》的立法历程

2000年12月，第九届全国人民代表大会（以下简称人大）常务委员会（以下简称常委会）第十九次会议通过了《全国人民代表大会常务委员会关于维护互联网安全的决定》。

2004年8月，第十届全国人大常委会第十一次会议通过了《中华人民共和国电子签名法》（以下简称《电子签名法》）。

2012年12月第十一届全国人大常委会第三十次会议通过《全国人民代表大会常务委员会关于加强网络信息保护的决定》（以下简称《关于加强网络信息保护的决定》）。

2013年12月7日，全国人大常委会于人民大会堂郑重召开了电子商务法起草组的第一次会议。此次会议标志着电子商务法立法进程的正式开启。同年12月27日，全国人大财经委再次在人民大会堂召开电子商务法起草组成立暨第一次全体会议。此次会议不仅正式启动了电子商务法的立法工作，而且首次明确了中国电子商务立法的"时间表"。

2014年11月25日，全国人大常委会于全国人大会议中心召开电子商务法起草组第二次全体会议。起草组已经明确提出，电子商务法要以促进发展、规范秩序、维护权益为立法的指导思想。

2015年1月至2016年6月开展并完成法律草案起草。

2016年12月，第十二届全国人大常委会第二十五次会议对电子商务立法进行一审。

2016年12月27日至2017年1月26日，全国人大常委会在中国人大网向全国公开电子商务立法征求意见。

2018年6月19日，《中华人民共和国电子商务法（草案三次审议稿）》提请第十三届全国人大常委会第三次会议审议。

2018年8月27日至8月31日举行的第十三届全国人大常委会第五次会议对《中华人民共和国电子商务法（草案）》进行四审。

2018年8月31日，全国人大常委会表决通过《电子商务法》。

二、我国主要电子商务相关法律法规

我国电子商务领域的法律法规体系旨在全面保障各方主体的合法权益，规范电子商务行为，维护市场秩序，进而推动电子商务的持续健康发展。以下是目前我国主要的电子商务相关法律法规的概述：

《电子商务法》：作为我国电子商务领域的首部综合性法律，该法于 2018 年 8 月 31 日由全国人大常委会通过，并于 2019 年 1 月 1 日起施行。该法明确了电子商务经营主体的准入条件、交易行为的规范、网络交易平台的责任等关键内容，为电子商务的健康发展提供了法律基础。

《中华人民共和国民法典》（以下简称《民法典》）：在《民法典》中，电子商务的相关规定主要体现在合同编中。其中，第 469 条明确了数据电文作为合同书面形式的法律效力，确立了电子商务合同在法律上的"同等功能"。这一规定为电子商务合同的签订和履行提供了明确的法律依据。

《中华人民共和国消费者权益保护法》（以下简称《消费者权益保护法》）：该法在保障消费者基本权益的同时，也明确了电子商务平台在交易中的责任和义务。这些规定有助于维护消费者的合法权益，促进电子商务市场的公平竞争。

《电子签名法》：本法于 2004 年 8 月 28 日由全国人大常委会通过，并经过多次修正。该法规范了电子签名行为，确立了电子签名的法律效力，为电子商务交易中的身份认证和信息安全提供了法律保障。

《中华人民共和国广告法》（以下简称《广告法》）：本法规定了广告的真实性、合法性要求，以及电子商务平台在广告宣传中需要遵守的规定。这些规定有助于维护市场秩序，保护消费者的权益。

电子支付相关法规：包括《电子支付机构管理条例》《非银行支付机构监督管理条例实施细则》等，这些法规规定了电子支付机构的准入条件、支付安全要求、用户权益保护等方面的内容，为电子支付业务的发展提供了法律支持。

个人信息保护相关法规：如《中华人民共和国个人信息保护法》（以下简称《个人信息保护法》）、《中华人民共和国网络安全法》（以下简称《网络安全法》）等，这些法规规定了网络运营者的安全保护责任，包括个人信息的收集、使用、保护等方面的要求，旨在保障用户的个人信息安全。

此外，还有一系列相关规章、通知和指导文件，如《网络交易监督管理办法》等，这些文件对电子商务的经营行为、平台管理、消费者保护等方面进行了更为细致的规定和指导，为电子商务的规范发展提供了更加完善的法律框架。

项目小结

本项目主要介绍了电子商务和电子商务法的基础知识。通过本章的深入学习，学习者应能够全面理解电子商务和电子商务法的基本概念，明晰其独特特性，以及电子商务立法的概况。在现代社会，电子商务已占据举足轻重的地位，其对于经济运行的推动作用不可忽视。在我国，电子商务法作为一个独立且专门的法律领域，对现代经济社会的健康运行和持续发展起到了至关重要的保障和促进作用。

趁热打铁

一、选择题

1. 电子商务法是指（　　）。

A. 互联网上的交易行为和各种因素所形成的法律规则

B. 互联网上的所有商业活动的法律规则

C. 互联网上商业活动主体的法律规则

D. 互联网上的电子商务合同和线上投资的法律规则

2.（多选）电子商务法的主要特征有（　　）。

A. 国际性　　　　　　B. 技术性　　　　　　C. 复合型　　　　　　D. 开放性

3. 电子商务法的作用包括（　　）①对电子商务市场营商环境的规范与数字经济发展的促进作用；②对网络交易安全的保障作用；③对利用现代信息技术进行交易活动的鼓励作用。

A.①②　　　　　　B.①③　　　　　　C.②③　　　　　　D.①②③

二、简答题

1. 简述电子商务和电子商务法的基本概念。

2. 简述电子商务法调整的法律关系。

3. 简述我国电子商务的立法概况。

三、案例分析题

原告系新加坡公民，2019 年 5 月 18 日，其在新加坡通过我国某跨境电子商务平台购买了一台商品名标有"自营"字样的联想笔记本电脑，原告收到产品后认为该笔记本电脑非全新且没有按照买卖双方的约定安装正版的 office 办公软件，只安装了试用版的 office365 软件，严重影响该笔记本电脑的正常使用，销售方在销售过程中存在欺诈，原告随后与平台方售后人员协商解决，但双方未能达成一致意见，遂以该平台经营者为被告提起诉讼，要求平台经营者承担退一赔三的责任。被告主张涉案笔记本电脑的实际销售者为案外人某公司，被告仅是平台服务提供方，并非涉案商品的销售者，未实施销售行为，同时，被告作为平台服务提供方，已经根据网络服务合同约定全面履行义务，不存在销售欺诈行为。

本案在审理过程中，双方当事人达成和解，被告承担了全部赔偿责任，原告撤回起诉。

请分析：

该案例体现了哪些电子商务法的特征？为什么？

▲　**实训任务一**　——　**开物成务** 法立于上，俗成于下

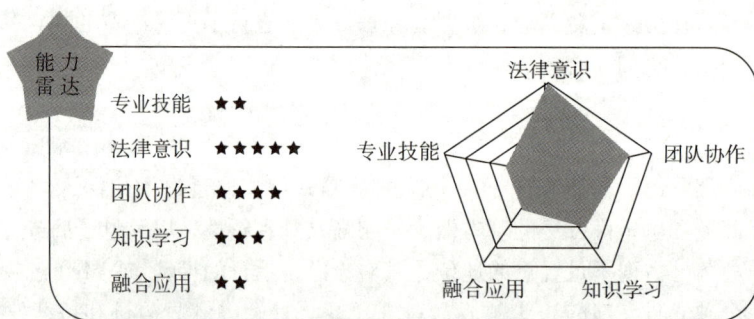

能力雷达

专业技能 ★★
法律意识 ★★★★★
团队协作 ★★★★
知识学习 ★★★
融合应用 ★★

项目要求：1. 学员分组进行项目实施，每个小组由 3~5 人组成。

2. 学员需要参与理论学习和实践操作，完成相关任务和项目。

3. 学员需要积极合作、共同解决问题，并按要求提交项目成果。

项目内容：案例分析与汇报演讲。

1. 选择一个应用《电子商务法》的法律案例，运用本节所学知识对该案例进行分析，具体分析内容包括：简要案例案情及处理结果，裁判规则，调整的法律关系，展现的电子商务法的具体特征和作用。

2. 各小组将分析内容形成案例分析书，并对形成的文件进行汇报演讲。

项目评价： 1. 各小组之间互评与教师点评，占 60%。

2. 能力雷达综合赋分：能力项分数×各项星标权重，占 40%。

最终，两项评价标准的加权得分为本组在该项目中的综合分数。

项目成果： 1. 各小组的案例分析书。

2. 各小组的汇报演讲。

项目二　电子商务法律关系主体概述
——电子商务经营主体

在电子商务法律关系中，电子商务经营主体占据着举足轻重的地位，不仅作为其核心组成部分，更是法律关系的核心参与者。他们不仅享受法律赋予的各项权益，同时也要履行相应的法律义务。本章将全面阐述电子商务经营主体的概念、特征以及分类，并进一步深入探讨电子商务经营主体的一般性权利和义务，以期为学生展现电子商务经营主体在电子商务法律关系中的完整面貌。

知识目标：

- 了解电子商务经营主体的概念，认识电子商务经营主体的一般性权利和义务。
- 理解电子商务经营主体之间的法律关系。
- 掌握电子商务平台经营者的法律规范。

能力目标：

- 能够运用所学知识准确分析电子商务经营主体间的法律关系。
- 能够区分电子商务平台经营者法律责任的边界。

课程思政：

- 增强责任意识，提高社会责任感。
- 树立法治观念，遵纪守法。
- 提高法律维权意识。

思维导图：

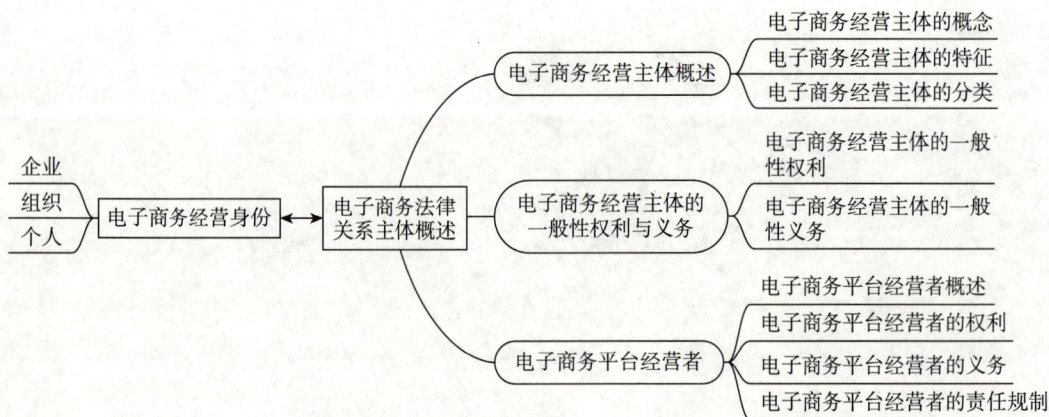

14

任务 1   电子商务经营主体概述

电子商务经营主体在电子商务浪潮中扮演着至关重要的角色。它们不仅是电子商务活动的直接参与者，更是引领行业创新、推动市场变革的关键力量。接下来，本节将对电子商务经营主体进行深入的概述，探究其在电子商务生态系统中的核心地位与重要作用。

一、电子商务经营主体的概念

电子商务经营主体是指在电子商务活动中参与并承担一定经营责任和义务的主体。这包括电子商务活动的各种参与者，如企业、个人、组织等。这一概念涵盖电子商务活动中所有承担经营责任的实体，包括但不限于：直接经营者，即销售商品或服务的商家；电子商务平台，如淘宝、京东等；以及支付机构（如支付宝）、物流公司（如顺丰）、技术服务商等配套服务商。它强调参与主体多样性，可包含非直接交易角色。

就目前来看，网上交易经营实体不外乎两类：一类是具有合法经营资质的实体组织（如：公司、个人合伙组织等），另一类就是自然人。在法律层面，《电子商务法》第 9 条第 1 款对"电子商务经营者"的概念进行了明确界定："本法所称电子商务经营者，是指通过互联网等信息网络从事销售商品或者提供服务的经营活动的自然人、法人和非法人组织，包括电子商务平台经营者、平台内经营者以及通过自建网站、其他网络服务销售商品或者提供服务的电子商务经营者。""直接经营者"与"平台"均需严格适用该法定定义，其资质认定、权利义务均以此为准。电子商务经营者作为一个狭义法定概念，特指该法明确规定的主体，这也是我们本书中主要探讨的电子商务经营主体类型。具体可以从以下四个方面去理解其内涵。

1. 电子商务经营主体是指从事经营活动的市场主体，即商事主体。商事主体需要具备两个要件。一是交易目的的营利性，以此区别于参与交易的消费者及其他非经营用户。二是交易具有经常性和一定的持续性。偶尔从事交易活动的主体即使以营利为目的，也通常不会被当作经营者，比如出售自用闲置物品。

2. 电子商务经营主体是通过互联网等信息网络从事经营活动的市场主体。这里应当理解为只要通过互联网等信息网络达成交易，就属于电子商务经营活动，而不需要全部活动都通过网络进行。

3. 电子商务经营主体从事的经营活动既包括销售商品，也包括提供服务。这里的提供服务应作广义的理解，不仅包括作为交易标的本身的服务，也包括为当事人的交易提供支付、物流、推广、咨询等相关服务。

4. 电子商务经营主体的存在形态可以是自然人、法人、非法人组织。我国在政府积极推动国家信息基础建设（NII），建设国家信息高速公路及电子政务等全方位的努力之下，互联网的发展一日千里，电子商务的发展也突飞猛进，国内工商业界亦积极推动网络商务环境的建立，各种新的形式层出不穷，例如，依托于抖音、微信等社交软件，以及腾讯视频、爱奇艺视频等视频播放软件销售商品或提供服务。在此过程中，广告、销售、服务多种形式糅合在一起，电子商务的经营者面对的是现今的各级法律体系，对于其法律意识与素养提出了更高的要求。

> **课堂讨论：** 电子商务的经营主体与传统的实体商户有什么不同？

二、电子商务经营主体的特征

电子商务经营主体具有交易目的的营利性、交易具有经常性和一定的持续性、利用互联网等信息网络、主体类型的多样性、经营活动的广泛性、法律要求与合规性以及技术依赖性等特征。这些特征共同构成了电子商务经营主体的基本轮廓和运营特点。

1. 交易目的的盈利性。电子商务经营主体的主要目的在于盈利，通过商品销售或服务提供来实现经济价值。这是区别于非经营性主体，如个人自用物品的转让，或者不以营利为目的的公益活动等。

2. 交易具有经常性和一定的持续性。电子商务经营主体从事的交易活动具有经常性和持续性，即不是偶尔或一次性的行为。这种持续性和经常性是判断一个主体是否为经营者的关键因素之一。

3. 利用互联网等信息网络。电子商务经营主体通过互联网等信息网络进行经营活动，包括商品销售、服务提供等。这是电子商务经营主体区别于传统经营主体的主要特征。

4. 主体类型的多样性。电子商务经营主体可以是自然人、法人或非法人组织，包括电子商务平台经营者、平台内经营者、自建网站经营者以及通过其他网络服务销售商品或提供服务的经营者。

5. 经营活动的广泛性。电子商务经营主体的经营活动范围广泛，既包括有形商品的销售，也包括无形产品（如软件、电子书、数字音乐等）的销售，同时还包括各种在线服务和线下服务的提供。

6. 法律要求与合规性。电子商务经营主体在从事经营活动时，需要遵守相关的法律法规，如《电子商务法》等，确保经营活动的合法性和合规性。

7. 技术依赖性。由于电子商务经营主体主要通过互联网等信息网络进行经营活动，因此他们对技术的依赖性较强。技术的不断进步和变化，直接影响着电子商务经营主体的经营方式和策略。

三、电子商务经营主体的分类

伴随电子商务的不断演进，作为电子商务交易基石的电子商务经营主体，其角色与形态亦经历了显著的转变。早期，电子商务经营主体主要局限于提供专线服务的电信部门及增值网络服务商。然而，随着互联网企业的蓬勃兴起，以及万维网技术和移动网络技术的深入普及，电子商务经营者的范畴与种类已日益丰富多样。

《电子商务法》第 9 条第 1 款规定："本法所称电子商务经营者，是指通过互联网等信息网络从事销售商品或者提供服务的经营活动的自然人、法人和非法人组织，包括电子商务平台经营者、平台内经营者以及通过自建网站、其他网络服务销售商品或者提供服务的电子商务经营者。"基于这一法律定义，我们可以将电子商务经营主体细分为以下四种类型，如图 2-1 所示。

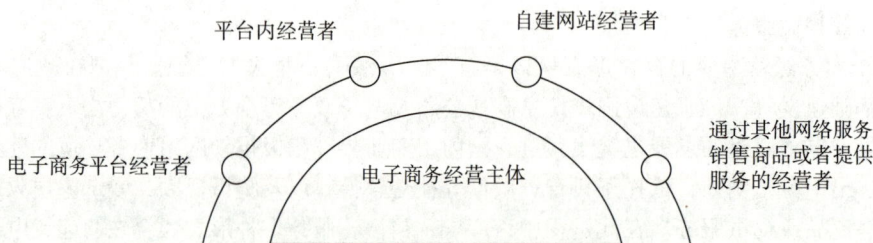

图 2-1 电子商务经营主体的分类

1. 电子商务平台经营者。为交易双方或者多方提供网络经营场所、交易撮合、信息发布等服务，供交易双方或者多方独立开展交易活动的法人或者非法人组织。

2. 平台内经营者。通过电子商务平台销售商品或者提供服务的电子商务经营主体。

3. 自建网站经营者。经营者自己建立网络信息系统和网络经营场所，通过该网络信息系以自己的名义销售商品和提供服务的经营者。这类经营者最显著的特征是不依托于第三方电子商务平台，开展自营电子商务业务。

4. 通过其他网络服务销售商品或者提供服务的经营者。利用其他网络服务进行商品销售或提供服务的经营者。这是立法中常见的兜底性表述，具有很强的实际意义，如依托于抖音、微信等社交媒体、微信、QQ等即时通讯工具开展业务的经营者。

此外，我国的电子商务经营主体种类繁多，业务边界有时难以明确界定，但它们的共同特征是必须依赖电信业务的基础开展商业活动。《中华人民共和国电信条例》（以下简称《电信条例》）第2条第2款规定："本条例所称电信，是指利用有线、无线的电磁系统或者光电系统，传送、发射或者接收语音、文字、数据、图像以及其他任何形式信息的活动。"电信业务进一步细分为基础电信业务和增值电信业务。基础电信业务涉及公共网络基础、数据传送和语音通信服务，而增值电信业务则基于公共网络提供信息服务，如电子邮件、在线数据处理等。据此，从行业发展的系统思维出发，站在网络与行业的服务提供商视角，从事电子商务经营或与之相关的企业主要可以分为以下几类：

● 网络服务提供商（Internet Service Provider，以下简称ISP）：为用户提供全方位网络服务，如门户网站搜狐、网易等。

● 网络接入服务商（Internet Access Provider，以下简称IAP）：专注于提供互联网接入服务，业务包括个人和企业上网服务、域名注册等。

● 网络内容提供商（Internet Content Provider，以下简称ICP）：通过网站向用户提供信息和增值业务，如新闻、行业资讯等。

● 网上媒体提供商（Internet Media Provider，以下简称IMP）：利用互联网作为媒体平台，提供新闻、娱乐等内容。

● 网络设备提供商（Internet Equipment Provider，以下简称IEP）：生产网络接入设备，如交换机、路由器等。

● 网络平台提供商（Internet Presence Provider，以下简称IPP）：为企业和个体用户搭建网络平台，如为企业提供局域网解决方案，为个体用户提供上网场所等。

● 应用服务提供商（Application Service Provider，以下简称ASP）：在互联网上提供各种应用服务，满足用户需求。

● 在线服务提供商（Online Service Provider，以下简称OSP）：为企业或用户提供实时在线服务，如咨询、技术支持和销售等。

如图2-2所示，在实际经营中，这些电子商务相关的服务提供商往往业务交叉，如ISP与ICP、IAP与IEP、IMP与ASP等，形成了错综复杂的行业生态。

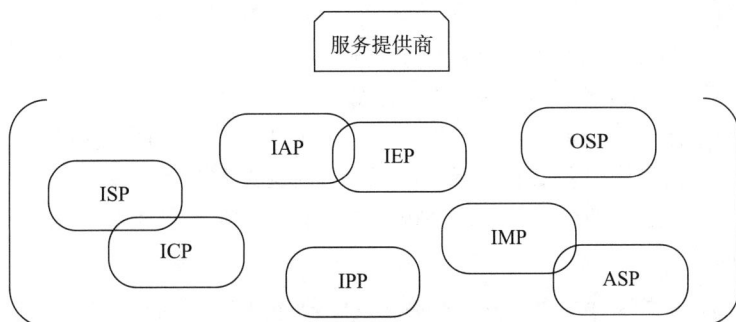

图2-2　电子商务经营主体分类-服务提供商

当前，国内从事电子商务的企业主要分为两类：一类是在提供网络内容服务过程中逐渐涉足电子商务的网络服务公司，如网络销售和网上预订；另一类则是通过收购或新建网站来改造销售体系的传统企业，如商场和医药企业。这些企业都在不断适应电子商务发展的新趋势，拓展业务边界，满足市场需求。

> **课堂讨论：** 说说你能想到的四类经营主体和各类服务提供商的典型例子。

任务2　电子商务经营主体的一般性权利与义务

◇ 案例 2-1

全国首例网络交易偷税案[1]

1999 年，张某在上海成立上海黎依市场策划有限公司（以下简称黎依公司），从事礼品销售等，张某同时是黎依公司的法定代表人。2006 年 6 月，张某以黎依公司的名义在淘宝网上开了商铺，开始在互联网上经营婴儿用品贸易。张某的生意日渐兴旺，在积累了一定的客户群后，张某又用自己的名义为黎依公司自建了一个销售婴儿用品的网站——彤彤屋。自 2006 年 6 月至 2006 年 12 月，彤彤屋网站的销售额已达 280 万元。

张某在运营彤彤屋的半年里，为了逃避缴纳税款，对通过彤彤屋网络销售渠道销售的商品均不开发票，收入也不计入黎依公司的账户中，不向税务机关申报纳税。当地警方在侦查一起诈骗案时意外发现了实为企业卖家的彤彤屋，在淘宝上以个人卖家的身份销售公司产品，利用个人网络商店没有法律监管的情况进行偷逃税款的行为。经上海市普陀区国家税务局税务核定，黎依公司于 2006 年 6 月至 12 月销售货物，含税销售金额为 289.5 万元，不含税销售金额为278.4 万元，应缴而未缴增值税 11 万余元。2007 年 1 月下旬，张某在接受公安机关调查时，主动交代了公安机关尚未掌握的黎依公司偷逃税款的事实。在人民法院审理期间，黎依公司向税务机关补缴了全部税款。

上海市普陀区人民法院审理认为，被告黎依公司的行为构成偷税罪，依法应予处罚，被告人张某全面负责公司的经营管理活动，对公司犯偷税罪负主管人员责任，也应以偷税罪论处；因张某有自首情节，黎依公司也补缴了所有税款，依法可减轻处罚。因此，人民法院对黎依公司以偷税罪判处罚金 10 万元，以偷税罪判处张某有期徒刑两年，缓刑两年，罚金 6万元。

请分析：

1. 本案中黎依公司是否属于电子商务经营主体？

2. 电子商务经营主体有哪些权利又需履行哪些法定义务？

法律权利是指法律关系中的主体在法律允许范围内自主决定行为并获得相应保障的权益；而法律义务则要求这些主体必须依法履行特定行为或避免某些行为。法律权利与法律义务相互依存，共同构成了法律关系的核心内容。在电子商务领域，由于其独特的虚拟性和跨地域性特

---

〔1〕《黎依公司逃税案》，载 https：//www.pkulaw.com/pfnl/a25051f3312b07f34138bdbba8e3a0a560bf87a95b4e9bbc-bdfb.html？keyword＝%E9%BB%8E%E4%BE%9D%E5%85%AC%E5%8F%B8%20&way＝listView，最后访问日期：2025 年7 月 15 日。

征，电子商务经营主体的权利与义务也呈现出更为鲜明的个性化特点，既要保障其自主经营的权利，也要履行依法经营、保护消费者权益等法定义务。

一、电子商务经营主体的一般性权利

（一）自主经营权

电子商务经营主体的自主经营权是指在电子商务领域中，经营者依法享有的、在法律框架内自主决定其经营活动的权利。这一权利不仅涵盖了经营范围的自主确定，还包括商品与服务价格的自主设定、交易对象和交易条件的自主选择等方面。在规范体系内，电子商务经营主体的自主经营权更是契约自由原则在电子商务领域的深刻反映和具体体现。

自主经营权的核心内容涵盖以下几个方面：首先，自主经营权允许电子商务经营主体根据自身的发展战略、市场需求和资源配置情况，自主决定其经营范围。这意味着经营主体既可以选择进入某一市场领域，也可以选择退出或调整其经营业务，以适应市场的变化。其次，自主经营权赋予了电子商务经营主体自主定价的权利。他们可以根据自身的成本结构、产品质量、品牌价值以及市场供求状况等因素，自主确定商品与服务的价格。这种自主定价权有助于经营主体更好地适应市场竞争，实现利润最大化。最后，自主经营权还体现在交易对象和交易条件的自主选择方面。电子商务经营主体有权根据自己的经营策略和市场定位，选择合适的交易对象，并确定交易的具体条件，如履行地点、履约期限、售后服务、风险承担等。这种选择权有助于经营主体更好地控制交易成本，提高交易效率。

值得注意的是，自主经营权的行使并非无边界。电子商务经营主体在享有自主经营权的同时，也必须遵守法律法规、商业道德和行业规范，确保经营活动的合法性和公平性。

（二）享有平等法律地位的权利

在电子商务领域，享有平等法律地位的权利，意味着电子商务经营主体应被平等地适用于相同的法律条款，无论其规模大小、所有制性质或地域范围，都应享受相同的法律权利并履行相同的法律义务。除非存在正当且合理的条件，否则不应对其进行任何形式的区别对待。《民法典》第4条明确强调："民事主体在民事活动中的法律地位一律平等。"这一平等原则不仅是现代社会的基石，更是法治公信力的体现。

在电子商务的实践中，这一平等原则尤为关键。电子商务经营主体有权在相同的市场准入条件下公平竞争，接受相同的监管标准，并在违反法律义务时，同等地承担法律责任。法外因素如企业规模、所有制性质或地域差异等，不应成为影响电子商务经营主体法律地位的因素。然而，需要明确的是，依法获得公平对待的权利并不意味着一律禁止和排斥所有形式的区别对待。当区别对待具备正当化事由时，例如，为实现特定的社会政策目标，如精准扶贫，那么这种区别对待是可以接受的。例如，国家税务总局针对连片特困地区的农副产品线上销售出台的税收优惠政策，正是基于精准扶贫的合理目的而设立的，它不仅未侵害电子商务经营主体获得公平对待的权利，反而是对平等原则的合理延伸和应用。

因此，在电子商务领域，我们既要保障经营主体的平等权利，又要灵活应对特定情境下的合理区别对待，以确保法律的公正与效率。

> **课堂讨论：** 如果未来开设一个网店，谈一谈你将享有哪些权利又应履行哪些法定义务？

二、电子商务经营主体的一般性义务

（一）履行纳税义务

虽然电子商务经营活动，在交易方式与经营场所上具有独特性，然而，其作为商业活动的本质核心——追求营利，依然保持不变。因此，电子商务经营主体同样应当履行纳税义务，并依法完成税收登记。《电子商务法》第11条明确指出："电子商务经营者应当依法履行纳税义务，并依法享受税收优惠。依照前条规定不需要办理市场主体登记的电子商务经营者在首次纳税义务发生后，应当依照税收征收管理法律、行政法规的规定申请办理税务登记，并如实申报纳税。"从权利主体来看，无论是需进行市场登记的电子商务经营者，还是按法律规定可豁免登记的电子商务经营者，均承担着依法纳税和进行税收登记的法定义务。从义务范围上看，电子商务经营主体的纳税义务源于法律规定，且线上线下交易遵循统一的税率标准，以保障市场秩序的公平有序。

此外，《中华人民共和国税收征收管理法》（以下简称《税收征收管理法》）第15条第1款详细规定："企业，企业在外地设立的分支机构和从事生产、经营的场所，个体工商户和从事生产、经营的事业单位（以下统称从事生产、经营的纳税人）自领取营业执照之日起三十日内，持有关证件，向税务机关申报办理税务登记。税务机关应当于收到申报的当日办理登记并发给税务登记证件。"而在税种方面，电子商务经营者主要涉及增值税、营业税、企业所得税等税种。在电子商务经营者的主体类型中，法人及非法人组织需要缴纳企业所得税；个人独资企业、合伙企业因其特殊的法律结构，不征收企业所得税；个人独资企业的投资者、合伙企业的合伙人、个体工商户等需要依据《中华人民共和国个人所得税法》（以下简称《个人所得税法》）的规定履行纳税义务。这一区分不仅体现了税法的精准性和公平性，也有效保障了各类电子商务经营主体在税收方面的权益和责任。

为了有效促使电子商务经营主体履行上述义务，切实保障消费者的合法权益，《电子商务法》第14条进一步规定了电子发票的出具要求。该条规定明确指出："电子商务经营者销售商品或者提供服务应当依法出具纸质发票或者电子发票等购货凭证或者服务单据。电子发票与纸质发票具有同等法律效力。"这一规定不仅确保了交易的透明度和可追溯性，也进一步强化了电子商务领域的税收监管和消费者权益保障。

或者电子发票等购货凭证或者服务单据。电子发票与纸质发票具有同等法律效力。

《税收征收管理法》第15条 企业，企业在外地设立的分支机构和从事生产、经营的场所，个体工商户和从事生产、经营的事业单位（以下统称从事生产、经营的纳税人）自领取营业执照之日起三十日内，持有关证件，向税务机关申报办理税务登记。税务机关应当于收到申报的当日办理登记并发给税务登记证件。

工商行政管理机关应当将办理登记注册、核发营业执照的情况，定期向税务机关通报。

本条第一款规定以外的纳税人办理税务登记和扣缴义务人办理扣缴税款登记的范围和办法，由国务院规定。

《电子商务法》第28条 电子商务平台经营者应当按照规定向市场监督管理部门报送平台内经营者的身份信息，提示未办理市场主体登记的经营者依法办理登记，并配合市场监督管理部门，针对电子商务的特点，为应当办理市场主体登记的经营者办理登记提供便利。

电子商务平台经营者应当依照税收征收管理法律、行政法规的规定，向税务部门报送平台内经营者的身份信息和与纳税有关的信息，并应当提示依照本法第十条规定不需要办理市场主体登记的电子商务经营者依照本法第十一条第二款的规定办理税务登记。

（二）主体信息公示义务

在电子商务领域，电子商务经营主体与交易相对人之间的互动交易往往隔着数字屏幕，通过互联网平台实现信息的交换和交易的达成。这种交易过程的虚拟性和远程性特点，显著加剧了双方之间的信息不对称现象。为了切实保障交易相对人的知情权，缩小信息鸿沟，立法上明确了电子商务经营主体应承担主体信息公示义务。

《电子商务法》第15条第1款规定："电子商务经营者应当在其首页显著位置，持续公示营业执照信息、与其经营业务有关的行政许可信息、属于依照本法第十条规定的不需要办理市场主体登记情形等信息，或者上述信息的链接标识。"这一规定确保了公示信息的直接可见性和易获取性。在公示形式上，电子商务经营主体应当确保相关信息在其首页的显著位置得到持续展示，避免将其隐藏在页面的角落或仅在短暂时间内展示，从而确保信息的及时性和可访问性。在公示内容上，除了基本的营业执照信息、行政许可信息以及豁免登记信息外，实际操作中通常还应包括经营地址、邮政编码、联系电话、电子邮箱等详尽的联系方式，以便利交易相对人获取和确认。至于公示的具体要求，法律强调了信息的真实性、全面性和准确性。电子商务经营主体公示的所有信息必须与其实际情况相符，不得误导交易相对人，更不得隐瞒或遗漏任何重大事实，以确保交易双方在信息对等的基础上做出明智决策。

（三）信息披露义务

与线下交易形成鲜明对比的是，电子商务交易双方无需面对面洽谈交易，这导致交易相对人对商品或服务的认知完全依赖于电子商务经营者所提供的文字、图片、视频等描述。这种独特的交易模式显著加剧了双方之间的信息不对称，使得信息鸿沟愈发凸显。为了确保交易相对人的知情权得到充分保障，缩小这一信息鸿沟，明确信息披露义务显得尤为关键。《电子商务法》第17条明确规定："电子商务经营者应当全面、真实、准确、及时地披露商品或者服务信息，保障消费者的知情权和选择权。电子商务经营者不得以虚构交易、编造用户评价等方式进行虚假或者引人误解的商业宣传，欺骗、误导消费者。"

信息披露义务主要包含两方面内容。从积极层面来看，电子商务经营者应当严格遵循全面、真实、准确、及时的原则进行信息披露。全面意味着经营者应详尽披露与商品、服务相关的所有信息，避免任何故意隐瞒或重大遗漏；真实则要求所披露的信息必须与客观事实相符，杜绝编造虚假事实的行为；准确意味着信息应利于消费者理解和判断，避免误导性信息的出现；及时则强调信息更新的时效性，经营者应在相关信息产生后迅速披露，不得无故拖延。至于信息披露的方式，尽管法律并未作出具体规定，但在实际操作中，电子商务经营者通常采用视频、图片、文字等多种形式向消费者展示商品或服务的详细信息。

从消极层面来看，电子商务经营者被明令禁止采用虚构交易、编造用户评价等手段进行虚假或误导性的商业宣传。其中，虚构交易是电子商务经营者为追求不正当利益与特定主体串通，通过伪造交易记录、制造虚假交易假象，来误导消费者，使其产生错误的购买决策。编造用户评价是另一种常见的误导性商业宣传手段，在电子商务平台上，用户评价往往成为消费者选择商品或服务的重要参考依据。然而，一些经营者为了提升自身产品或服务的竞争力，会唆使或雇佣特定人员编造虚假的用户评价，以营造一种良好的口碑假象。这种行为不仅欺骗了消费者，也损害了其他诚信经营者的利益。因此，法律对编造用户评价的行为也进行了严格的规制。此外，虚假的商业宣传和引人误解的商业宣传同样属于信息披露义务的消极内容。虚假的商业宣传是指经营者在宣传自身产品或服务时，故意夸大其性能、功效或隐瞒其缺陷、不足，以误导消费者。而引人误解的商业宣传则是指经营者在宣传过程中使用模糊、含糊的措辞或表述方式，使消费者产生错误的认识或判断。这些行为都会对消费者的购买决策产生不良影响，均可能导致消费者产生错误认识，进而损害其合法权益。同时这些行为也扰乱了电子商务市场的正常秩序，因此，法律对电子商务经营者的这些行为给予了严格的限制和禁止。

法条链接：

《电子商务法》第15条 电子商务经营者应当在其首页显著位置，持续公示营业执照信息、与其经营业务有关的行政许可信息、属于依照本法第十条规定的不需要办理市场主体登记情形等信息，或者上述信息的链接标识。

前款规定的信息发生变更的，电子商务经营者应当及时更新公示信息。

《电子商务法》第16条 电子商务经营者自行终止从事电子商务的，应当提前三十日在首页显著位置持续公示有关信息。

《电子商务法》第17条 电子商务经营者应当全面、真实、准确、及时地披露商品或者服务信息，保障消费者的知情权和选择权。电子商务经营者不得以虚构交易、编造用户评价等方式进行虚假或者引人误解的商业宣传，欺骗、误导消费者。

（四）个人信息保护义务

随着电子商务行业的蓬勃发展，个人信息保护的问题日益凸显。遗憾的是，一些不良商家无视法规，肆意买卖交易相对人的个人信息，导致信息泄露和非法利用现象层出不穷。为了应对这一挑战，《电子商务法》对电子商务经营者设定了严格的个人信息保护义务。《电子商务法》第23条明确规定："电子商务经营者收集、使用其用户的个人信息，应当遵守法律、行政法规有关个人信息保护的规定。"要深入理解这一条款还需要我们结合其他相关法律法规。《民法典》第111条明确指出："自然人的个人信息受法律保护。任何组织或者个人需要获取他人个人信息的，应当依法取得并确保信息安全，不得非法收集、使用、加工、传输他人个人信息，不得非法买卖、提供或者公开他人个人信息。"《个人信息保护法》作为我国个人信息保护的基石，从信息处理规则、跨境信息流动规则、个人信息主体权利以及处理者的义务等方面，为个人信息保护与合理利用构建了全面的制度框架。此外，《网络安全法》也对网络运营者在收集用户个人信息时的要求、目的、范围等作出了明确规定，确保网络空间的秩序与安全。《中华人民共和国刑法》（以下简称《刑法》）第253条之一更是对非法出售、提供公民信息的行为予以严厉打击，对严重侵害公民信息权的犯罪给予刑事处罚。而在《消费者权益保护法》中，对于消费者个人信息的保护也作出了详尽的规定，并对侵害消费者信息权的行为设定了相应的法律责任。

针对以上法律法规，电子商务经营主体在履行个人信息保护义务时，需特别注意以下几点：首先，收集交易相对人信息时，必须事先征得交易相对人明确同意，并在网站显著位置公示信息收集的方法和规则。双方应就使用范围、方式、期限等内容进行明确约定，电子商务经营主体必须在约定范围内使用个人信息。其次，电子商务经营主体应协助交易相对人查询、更正相关个人信息，确保用户信息的准确性和完整性。《电子商务法》第24条第1款规定："电子商务经营者应当明示用户信息查询、更正、删除以及用户注销的方式、程序，不得对用户信息查询、更正、删除以及用户注销设置不合理条件。"最后，电子商务经营主体必须妥善保管交易相对人的个人信息，设置合理的安全系统，确保信息的安全可控。同时，电子商务经营主体应制定应急预案，采取一切合理措施防止信息泄露，未经交易相对人同意不得泄露个人信息给第三人。当然，也存在例外情形，《电子商务法》第25条明确规定："有关主管部门依照法律、行政法规的规定要求电子商务经营者提供有关电子商务数据信息的，电子商务经营者应当提供。有关主管部门应当采取必要措施保护电子商务经营者提供的数据信息的安全，并对其中的个人信息、隐私和商业秘密严格保密，不得泄露、出售或者非法向他人提供。"此时，不需要征得相对人的同意。

> **课堂讨论**：谈一谈生活中，你有没有遇到过个人信息遭到泄露的经历？你又是如何依法维权的呢？

法条链接：

《电子商务法》第23条 电子商务经营者收集、使用其用户的个人信息，应当遵守法律、行政法规有关个人信息保护的规定。

《电子商务法》第24条 电子商务经营者应当明示用户信息查询、更正、删除以及用户注销的方式、程序，不得对用户信息查询、更正、删除以及用户注销设置不合理条件。

电子商务经营者收到用户信息查询或者更正、删除的申请的，应当在核实身份后及时提供查询或者更正、删除用户信息。用户注销的，电子商务经营者应当立即删除该用户的信息；依照法律、行政法规的规定或者双方约定保存的，依照其规定。

《电子商务法》第25条 有关主管部门依照法律、行政法规的规定要求电子商务经营者提供有关电子商务数据信息的，电子商务经营者应当提供。有关主管部门应当采取必要措施保护电子商务经营者提供的数据信息的安全，并对其中的个人信息、隐私和商业秘密严格保密，不得泄露、出售或者非法向他人提供。

《民法典》第111条 自然人的个人信息受法律保护。任何组织或者个人需要获取他人个人信息的，应当依法取得并确保信息安全，不得非法收集、使用、加工、传输他人个人信息，不得非法买卖、提供或者公开他人个人信息。

《个人信息保护法》第5条 处理个人信息应当遵循合法、正当、必要和诚信原则，不得通过误导、欺诈、胁迫等方式处理个人信息。

《个人信息保护法》第 10 条　任何组织、个人不得非法收集、使用、加工、传输他人个人信息，不得非法买卖、提供或者公开他人个人信息；不得从事危害国家安全、公共利益的个人信息处理活动。

《网络安全法》第 40 条　网络运营者应当对其收集的用户信息严格保密，并建立健全用户信息保护制度。

《网络安全法》第 41 条　网络运营者收集、使用个人信息，应当遵循合法、正当、必要的原则，公开收集、使用规则，明示收集、使用信息的目的、方式和范围，并经被收集者同意。

网络运营者不得收集与其提供的服务无关的个人信息，不得违反法律、行政法规的规定和双方的约定收集、使用个人信息，并应当依照法律、行政法规的规定和与用户的约定，处理其保存的个人信息。

《网络安全法》第 42 条　网络运营者不得泄露、篡改、毁损其收集的个人信息；未经被收集者同意，不得向他人提供个人信息。但是，经过处理无法识别特定个人且不能复原的除外。

网络运营者应当采取技术措施和其他必要措施，确保其收集的个人信息安全，防止信息泄露、毁损、丢失。在发生或者可能发生个人信息泄露、毁损、丢失的情况时，应当立即采取补救措施，按照规定及时告知用户并向有关主管部门报告。

《中华人民共和国刑法》第 253 条之一　违反国家有关规定，向他人出售或者提供公民个人信息，情节严重的，处三年以下有期徒刑或者拘役，并处或者单处罚金；情节特别严重的，处三年以上七年以下有期徒刑，并处罚金。

违反国家有关规定，将在履行职责或者提供服务过程中获得的公民个人信息，出售或者提供给他人的，依照前款的规定从重处罚。

窃取或者以其他方法非法获取公民个人信息的，依照第一款的规定处罚。

单位犯前三款罪的，对单位判处罚金，并对其直接负责的主管人员和其他直接责任人员，依照各该款的规定处罚。

（五）公平竞争义务

公平竞争义务作为电子商务经营主体在市场竞争中必须恪守的交易准则，其内涵深刻而广泛。这一义务要求各主体在激烈的商业角逐中，严格遵循《中华人民共和国反不正当竞争法》（以下简称《反不正当竞争法》）、《中华人民共和国反垄断法》（以下简称《反垄断法》）等法律规定，恪守诚实信用的基本准则。在这一过程中，任何滥用市场支配地位、实施商业贿赂、进行商业诋毁或假冒仿冒等违法竞争行为，均被视为对公平竞争原则的严重背离，并将受到法律的严厉制裁。为了维护电子商务市场的健康有序发展，我国《电子商务法》更是设置了专项条文，对公平竞争义务进行了详尽规制。《电子商务法》第 22 条规定："电子商务经营者因其技术优势、用户数量、对相关行业的控制能力以及其他经营者对该电子商务经营者在交易上的依赖程度等因素而具有市场支配地位的，不得滥用市场支配地位，排除、限制竞争。"

在规制模式上，公平竞争义务采用了积极规制与消极规制并行的策略。从积极规制的角度来看，竞争法设立了兜底性一般条款，确保电子商务经营主体在市场竞争中始终遵循法律、法规的指引，并恪守诚实信用的原则。这一规定不仅为电子商务经营主体提供了明确的行为准则，也为电子商务市场的公平竞争提供了坚实的法律保障。在消极规制方面，《反不正当竞争法》和《反垄断法》等法律详细列出了多种违法竞争行为，并明确禁止电子商务经营主体实施这些行为。一旦违反相关主体将承担法律责任。以《电子商务法》第22条为例，对滥用市场支配地位的行为进行了明令禁止。市场支配地位即电子商务经营主体在特定领域和地域内对特定业务所享有的支配性、优势性地位，它本身并不具有违法性。然而，一旦电子商务经营者利用这种地位实施打压竞争对手的行为，便具有了违法性。《反垄断法》第23条规定"认定经营者具有市场支配地位，应当依据下列因素：（一）该经营者在相关市场的市场份额，以及相关市场的竞争状况；（二）该经营者控制销售市场或者原材料采购市场的能力；（三）该经营者的财力和技术条件；（四）其他经营者对该经营者在交易上的依赖程度；（五）其他经营者进入相关市场的难易程度；（六）与认定该经营者市场支配地位有关的其他因素。"此外，在违法行为的形态上，"滥用"一词具有一定的开放性和模糊性，还需要结合具体情境进行判定。在实践中，诸如垄断价格、掠夺性定价、强迫交易、无正当理由的区别对待以及搭售等行为通常被视为滥用市场支配地位的范畴。当然，随着市场环境的发展进步，滥用市场支配地位的行为类型还可能不断演变，出现新的违法形态。

除了滥用市场支配地位外，《反不正当竞争法》等相关法律还明确禁止了其他违反公平竞争义务的行为。这些行为包括假冒或仿冒行为，即通过模仿其他经营主体的名称、包装等标识误导消费者的行为；商业贿赂行为，即通过给予利益相关方不正当利益以达成商业目的的行为；以及商业诋毁行为，即故意编造并散布虚假信息损害竞争对手的声誉。这些行为均严重违背了诚实信用的原则，破坏了电子商务市场的公平竞争秩序，被法律所明令禁止。

法条链接：

《电子商务法》第22条 电子商务经营者因其技术优势、用户数量、对相关行业的控制能力以及其他经营者对该电子商务经营者在交易上的依赖程度等因素而具有市场支配地位的，不得滥用市场支配地位，排除、限制竞争。

《反不正当竞争法》第7条 经营者不得实施下列混淆行为，引人误认为是他人商品或者与他人存在特定联系：

（一）擅自使用与他人有一定影响的商品名称、包装、装潢等相同或者近似的标识；

（二）擅自使用他人有一定影响的名称（包括简称、字号等）、姓名（包括笔名、艺名、网名、译名等）；

（三）擅自使用他人有一定影响的域名主体部分、网站名称、网页、新媒体账号名称、应用程序名称或者图标等；

（四）其他足以引人误认为是他人商品或者与他人存在特定联系的混淆行为。

擅自将他人注册商标、未注册的驰名商标作为企业名称中的字号使用，或者将他人商品名称、企业名称（包括简称、字号等）、注册商标、未注册的驰名商标等设置为搜索关键词，引人误认为是他人商品或者与他人存在特定联系的，属于前款规定的混淆行为。

经营者不得帮助他人实施混淆行为。

《反不正当竞争法》第8条第1款 经营者不得采用给予财物或者其他手段贿赂下列单位或者个人，以谋取交易机会或者竞争优势：

（一）交易相对方的工作人员；

（二）受交易相对方委托办理相关事务的单位或者个人；

（三）利用职权或者影响力影响交易的单位或者个人。

《反不正当竞争法》第9条 经营者不得对其商品的性能、功能、质量、销售状况、用户评价、曾获荣誉等作虚假或者引人误解的商业宣传，欺骗、误导消费者和其他经营者。

经营者不得通过组织虚假交易、虚假评价等方式，帮助其他经营者进行虚假或者引人误解的商业宣传。

《反垄断法》第23条 认定经营者具有市场支配地位，应当依据下列因素：

（一）该经营者在相关市场的市场份额，以及相关市场的竞争状况；

（二）该经营者控制销售市场或者原材料采购市场的能力；

（三）该经营者的财力和技术条件；

（四）其他经营者对该经营者在交易上的依赖程度；

（五）其他经营者进入相关市场的难易程度；

（六）与认定该经营者市场支配地位有关的其他因素。

任务3 电子商务平台经营者

◇ 案例2-2

王某与珠海必要科技有限公司产品销售者责任纠纷案[1]

"必要商城"系由珠海必要科技有限公司经营的电子商务交易平台，根据其平台首页介绍，该电子商务平台以用户直连制造为特色，采用C2M模式实现用户到工厂的两点直线连接。2018年12月25日，王某在该平台商家"卡菲奥乐服饰"购买L码鹅绒羽绒服一件（订单编号122014569277805666），并于当日支付货款799元，商家于付款次日发货，王某于同年12月28日收到该商品，经试穿及测量，王某认为该件羽绒服胸围及袖长尺寸与商家在平台所标明的尺寸不一致且超过正常误差，遂与平台客服及商家客服进行交涉，商家称该款羽绒服L码无原料无法重新生产，王某将L码羽绒服退货后（2019年1月4日收到该件商品退款799元），于2018年12月29日在该商家再次购买同款羽绒服XL码一件（订单编号122014609511281819），并支付了货款799元，商家于2018年12月30日发货，王某于2019年1月1日收到上述商品，商品吊牌显示生产厂家为艺得欣公司。经试穿及测量，王某认为该件羽绒服胸围及袖长尺寸仍与商家标明尺寸不一致，为库存次品，与平台及商家宣传不一致，要求退货退款并给付三倍赔偿，双方未能达成一致意见，王某遂将珠海必要科技有限公司诉至人民法院，要求处理。

---

〔1〕《王辉与珠海必要科技有限公司产品销售者责任纠纷二审民事判决书》，载 https://www.pkulaw.com/pfnl/a6bdb3332ec0adc4bc2873477f56e35da0677d2e9ffa38b8bdfb.html？keyword＝%E7%8E%8B%E8%BE%89%E4%B8%8E%E7%8F%A0%E6%B5%B7%E5%BF%85%E8%A6%81%E7%A7%91%E6%8A%80%E6%9C%89%E9%99%90%E5%85%AC%E5%8F%B8%E4%BA%A7%E5%93%81%E9%94%80%E5%94%AE%E8%80%85&way＝listView，最后访问日期：2025年7月15日。

请分析：

1. 本案中，必要商城属于何种电子商务经营主体？

2. 必要商城应承担何种法律义务？

在电子商务经营主体中，电子商务平台经营者扮演着举足轻重的角色。他们不仅是连接需求方与供应方的桥梁，更是信息的汇聚者和交易的促成者。通过高效地整合和传递海量的市场信息，电子商务平台经营者将信息转化为切实的商业价值，推动了有效交易的达成。除此之外，电子商务平台经营者还肩负着交易规则的制定以及交易纠纷调解处置的重任，承担着重要的管理职能，是电子商务行业蓬勃发展中不可或缺的核心主体。

从法律层面审视，电子商务平台经营者的角色定位和法律规范，为其他电子商务经营主体提供了重要的参考依据。我国《电子商务法》中关于电子商务平台经营者的相关条款，不仅具有高度的针对性和实用性，而且对于平台内经营者、自建网站经营者等多元主体也展现了较强的适应性和指导意义。这些法律条款的设立，确保电子商务市场的健康、有序发展，维护各方利益，推动电子商务行业的持续繁荣。

一、电子商务平台经营者概述

电子商务平台经营者，是指从事以设立、运行和管理电子商务平台为主要业务的营利性主体。深入理解电子商务平台，是把握这类主体特征的关键。电子商务平台，实质上是一个通过信息网络提供基础性服务的平台，这些服务包括虚拟空间、交易场所、交易机制以及交易规则等，旨在促进商品与服务供应方与需求方之间的交易达成。电子商务平台具备几个显著特征：首先，它具有虚拟性。作为一个计算机信息系统，电子商务平台不具备可感知的物理形态，但能够跨越地理界限，将不同地域的各方主体紧密连接，实现交易的达成。其次，电子商务平台具有公共性。它提供的交易空间、场所、机制及规则对所有市场参与者开放，不受特定主体的垄断或独占，体现了广泛的包容性和公正性。最后，它还具有开放性。这种开放性主要体现在交易资格的获取上，即任何符合电子商务平台经营者注册条件的主体，均能在平台上注册成为买方或卖方，参与线上交易活动，且这种资格并不受数量限制，从而保证了市场的充分竞争和活力。

《电子商务法》第9条第2款规定："本法所称电子商务平台经营者，是指在电子商务中为交易双方或者多方提供网络经营场所、交易撮合、信息发布等服务，供交易双方或者多方独立开展交易活动的法人或者非法人组织。"鉴于电子商务平台经营者所固有的开放性、中立性、营利性和控制性的特征，其对经营者的技术能力、人员配置以及资金储备等方面提出了较高的要求，因此，法律明文规定电子商务平台经营者必须是具备相应商业资质的法人或合伙企业。

在界定电子商务平台经营者时，我们还需要与平台内经营者、自建网站经营者等相关概念进行清晰区分。通常情况下，电子商务平台经营者并不直接参与商品或服务的交易，而是作为间接主体存在。相较之下，平台内经营者和自建网站经营者则直接参与交易活动，属于直接主体。平台内经营者必须在电子商务平台完成注册，并严格遵守平台设定的各种交易规则，其对电子商务平台经营者有较强的依赖性。自建网站经营者虽然构建了与电子商务平台功能相类似的交易系统，然而，这一系统通常带有显著的封闭性特征，并不对除自身以外的第三方销售者开放。这种封闭性使其无法满足电子商务平台对于公共性和开放性的核心要求，故不属于电子商务平台经营者的范畴。

> **课堂讨论：** 实践中，电子商务平台经营者都有哪些类型？

二、电子商务平台经营者的权利

在法理上，权利是特定主体在法律规定的范围内依法应享有的权利和利益。在现代法治社会中，对权利的保障已上升为一项基本原则，这不仅是法治精神的核心体现，更是电子商务市场稳健发展不可或缺的基石。综合现行有效的法律规范，电子商务平台经营者的权利构成了一个多元而丰富的体系。这些权利不仅涵盖了平台经营者自主运营、决策的自由空间，也包含了对其商业利益、知识产权等关键权益的明确保护。在电子商务市场日益繁荣的今天，明确和保障这些权利，对于促进市场的公平竞争、维护消费者权益、推动行业的创新与发展都具有举足轻重的意义。电子商务平台经营者的权利具体包括：

（一）制定平台治理规范的权利

在平台自治的市场逻辑下，电子商务平台经营者实际上行使着显著的管理职能。他们通过制定自律性规范，只要与法律不相冲突，便对平台内的经营者、交易相对人等主体产生广泛约束，发挥着裁判规范作用，也确保交易的公平、公正和透明。这些治理规范可根据不同标准进行分类。涵盖了从准入、交易到争议解决的各个环节，旨在维护市场秩序和保护消费者权益。从约束对象来看，治理规范可细分为仅针对平台内经营者的卖家规范、仅针对电子商务交易相对人的买家规范，以及同时约束双方的共同规范。值得注意的是，电子商务平台经营者虽拥有一定管理职能，但本质上仍属于私法主体，与其他民事主体地位平等，不得将自身意志强加于人。为防止权力滥用，法律对此进行了明确的约束与限制。《电子商务法》第32条、第33条明确规定："电子商务平台经营者应当遵循公开、公平、公正的原则，制定平台服务协议和交易规则，明确进入和退出平台、商品和服务质量保障、消费者权益保护、个人信息保护等方面的权利和义务。电子商务平台经营者应当在其首页显著位置持续公示平台服务协议和交易规则信息或者上述信息的链接标识，并保证经营者和消费者能够便利、完整地阅览和下载。"平台服务协议与交易规则是电子商务平台运营的核心组成部分，它们共同构成了平台与用户之间互动的法律框架和行为准则。平台服务协议是平台与用户之间关于服务提供与使用的正式约定。它详细规定了数据信息的发送、传输和处理方式，确保平台服务的稳定性、安全性和高效性。服务协议通常包括用户注册、账号管理、服务内容、服务费用、数据隐私、知识产权保护等方面的条款，旨在明确双方的权利和义务，保护双方的合法权益。平台交易规则是平台为了规范电子商务交易活动依法制定的各项规章制度。这些规则涵盖了用户注册、交易流程、商品信息展示、价格管理、支付结算、物流配送、售后服务、评价反馈等各个环节，包括但不限于用户注册制度、平台交易相关规则、信息公示制度、个人信息保护制度、商业秘密保护制度、消费者权益保护制度、广告发布审核制度、交易安全保障制度、数据备份制度以及交易争端解决制度、违法信息举报处理制度等。

（二）审查平台内经营者信息的权利

作为虚拟空间交易平台的缔造者与监管者，电子商务平台经营者肩负着维护平台内良好交易环境的重要使命。为确保这一目标的实现，电子商务平台经营者必须具备对平台内经营者相关信息进行审查检验的权利。对此，我国《电子商务法》第27条第1款作出了明确的规定："电子商务平台经营者应当要求申请进入平台销售商品或者提供服务的经营者提交其身份、地址、联系方式、行政许可等真实信息，进行核验、登记，建立登记档案，并定期核验更新。"在审查过程中，电子商务平台经营者应着重核实平台内经营者的身份、地址、联系方式及必要的行政许可等关键信息。这些信息的真实性、全面性和合法性是保障平台交易安全的基础。因此，平台内经营者在注册时，应主动提交相关证明材料以供电子商务平台经营者审查。若经营者拒不配合，电子商务平台经营者有权依法拒绝其注册申请，确保平台内所有经营者均符合规定的准入条件。在审核过程中，电子商务平台经营者若对平台内经营者提供的信息存在疑问，有权进行进一步询问并要求其作出合理解释。一旦发现平台内经营者提供的材料存在伪造、变造等违法行为，电子商务平台经营者有权单方面终止服务协议，以维护平台的公平交易秩序和消费者的合法权益。

除了注册时的严格审查，电子商务平台经营者还应建立定期更新机制，要求平台内经营者定期报告身份、地址、联系方式及行政许可等信息的变动情况，平台内经营者也应积极配合定期报告，这种持续性的信息更新不仅有助于平台经营者及时掌握经营者的最新动态，还能有效预防潜在的风险和违规行为，有效维护平台的健康稳定发展。

法条链接：

《电子商务法》第27条第1款　电子商务平台经营者应当要求申请进入平台销售商品或者提供服务的经营者提交其身份、地址、联系方式、行政许可等真实信息，进行核验、登记，建立登记档案，并定期核验更新。

《电子商务法》第32条　电子商务平台经营者应当遵循公开、公平、公正的原则，制定平台服务协议和交易规则，明确进入和退出平台、商品和服务质量保障、消费者权益保护、个人信息保护等方面的权利和义务。

《电子商务法》第33条　电子商务平台经营者应当在其首页显著位置持续公示平台服务协议和交易规则信息或者上述信息的链接标识，并保证经营者和消费者能够便利、完整地阅览和下载。

三、电子商务平台经营者的义务

为了确保电子商务市场能够稳健、有序地运行与发展，我国法律为电子商务平台经营者设定了一系列细致且全面的法律义务。这些义务不仅涵盖了对平台内经营者、交易相对人等私法主体的责任与担当，也包括了向政府等公法主体所承担的责任与义务。通过这样的制度安排，构建一个公平、透明、高效的电子商务营商环境。

（一）对平台内经营者的义务

1. 保障交易环境公平公正的义务。为构建一个健康且有序的电子商务生态系统，确保公平竞争与公平交易的环境是前提。电子商务平台作为数字时代的交易桥梁，承载着公共服务的属性，它不仅仅是一个简单的交易平台，更是推动商业公平与诚信的重要载体。因此，平台经营者不能滥用公共属性作为谋取私利的工具。相反，平台经营者应当承担起为所有电子商务交易活动创造公正、透明、有序环境的责任。《电子商务法》第35条对此作出了明确规定："电子商务平台经营者不得利用服务协议、交易规则以及技术等手段，对平台内经营者在平台内的交易、交易价格以及与其他经营者的交易等进行不合理限制或者附加不合理条件，或者向平台内经营者收取不合理费用。"

2. 保存信息的义务。在电子商务中，每一笔交易都紧密依赖于计算机互联网，在交易的流转过程中，自然会生成一系列至关重要的数据信息，如详尽的交易记录、用户的个性化信息、以及商品和服务的详尽资料等。这些数据不仅记录着商业活动的每一个瞬间，更在日后可能发生的争端解决中，扮演着举足轻重的角色。为了保障这些数据的完整性和安全性，我国《电子商务法》第31条明确规定："电子商务平台经营者应当记录、保存平台上发布的商品和服务信息、交易信息，并确保信息的完整性、保密性、可用性。商品和服务信息、交易信息保存时间自交易完成之日起不少于三年；法律、行政法规另有规定的，依照其规定。"电子商务平台经营者必须妥善保管相关数据信息，确保其在需要时能够被准确、迅速地调用。从保存期限来看，法律规定了一个 3 年的基本期限，但这一期限并非绝对，特殊情况下可延长。保存信息的范畴不仅包括了核心的交易记录，还涵盖了用户信息和商品服务的详细资料，确保数据的全面性和完整性。而在具体的信息保存要求上，法律更是提出了"三性"标准：全面性，要求数据覆盖交易的每一个环节；可用性，确保数据在需要时能够顺利调取和使用；保密性，则是对数据安全性的重要保障，确保用户的隐私和企业的商业机密不被泄露。

3. 提供信用评价服务的义务。在日益繁荣的电子商务领域，信用评价服务的重要性日益凸显。鉴于网络交易的虚拟性以及商品与服务提供者质量的参差不齐，消费者在选择交易对象时常常面临诸多困惑与不确定性。因此，电子商务平台经营者应当建立并优化信用评价机制，为消费者提供清晰、可靠的参考依据。电子商务平台经营者应综合考量销售量、投诉量、消费者主观评价等多种因素，不断完善信用评价体系。这一机制不仅有助于消费者更好地了解交易对象的信誉状况，还能够促进平台内商家之间的良性竞争，提升整体服务质量。《电子商务法》第 39 条明确指出："电子商务平台经营者应当建立健全信用评价制度，公示信用评价规则，为消费者提供对平台内销售的商品或者提供的服务进行评价的途径。电子商务平台经营者不得删除消费者对其平台内销售的商品或者提供的服务的评价。"电子商务平台经营者必须建立健全信用评价制度，并公示其评价规则，以确保评价过程的公正性和透明度。同时，平台经营者应为消费者提供便捷的途径，使其能够对平台内销售的商品或提供的服务进行客观评价。尤为重要的是，平台经营者不得随意删除消费者的评价，这是对消费者权益的尊重，也是维护市场公平竞争的基石。

4. 提前告知义务。因电子商务平台具有明显的公共属性，其运营状态的任何重大变动，尤其是终止运营的决定，都将产生深远的连锁反应，影响的不仅仅是平台经营者本身，更包括广大的交易相对人、平台内经营者等所有与平台密切相关的利益群体。为了确保这些群体能够有足够的时间进行预判、准备和应对，电子商务平台经营者在决定关闭平台之前，必须依法履行通知义务，提前向所有可能受到影响的利害关系人发出清晰、明确的通知。《电子商务法》第 36 条对此作出了明确规定："电子商务平台经营者依据平台服务协议和交易规则对平台内经营者违反法律、法规的行为实施警示、暂停或者终止服务等措施的，应当及时公示。"电子商务平台经营者在根据平台服务协议和交易规则对平台内经营者进行警示、暂停服务或终止服务等措施时，必须确保这些措施的公正性、透明性，并及时向所有相关方进行公示。这一规定不仅体现了对法律规范的严格遵守，也彰显了电子商务平台经营者对利益相关者权益的尊重和保护，为构建更加健康、有序的电子商务环境奠定了坚实的基础。

(二) 对消费者权益的保护义务

1. 资质审核义务。由于电子商务平台经营者兼具企业运营和市场管理的双重身份，同时掌握平台内经营者的接入权限和关键信息，所以电子商务平台经营者肩负着审核义务。这些信息的审核，不仅关乎消费者的生命安全，更是社会稳定发展的基石。《电子商务法》第 38 条第 2 款规定："对关系消费者生命健康的商品或者服务，电子商务平台经营者对平台内经营者的资质资格未尽到审核义务，或者对消费者未尽到安全保障义务，造成消费者损害的，依法承担相应的责任。"电子商务平台经营者的资质审核义务存在两大核心条件。一是，审核范围聚焦于平台内经营者从事经营活动所必需的资质或资格，包括但不限于各类证明文件和其他法定条件。二是，这些经营活动必须涉及与消费者生命健康息息相关的商品或服务。对于"关系消费者生命健康"的界定，本书持宽泛理解，即任何可能对消费者生命健康产生影响的商品或服务都应纳入审核范畴。《电子商务法》第 27 条第 1 款规定："电子商务平台经营者应当要求申请进入平台销售商品或者提供服务的经营者提交其身份、地址、联系方式、行政许可等真实信息，进行核验、登记，建立登记档案，并定期核验更新。"平台经营者享有审核平台内经营者相关信息的权力。这使得平台经营者有能力对信息的真实性、准确性和完整性进行全面而细致的核查。若电子商务平台经营者未能切实履行审核义务，导致消费者权益受损，电子商务平台经营者将根据其过错程度依法承担相应的法律责任。

2. 安全保障义务。电子商务平台经营者对消费者负有安全保障义务，特别是对于关系消费者生命健康的商品或服务，电子商务平台经营者应采取必要措施，保护消费者在购买商品或接受服务过程中的人身安全，防止因商品或服务问题导致的消费者损害。《电子商务法》第 38 条规定："电子商务平台经营者知道或者应当知道平台内经营者销售的商品或者提供的服务不符合保障人身、财产安全的要求，或者有其他侵害消费者合法权益行为，未采取必要措施的，依法与该平台内经营者承担连带责任。对关系消费者生命健康的商品或者服务，电子商务平台经营者对平台内经营者的资质资格未尽到审核义务，或者对消费者未尽到安全保障义务，造成消费者损害的，依法承担相应的责任。"电子商务平台经营者若未尽到安全保障义务，导致消费者受到损害，应依法承担相应的责任。这种责任包括但不限于民事赔偿责任、行政处罚等。具体的责任承担方式，将根据电子商务平台经营者的过错程度、损害后果等因素进行综合考虑。

> **课堂讨论：**《电子商务法》第 38 条规定的安全保障义务与《民法典》第 1198 条规定的经营者、管理者或者组织者的安全保障义务之间有何区别？

3. 协调争议解决的义务。电子商务平台经营者，身为交易平台的缔造者与守护者，其角色兼具商业与准公共的双重属性。他们掌控着海量的原始交易数据，这一独特优势赋予他们在电子商务争端解决中无法替代的核心地位。法律对此强调了电子商务平台经营者在保障交易双方，特别是消费者合法权益方面的协助义务。《电子商务法》第 61 条规定："消费者在电子商务平台购买商品或者接受服务，与平台内经营者发生争议时，电子商务平台经营者应当积极协助消费者维护合法权益。"电子商务平台经营者肩负着协调争议解决的义务。当消费者在平台上进行交易时，若与平台内经营者产生任何纠纷，平台经营者需积极介入，协助消费者捍卫其合法权益。这一规定不仅凸显了法律对消费者权益的坚定维护，也强化了电子商务平台经营者在促进公平交易、维护市场秩序中的关键作用。

（三）对知识产权权利人的保护义务

1. 建立知识产权保护规则的义务。在电子商务领域，对于知识产权保护规则的建立，电子商务平台经营者肩负着义不容辞的责任。作为平台的掌控者，电子商务平台经营者不仅拥有对平台运营的全面控制权，更承担着对平台内电子商务活动的"监管者"角色。其管理方式具有行政执法般的严谨性与权威性。鉴于这种独特的地位与影响力，电子商务平台经营者已成为保护知识产权最为有力且高效的主体。《电子商务法》第 41 条明确规定："电子商务平台经营者应当建立知识产权保护规则，与知识产权权利人加强合作，依法保护知识产权。"电子商务平台经营者应当与知识产权权利人携手合作，共同构建一套完整的知识产权保护体系。这一体系应涵盖市场准入、日常监管、问题处置等多个环节，旨在未雨绸缪，确保知识产权权利人的合法权益得到最大程度的保障。值得一提的是，建立知识产权保护规则不仅是一项义务，更是电子商务平台经营者维护平台秩序、保障公平竞争的重要手段。通过这一规则体系，他们有权对平台内侵害知识产权的行为进行制裁，包括但不限于限制侵权者的权利范围、屏蔽其信息乃至实施封禁措施。然而，这种权利的行使必须严格遵循法律的规定，不得超越法律的框架，否则可能导致制裁的无效。

2. 侵权行为制止义务。《电子商务法》第42条和第43条规定的"通知删除"规则适用于电子商务平台经营者不知道侵权行为存在的情况下，一旦平台经营者知道或应当知道侵权行为存在，则应主动采取措施制止侵权行为的发生，包括但不限于彻底删除侵权内容、屏蔽相关页面、断开侵权链接，甚至终止涉及侵权的交易和服务，以确保侵权行为得到有效遏制。若电子商务平台经营者对显而易见的侵权行为视而不见，未能及时采取必要的制止措施，那么，应认定其对损害结果的发生存在主观过错，可将其认定为共同侵权人，要求其与平台内经营者共同承担侵权责任。在判断电子商务平台经营者是否"知道或应当知道"侵权行为时，需要从多个维度进行综合考量，如网络服务提供的类型、侵权行为的特性以及持续的时间等。

《最高人民法院关于审理利用信息网络侵害人身权益民事纠纷案件适用法律若干问题的规定》第6条规定："人民法院依据民法典第一千一百九十七条认定网络服务提供者是否'知道或者应当知道'，应当综合考虑下列因素：（一）网络服务提供者是否以人工或者自动方式对侵权网络信息以推荐、排名、选择、编辑、整理、修改等方式作出处理；（二）网络服务提供者应当具备的管理信息的能力，以及所提供服务的性质、方式及其引发侵权的可能性大小；（三）该网络信息侵害人身权益的类型及明显程度；（四）该网络信息的社会影响程度或者一定时间内的浏览量；（五）网络服务提供者采取预防侵权措施的技术可能性及其是否采取了相应的合理措施；（六）网络服务提供者是否针对同一网络用户的重复侵权行为或者同一侵权信息采取了相应的合理措施；（七）与本案相关的其他因素。"尽管这一规定主要针对的是网络侵害人身权益的案件，但其在判断电子商务平台经营者是否"知道或应当知道"侵权行为存在，是否应当履行侵权制止义务时，仍具有极强的参考价值和借鉴意义。

（四）对政府等公法主体的义务

1. 信息报送义务。身为虚拟空间交易领域的缔造者与守护者，电子商务平台经营者手握海量的第一手数据资源，对平台内部商家的运营状况有着清晰而全面的认知。基于此，监管部门要求电子商务平台经营者及时、准确的报送信息，这将在极大程度上削减监管的资源和成本投入。《电子商务法》第28条规定："电子商务平台经营者应当按照规定向市场监督管理部门报送平台内经营者的身份信息，提示未办理市场主体登记的经营者依法办理登记，并配合市场监督管理部门，针对电子商务的特点，为应当办理市场主体登记的经营者办理登记提供便利。电子商务平台经营者应当依照税收征收管理法律、行政法规的规定，向税务部门报送平台内经营者的身份信息和与纳税有关的信息，并应当提示依照本法第十条规定不需要办理市场主体登记的电子商务经营者依照本法第十一条第二款的规定办理税务登记。"电子商务平台经营者有义务定期向市场监督管理部门报送平台内经营者的身份信息、纳税信息、交易数据等必要信息。同时应保证报送的信息真实、准确、完整，不得隐瞒、谎报或漏报。配合市场监督管理部门的监督检查和调查取证工作，提供必要的支持和协助。这一举措不仅有助于提升监管效率，更是确保市场健康有序发展的必要手段。

2. 经营异常的报告义务。电子商务活动具有高度的灵活性和动态性，这使得某些违法违规行为往往隐藏得很深，难以被迅速察觉和制止。因此，电子商务平台经营者肩负着重要的责任，即积极主动的对发现的经营异常线索进行深入调查和处理。《电子商务法》第12条规定："电子商务经营者从事经营活动，依法需要取得相关行政许可的，应当依法取得行政许可。"这一规定确保了电子商务活动的合法性和规范性。《电子商务法》第13条明确规定："电子商务经营者销售的商品或者提供的服务应当符合保障人身、财产安全的要求和环境保护要求，不得销售或者提供法律、行政法规禁止交易的商品或者服务。"电子商务平台经营者在日常运营中，应加强对平台内经营者的监管，确保平台内经营者遵守相关法律法规。一旦发现平台内经营者违反了上述规定，如未取得行政许可而开展非法经营活动，或所提供的商品与服务违反了保障人身、财产安全及环境保护的要求，则构成异常经营状况。此时，电子商务平台经营者应立即采取行动，阻止这些违规经营行为，并向相关监管部门报告，以确保市场的公平、公正和有序。例如，某大型电子商务平台通过技术手段对平台内的商品和服务进行实时监控，一旦发现违规行为，系统会立即发出警报，并由专门团队进行处理。这种做法既有效维护了平台的合规运营又保护了消费者的合法权益。

法条链接：

《电子商务法》第 31 条 电子商务平台经营者应当记录、保存平台上发布的商品和服务信息、交易信息，并确保信息的完整性、保密性、可用性。商品和服务信息、交易信息保存时间自交易完成之日起不少于三年；法律、行政法规另有规定的，依照其规定。

《电子商务法》第 35 条 电子商务平台经营者不得利用服务协议、交易规则以及技术等手段，对平台内经营者在平台内的交易、交易价格以及与其他经营者的交易等进行不合理限制或者附加不合理条件，或者向平台内经营者收取不合理费用。

《电子商务法》第 39 条 电子商务平台经营者应当建立健全信用评价制度，公示信用评价规则，为消费者提供对平台内销售的商品或者提供的服务进行评价的途径。

电子商务平台经营者不得删除消费者对其平台内销售的商品或者提供的服务的评价。

《电子商务法》第 36 条 电子商务平台经营者依据平台服务协议和交易规则对平台内经营者违反法律、法规的行为实施警示、暂停或者终止服务等措施的，应当及时公示。

《电子商务法》第 38 条 电子商务平台经营者知道或者应当知道平台内经营者销售的商品或者提供的服务不符合保障人身、财产安全的要求，或者有其他侵害消费者合法权益行为，未采取必要措施的，依法与该平台内经营者承担连带责任。

对关系消费者生命健康的商品或者服务，电子商务平台经营者对平台内经营者的资质资格未尽到审核义务，或者对消费者未尽到安全保障义务，造成消费者损害的，依法承担相应的责任。

《电子商务法》第 41 条 电子商务平台经营者应当建立知识产权保护规则，与知识产权权利人加强合作，依法保护知识产权。

《电子商务法》第 42 条 知识产权权利人认为其知识产权受到侵害的，有权通知电子商务平台经营者采取删除、屏蔽、断开链接、终止交易和服务等必要措施。通知应当包括构成侵权的初步证据。

电子商务平台经营者接到通知后，应当及时采取必要措施，并将该通知转送平台内经营者；未及时采取必要措施的，对损害的扩大部分与平台内经营者承担连带责任。

因通知错误造成平台内经营者损害的，依法承担民事责任。恶意发出错误通知，造成平台内经营者损失的，加倍承担赔偿责任。

四、电子商务平台经营者的责任规制

电子商务平台经营者作为现代商业领域中的一类新型民事主体，其构建了一个开放且中立

的交易环境，电子商务平台经营者既不直接涉及商品的物理流通，也不参与交易的财务结算。在日常的电子商务交易活动中，一旦涉及违约或侵权责任，通常是由商品或服务的销售者直接承担相关法律责任。然而，这并不意味着电子商务平台经营者在所有情况下都能免责。在法律明文规定的特定情况下，当平台未能履行其监管义务或存在其他法定义务时，电子商务平台经营者亦需承担相应的民事责任，以维护交易的公平与市场的秩序。

（一）违约责任

电子商务平台经营者所承担的违约责任形式，本质上是一种附条件的不真正连带责任。在当今日益发展的网络交易环境中，为确保交易的公平性和消费者的权益，平台要求开店销售商品或提供服务的商家进行实名认证。当消费者权益受到侵害时，电子商务平台经营者承担着协助消费者维权的重要角色，有义务提供必要的信息以支持消费者的维权行动。若平台未能履行这一义务，即未能提供商家真实、准确的信息，将被视为未尽到应有的审查责任，进而需要承担相应的民事责任。原则上，电子商务平台经营者主要扮演为电子商务交易提供网络空间的角色，不直接介入具体的交易行为。然而，在消费者难以找到直接的销售者或服务提供者时，平台便成为了连接消费者与商家的桥梁。在这种情况下，平台有责任提供商家真实的名称、地址和有效的联系方式，以确保消费者能够顺利维权。若平台未能做到这一点，未能履行其作为桥梁的责任，那么平台便需要承担相应的民事责任，以维护消费者的合法权益和市场的正常秩序。电子商务平台经营者承担违约责任的形式主要包括赔偿损失、采取补救措施恢复受损权益等，当然，承担违约责任的形式并非一成不变，根据具体的法律法规、合同约定以及案件情况的不同责任承担形式也会有所区别。

（二）侵权责任

判断电子商务平台经营者是否应承担侵权责任，首先要看其主观上是否"明知"或"应知"存在侵权行为。所谓"明知"，即电子商务平台经营者明确知晓其平台上提供的商品或服务存在侵权行为。这种"明知"的判定，通常依赖于消费者或其他相关方的投诉与举报，一旦平台接收到针对商品、服务提供者侵权行为的明确指控，并经过核实确认，那么平台应视为"明知"侵权行为的存在。而"应知"的判定则基于一种更为宽泛的理性标准。它要求电子商务平台经营者在一般商业运营中，以合理、审慎的态度，去预见和评估其平台上可能存在的侵权行为。这种预见并非要求平台具备预知未来的能力，而是基于其作为专业交易平台所应持有的专业知识和经验，去判断平台上商品或服务的合法性。如果电子商务平台经营者未能尽到这种合理的预见和评估义务，未能及时采取措施制止侵权行为，那么就可以推定为应当知道侵权行为。

《电子商务法》第38条中关于电子商务平台经营者侵权责任的认定，"必要措施"的概念，是指电子商务平台经营者利用其平台掌控力，采取一系列技术手段，以预防或阻止商品、服务提供者对消费者造成的侵权行为。这些措施包括但不限于对涉嫌侵权的店铺进行屏蔽，删除违规商品的宣传信息，断开违法销售者或服务者的在线链接，以及暂时或永久停止向这些销售者或服务者提供服务，从而有效遏制损害的发生或进一步扩散。值得强调的是，当电子商务平台经营者能够提供涉嫌侵权销售者或服务者的真实名称、地址和有效联系方式，并已完成告知义务时，通常可以认为其已经尽到了相应责任，因此，在多数情况下，电子商务平台经营者可免于承担因侵权行为而产生的赔偿责任。这一规定旨在平衡网络交易的公平性和效率，同时确保消费者的权益得到合理保护。

◇ 前沿在线：

商业模式下直播带货主播的法律主体身份及法律责任[1]

互联网市场的发展和数字技术的进步带来了消费方式的变革，电商直播行业发展至今，已经形成了相对完善的产业链，其中直播带货主播发挥着关键的作用。电商直播作为一种新的行业，也会产生一些新的法律问题，包括消费者、商家与带货主播之间的法律问题和带货主播与经营者之间的法律问题等。消费者权益保护是一个老生常谈的话题，根据2020年中国消费者协会发布的《直播电商购物消费者满意度在线调查报告》，近四成消费者在直播购物中遇到过问题。从类型上看，带货主播夸大乃至虚假宣传是消费者最常遇到的问题。带货主播和经营者之间也会产生法律问题，比如主播购买虚假流量来骗取高额佣金、主播的行为对其他的经营者构成不正当竞争等。在以往的商业模式中加入了带货主播这个主体，相关的法律责任就发生了变化，为了保护各市场主体的合法权益，维护互联网市场公平，研究直播带货主播的法律责任是必要的。

为引导电子商务行业的发展、规范主播直播带货的行为，对商业模式下直播带货主播的主体身份及法律责任的研究具有现实意义。在研究直播带货主播的行为性质及主体身份时，依据《广告法》和《电子商务法》进行探究，认为直播带货行为既有广告性质，又有电子商务性质。然后将商业模式下的直播带货分为自营模式和他营模式，探究这两种模式下带货主播的主体身份。因直播带货涉及的法律较多，法律责任十分复杂，但经过以上理论铺垫后，就能从众多法律中确定带货主播的法律责任。对直播带货行业的发展来说，找准带货主播的法律定位，确定其法律责任，能够规范带货主播的行为，提升行业从业者的法律意识，有利于整个行业发展；对消费者来说，有利于其维护自身的合法权益；对整个互联网产业和互联网环境来说，促进经营者以正当的方式竞争，维护互联网的良好生态，让互联网的发展造福社会。

项目小结

本项目主要从电子商务经营主体的一般性权利与义务和电子商务平台经营者两个方面带大家认识了常见的电子商务经营主体以及主体的各项权利、义务、责任承担方式，分析了电子商务平台主体间的法律关系，明确了电子商务平台经营者在平台管理、数据保护、纠纷解决等方面的职责。本项目学习旨在让学生对电子商务经营主体有一个总体认识，为后续电子商务法律知识的学习奠定理论基础。

趁热打铁

一、选择题

1. 专门为6~18岁青少年提供在线数奥培训服务的T平台属于（　　）。

A. 电子商务平台经营者

B. 电子商务平台内经营者

C. 自建网站的电子商务经营主体

D. 通过其他网络服务销售商品或者提供服务的电子商务经营主体

2. 电子商务平台经营者和平台内经营者之间通过（　　）调整彼此的权利义务关系。

A. 算法　　　　　　　B. 规制　　　　　　　C. 程序　　　　　　　D. 协议

---

[1]　高锋：《商业模式下直播带货主播的法律主体身份及法律责任》，载《西部学刊》2024年第3期。

3. 电子商务平台经营者承担违约责任的形式是（　　）。

A. 附条件的不真正连带责任　　　　　B. 无限连带责任

C. 有限责任　　　　　　　　　　　　D. 部分责任

4. （多选）电子商务经营主体应当（　　）地披露商品或者服务信息，保障消费者的知情权和选择权。

A. 全面　　　　　　B. 真实　　　　　　C. 准确　　　　　　D. 实时

5. （多选）下列属于电子商务平台经营者的有（　　）。

A. 天猫商城　　　　B. 京东商城　　　　C. 淘宝店主　　　　D. 当当网

二、简答题

1. 简述电子商务经营主体的分类。

2. 简述电子商务经营主体的一般性义务。

3. 简述电子商务平台经营者的违约责任。

4. 论述电子商务平台经营者的义务。

三、案例分析题

冯某 2019 年 3 月 29 日以 588 元的价格在唯品会购得"喝出 Baby 肌赫熙樱花鲱鱼鱼子酱胶原蛋白粉 180g"一盒，订单编号为 19xxx584532，并于 2019 年 4 月 4 日收到涉案商品。2019 年 5 月 5 日晚，冯某发现商品容器内有白色蠕动小虫，遂于次日将此情况告知唯品会客服人员，经过长达 20 天的沟通，唯品会仅同意退货并向冯某补偿 200 元及 129 个唯品币。冯某于是将唯品会告上法庭，要求平台退还货款 588 元，并赔偿 10 倍价款损失 5880 元。人民法院经审理查明，涉案商品的原产地为 M 国，进口地为南方某市，冯某提交的商品实物图片显示，涉案商品内确有肉眼可见蠕虫，该商品仍处于保质期，没有任何证据显示系因冯某自身原因导致涉案商品长虫，而唯品会平台未提交有效证据证明涉案商品在销售前已经出入境检验检疫机构检验合格，人民法院最终判决如下：唯品会平台向冯某退还货款 588 元，并赔偿 5880 元；冯某将涉案商品退还唯品会平台。

请分析：

唯品会平台属于哪类电子商务经营主体？其未尽到哪些法定义务？

▲ **实训任务二** ——高下在心　以道为常，以法为本

项目要求： 1. 学员分组进行项目实施，每个小组由 3~5 人组成。

2. 学员需要参与理论学习和实践操作，完成相关任务和项目。

3. 学员需要积极合作、共同解决问题，并按要求提交项目成果。

项目内容： 电子商务经营主体网络买卖合同纠纷案例分析与演绎。

　　　　1. 选择一个电子商务平台网络买卖合同纠纷典型法律案例，对该案例进行法律分析，具体分析内容包括：案情概述，明确法律关系、责任主体，能够准确运用法条分析案件。需形成法律意见书、起诉状等法律文书。

　　　　2. 结合电子商务业务流程与法律实务，运用本节所学知识进行案例分析，对案例发生的情境场景与行为动线进行实际演绎，并对案例中的责任归属与判定结果进行司法模拟。

项目评价： 1. 各小组之间互评与教师点评，占 60%。

　　　　2. 能力雷达综合赋分：能力项分数×各项星标权重，占 40%。

　　　　最终，两项评价标准的加权得分为本组在该项目中的综合分数。

项目成果： 1. 各小组的案例分析法律意见书、起诉状、答辩状等相关法律文书。

　　　　2. 各小组情景演绎的脚本设计与分工内容。

项目三　电子商务经营主体市场准入制度

——网上注册开店

　　市场准入法律制度构成了国家对市场参与者实施调控与监督的关键框架。电子商务经营主体市场准入制度是指国家允许自然人、法人、非法人组织进入电子商务领域，从事销售商品、提供服务等经营活动的各项实体条件和程序规范的法律制度总和。

　　电子商务经营主体作为具体电子商务活动的参与者和实施者，在电子商务活动中具有基础性地位，发挥着基础性作用，对其进行调整与规范是电子商务法的首要任务。本文所讨论的电子商务经营主体，采用广义定义，即指在中国境内依法设立或取得合法营业资质，能够独立承担电子商务经营活动的自然人、法人及非法人组织。此范畴广泛涵盖了非平台电子商务经营者（直接通过电子商务渠道销售商品或服务的主体）、电子商务平台经营者（提供交易平台服务的主体），以及电子商务辅助服务经营者（为电子商务活动提供必要辅助服务的主体）。在电子商务领域，无论主体采取何种法律形态（如个人独资、合伙或公司制），只要其参与的电子商务活动类型与内容相同，就应该有相同的主体法定条件，而不应依据传统的主体形态不同而有区别。对于电子商务经营主体而言，依其在经营方式、内容及其在交易中的角色为标准，对不同经营内容、经营方式及在交易中发挥不同作用的经营者设置不同的市场准入条件和程序，不仅契合了不同经营模式和条件的需求，也体现了立法活动的科学性与合理性。此外，鉴于电子商务交易的特殊性——即交易双方无需面对面即可完成交易，这一模式在提升交易便捷性的同时，也加剧了交易风险。因此，建立健全电子商务经营主体市场准入制度，对于规范市场行为、稳定税收基础、保护消费者权益及促进司法管辖的有效实施，具有不可估量的价值与意义。

知识目标：
- 了解电子商务网店规划与开设。
- 了解市场调研与分析。
- 掌握市场准入机制的基本原则与一般规则。
- 掌握特殊电子商务经营主体市场准入中特殊主体的登记豁免。

能力目标：
- 能够进行网店定位与规划。
- 能够对电子商务平台经营者准入制度有整体的认知。
- 能够明确不同类型电子商务平台经营者的准入登记区分。

课程思政：
- 工欲善其事，必先利其器，做好市场分析，做足前期准备。
- 培养注册电子商务经营主体合法开展电子商务活动的意识。
- 增强社会责任、消费者权益保护和个人信息保护等法律意识。

思维导图：

市场调研
网店规划
平台选择
店铺开设
→ 电子商务注册
开店业务流程
↔ 电子商务经营主体市场准入制度

电子商务网店规划与开设概述
- 电子商务网店规划
- 电子商务网店开设

电子商务经营主体的准入与登记
- 市场准入机制的基本原则
- 市场准入机制的一般规则
- 特殊主体的登记豁免

电子商务平台经营者的准入与登记
- 电子商务平台经营者准入制度
- 不同类型电子商务平台经营者的准入登记区分

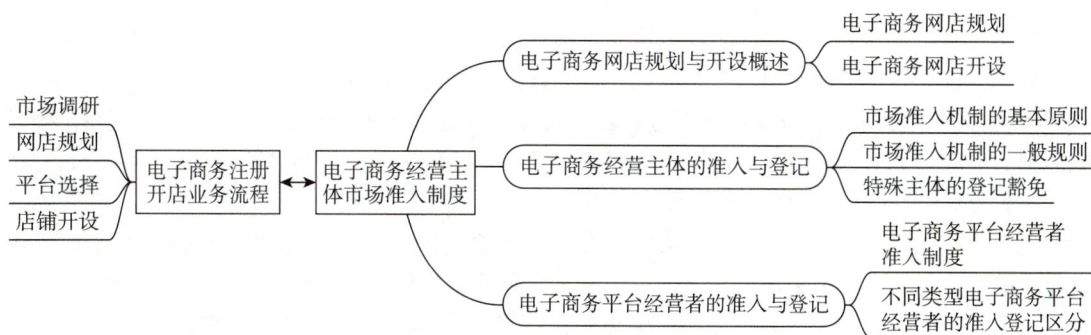

任务1　电子商务网店规划与开设概述

电子商务的普及给予了年轻人更多的工作机会，全职或兼职开网店成为了越来越多年轻人的全新选择。在正式开设网店之前，卖家首先需要对行业市场和网店定位有清晰的规划，确定可行的目标、选择合适的平台。地基打得牢，大厦才能建得高。

一、电子商务网店规划

成功的网店需要精心规划和科学开设。在规划电子商务网店之前，首先需要进行市场调研与分析，了解行业发展态势、目标市场需求和竞争情况，为网店的规划和运营方案提供依据。

（一）市场调研与分析

市场的调研与分析主要包括：行业市场分析，客户需求分析以及竞争对手分析。

1. 行业市场分析。行业市场分析是指卖家为了实现销售目的，通过科学的方法，对行业市场的规模、结构、周期及消费者进行经济分析的行为。一般针对网店，可以从市场规模与动态变化、品类的发展方向、消费者的需求以及寻找行业发展的周期规律几个方面展开。

2. 客户需求分析。在进行市场规划和商品规划时，商家可以从多个维度、不同权重来分析市场的需求，进而确保商品的精准化营销。其中，马斯洛需求层次理论具有普遍参考意义。该理论将人类的需求按照由低级到高级分为5个层次，分别为生理需求、安全需求、归属需求、尊重需求和自我实现需求。如图3-1所示。

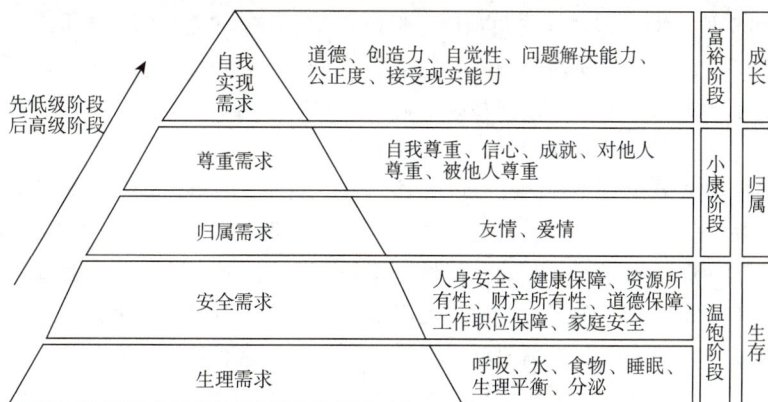

图 3-1　马斯洛需求层次理论

在明确用户需求的过程中，可以采取问卷调查、深度访谈、百度数据分析工具、电子商务分析工具、爬虫工具等策略和方法来帮助收集用户数据，分析用户购物动向，确定需求点。

3. 竞争对手分析。作为战略分析的核心组成部分，竞争对手分析指的是深入剖析竞争网店或品牌的当前状态与未来走向。主要包括竞店分析和竞品分析两大方向。

竞店分析包括竞店的整体情况、商品信息、详情页、推广活动、评论等多个角度。主要从网店的各类信息入手，通过对比和分析竞店的信息和运营活动数据，找出自己网店的不足之处并进行全面优化，从而吸引更多的目标客户。除了要对竞店进行分析之外，还要对竞品进行分析。这里的竞品分析主要指的是分析竞品的流量来源。可以借助网店开设所在平台的数据分析工具开展工作。比如淘宝网"生意参谋"工具的"竞品分析"模块，如图3-2所示。

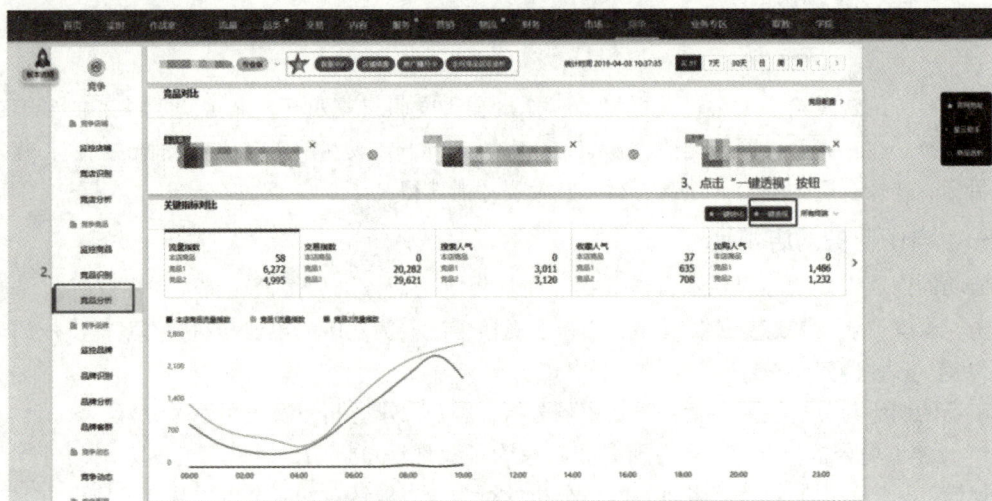

图3-2 淘宝网"生意参谋"工具的"竞品分析"模块

"竞品分析"模块中，可以看到竞品流量的来源。分析竞品的流量来源，既可以帮助商家制订自己的流量目标和流量计划，又可以帮助了解竞争对手的布局情况，找到其推广上的优劣之处，结合自身情况，为自家商品选择最适合的引流方式和渠道。

（二）网店定位与规划

1. 网店风格定位。网店定位通常包括网店风格定位、网店产品定位、目标人群定位。

网店的风格定位，直接反映在店铺的装修细节之中。商家可以依托平台的个性化推荐机制，同时参考竞争对手的策略，来精准把握并确立自身的网店风格。

2. 网店产品定位。网店产品的定位可以分为标品和非标品。

标品，即无差异或差异较小的产品。由于其本身的同质化特性，商家在定位时，需要通过提供增值服务如赠品、优质售后服务、快递配送、上门安装等，来实现店铺的差异化定位。

非标品，指的是那些无法统一标准及规格、差异性较大的产品。对于非标品，产品本身便容易形成差异化，因此企业的资金实力并非决定因素。只要能提高产品的差异化价值，对特定的小众市场进行精准定位，便能避开大部分竞争对手，赢得属于自己的市场份额。

3. 目标人群定位。目标人群，即那些潜在购买网店商品的消费者，是网店成功的关键。一般可以从消费的属性和行为两个方面定位网店的目标人群。消费的属性包括：人口特征、社会特征、个性特征以及文化特征。消费的行为包括：角色和因素。目标人群定位标准内涵，如表 3-1 所示。

表 3-1　目标人群定位标准内涵

消费的属性	人口特征：年龄、性别、国籍、所在地等。 社会特征：收入、职业、家庭特征、生活方式等。 个性特征：冲动、保守、积极、沉稳、热情、冷静等。 文化特征：受教育水平、民族文化、亚文化、爱好等。	案例详解
		例如，某车企对一款 30 万元的商品轿车具有的消费者画像大致是：男性；30 岁以上；城市人口；年薪 30 万元以上；拥有稳定的家庭和事业；个性沉稳冷静；既是商品的主要使用者，也是购买决策者；经常开车，有强烈的汽车品牌意识和相关品牌知识。
消费的行为	角色：信息提供者、购买决策者、购买执行者、决策参与者、使用者、评价者等。 因素：使用时机、使用意图、使用频率、品牌黏性、用户体验等。	

二、电子商务网店开设

经过市场调研并明确开设店铺的定位与目标之后，需要依托主流电子商务平台来开设网店。电子商务的迅猛发展意味着对网店设立及管理的规范化要求也日益严格。鉴于此，从开设平台的选择与网店实名与开通两个方面聚焦，使读者掌握网店开设的步骤，并理解各大电子商务平台的行为准则。

（一）开设平台的选择

> **课堂讨论：** 列举你所知道的网店开设平台，并说一说它们各有什么特点？

在选择网店平台时，需要考虑多个因素，以确保能够选择到最适合自己需求和业务发展的平台。下面以淘宝、京东、拼多多等典型电子商务平台为例，对影响选择的关键因素进行诠释。

1. 平台的知名度和用户基础。作为阿里巴巴集团旗下的综合性电电子商务平台，淘宝拥有庞大的用户基数和极高的知名度，是众多商家和消费者的首选。京东平台以自营和第三方商家共同经营的模式为主，注重品质和服务，拥有稳定的用户群体和良好的口碑。拼多多以社交电商的模式迅速崛起，通过拼团和砍价等特色活动吸引大量用户，特别适合价格敏感型消费者。

2. 平台的商品类别和定位。淘宝商品种类繁多，几乎涵盖了所有日常生活所需，从服装、家居到数码产品等一应俱全。京东以 3C 产品起家，目前商品类别已经扩展至家电、图书、日用品等多个领域，以品质和服务为卖点。拼多多主打低价商品，以吸引价格敏感型消费者，商品主要集中在日常用品、服装鞋帽等类别。

3. 平台的物流服务。京东拥有自己的物流体系——京东物流，配送速度快，服务质量高。淘宝虽然不直接拥有物流体系，但与多家快递公司合作，提供了丰富的物流选择。拼多多也与多家快递公司合作，但因其商品价格较低，物流速度和服务质量可能相对较差。

4. 平台的费用和佣金政策。不同平台对商家收取的费用和佣金政策各不相同，商家需要根据自己的经营成本和利润预期来选择。

5. 平台的营销和推广支持。淘宝、京东等平台都提供了丰富的营销和推广工具，帮助商家提高曝光率和销售额。

6. 平台的安全性和信誉度。选择知名度高、信誉好的平台，能够降低经营风险和被骗的可能性。

7. 平台的未来发展潜力。考虑平台的用户增长趋势、市场份额、技术创新能力等因素，选择具有发展潜力的平台。

选择网店平台时需要根据自己的实际情况和需求进行综合考量。如果需要快速打开市场，淘宝和京东是不错的选择；如果注重价格和社交元素，拼多多可能更适合。同时，也要关注平台的未来发展潜力和政策变化，以便及时调整经营策略。

（二）网店实名制与开通

1. 网店实名制。网店实名制是指要求网店经营者在注册网店时提供真实身份信息的管理规定。这意味着所有网店经营者都必须提供自己的真实姓名、身份证号码等个人信息。

网店实名制的主要目的有两个。一是建立信任。通过提供真实身份信息，网店经营者能够证明自己的身份，并承担相应的责任，有助于消费者建立对网店的信任。二是保障交易安全。网店实名制可以有效减少虚假交易和电子商务诈骗。一旦发生问题，相关部门可以追查到网店经营者的身份，确保消费者的合法权益得到保护。

实现网店实名制的方法主要分为强制性实名制和自愿性实名制两种。强制性实名制要求所有网店经营者必须提供真实身份信息以完成注册流程，并由政府或相关管理机构进行信息的审核和监督，对不符合规定的网店进行处罚。而自愿性实名制则赋予网店经营者选择是否提供真实身份信息的权利，一些平台会采取奖励措施鼓励经营者参与实名制，同时消费者也可以选择仅在经过实名制认证的网店进行购物，以提高交易的安全性和信任度。这两种方法共同构成了网店实名制的基本框架，旨在确保电子商务交易的规范性和消费者的权益。

2. 网店开通。网店开通的过程主要包括选择平台和类目、注册和认证、装修和上架等步骤。网店开通的过程如图 3-3 所示。

图 3-3　网店开通的过程

（1）选择平台和类目。

平台：如淘宝、京东、拼多多等，选择一个适合自己的电子商务平台进行开店。

类目：确定要销售的商品类型，如服装、美妆、家居等。

（2）注册和认证。

填写基本信息：包括网店名称、介绍、联系方式等。

上传资料：上传身份证、银行卡等相关资料，进行实名认证。

缴纳费用：根据平台和类目的不同，会需要缴纳一定的费用，如保证金、技术服务费等。

等待审核：提交完所有信息和资料后，等待平台进行审核。审核通过即可正式开通网店。

（3）装修和上架。

装修：对网店进行美化和设计，提高网店的吸引力和用户体验。

上架：将商品上架到网店，设置价格、库存等信息，开始销售。

通过网店实名制与开通，网店经营者可以合法、规范地经营自己的网店，为消费者提供安全、可信的购物环境。

任务 2　电子商务经营主体的准入与登记

◇ 案例 3-1

未成年人网上购买农药自杀未果[1]

小佳（化名），一名 15 岁的青少年，其家庭背景为父母长期在市区从事商业活动，而本人原随祖父母在乡村接受教育。因家庭照护结构变动（即祖父母由于健康原因无法继续监护），小佳被转移至城市与父母同住并接受当地教育。然而，小佳对新教育环境表现出显著的不适应，并表达了强烈的返回家乡就读的愿望，甚至采取了极端行为（如自残威胁），但此诉求未获满足。

2023 年 4 月 10 日，小佳利用个人注册的手机号所绑定的网络账户，在某一电子商务平台的商家处购买了高度危险物品——剧毒农药敌草快，并通过快递方式成功接收。随后，在校园内，小佳服下了该农药，幸被老师及时发现并送往医疗机构救治，最终被确诊为敌草快中毒。此次购买行为中，支付环节系通过以小佳姓名为账户名的支付宝账户完成。

小佳的法定监护人（即其父母）认为，该商家及电子商务平台在未经充分审查购买者年龄及商品适宜性的情况下，向未成年人出售了高度危险物品，此行为违反了相关法律法规中关于未成年人保护及商品销售安全性的规定。因此，小佳父母依法提起诉讼，将涉案商家及电子商务平台列为被告，要求其对小佳因此遭受的损害承担赔偿责任。

请分析：

1. 我国法律是否允许电子商务经营主体售卖农药？

2. 电子商务经营主体有哪些市场准入要求？

一、市场准入机制的基本原则

市场准入机制的基本原则贯穿电子商务经营主体市场准入机制的始终，集中反映了市场准入机制的价值取向和制度目标，构成市场准入机制的基础。电子商务经营主体的市场准入机制的基本原则包括商事便利原则和公平进入原则。

（一）商事便利原则

商事便利原则强调电子商务经营主体市场准入机制的设计必须充分考量商事交易活动的效率与便捷性，避免对市场主体施加非必要且不合理的负担与压力。在实体性要件层面，准入机制的设定需紧密贴合电子商务发展的现实状况，避免设置过高、严苛或脱离实际的标准与门槛；而在程序性架构上，则要求相关审批与登记流程保持高效、简洁，严禁无故延长处理周期，以减轻市场主体的交易成本负担。

具体而言，如 2015 年的《国家工商行政管理总局关于加强网络市场监管的意见》中，明确倡导并实施了一系列便利化登记注册制度的政策措施，旨在放宽电子商务市场主体的住所登记条件，从而构建一个更加宽松且公平的准入环境。随后，2018 年公布的《市场监管总局关于做好电子商务经营者登记工作的意见》进一步指出："积极支持、鼓励、促进电子商务发展，结合电子商务虚拟性、跨区域性、开放性的特点，充分运用互联网思维，采取互联网办法，按照线上线下一致的原则，为依法应当登记的电子商务经营者办理市场主体登记提供便利，促进电子商

---

[1] 《未成年人网上购买农药自杀未果，责任应由谁来承担，看法院这样判！》，载 http://ytzy.sdcourt.gov.cn/lcd-cffy/379506/379533/12953686/index.html，最后访问日期：2025 年 3 月 28 日。

务健康有序发展，为经济发展注入新活力新动力。"此外，2019 年国家市场监督管理总局公布的《市场监管总局关于电子营业执照亮照系统上线运行的公告》则标志着电子营业执照应用的新里程碑，通过该系统，市场主体能够轻松上传亮照信息，自动生成电子营业执照的展示链接与图标，并嵌入其网页中，实现营业执照信息的在线自主公示，极大地提升了商事活动的透明度与便捷性。最后，2022 年施行的《中华人民共和国市场主体登记管理条例》第 11 条第 2 款明确规定："电子商务平台内的自然人经营者可以根据国家有关规定，将电子商务平台提供的网络经营场所作为经营场所。"这一条款不仅体现了商事便利原则的深刻内涵，也为电子商务领域的创业与创新提供了更加灵活与便利的制度支持。

（二）公平进入原则

公平进入原则，作为电子商务市场规范的法律原则之一，其核心要义在于确保市场对所有潜在参与主体保持开放性，同一商业领域内实施统一且非歧视性的准入标准。此原则植根于市场经济体制的基本理念，强调任何符合法定条件的主体均应享有平等参与市场活动、合法追求经济利益的机会，排除任何基于非正当理由的排斥行为，以保障电子商务市场的公平竞争与健康发展。

具体而言，公平进入原则涵盖以下几个方面：首先，强调市场的普遍可及性，即电子商务市场应作为公共资源，面向社会公众全面开放，禁止将其转化为特定主体的专有领地或垄断范围，确保市场准入的无差别性与广泛性。其次，该原则要求在同一电子商务领域内，不同市场主体在申请参与经营活动时，应面临并遵循相同的准入门槛与条件，确保竞争起点的公平性。同时，也承认并允许根据电子商务活动性质与类别的不同，合理设定差异化的准入标准，以适应不同业务模式的实际需求。最后，公平进入原则严格规制任何形式的歧视性或优待性措施。歧视性措施，指的是对特定主体施加的超出法律基本要求之外的不合理限制或更为严苛的待遇，旨在消除任何可能导致市场不公的不当偏见。而优待性措施，则指对特定主体提供的超出法律标准的宽松或有利安排，同样为法律所限制，以维护市场竞争的公正性与平等性。除非存在法律明确规定的例外情形（即但书条款），否则此类歧视性与优待性措施均属违法，应受到严格禁止与监管。

二、市场准入机制的一般规则

◇ 案例 3-2

利辛县逆世界爬宠店及安阳某电子商务有限责任公司未履行信息公开义务案[1]

2021 年 11 月 3 日，利辛县市场监督管理局执法人员根据杭州市余杭区市场监督管理局案件移送线索，对利辛县逆世界爬宠店进行检查。经查，当事人于 2017 年 11 月 21 日申请办理了名称为"利辛县逆世界爬宠店"的营业执照，类型为个体工商户，经营场所为利辛县城关镇霸王路与文州路交叉口南路西，经营范围为宠物用品销售，并在淘宝平台开设店铺"逆世界"销售宠物用品，截至案发，当事人未在其店铺首页显著位置，持续公示营业执照信息或相关链接。

2023 年 8 月，安阳市市场监督管理局直属（网监）分局执法人员在开展网络巡查时，发现河南某电子商务有限责任公司未在某某现货网首页显著位置持续公示平台《用户服务协议》和《会员管理服务条款》或上述信息的链接标识，其行为违反了《电子商务法》第 33 条之规定。

---

〔1〕《安徽省市场监管局公布 2021 年电商领域十大典型案例》，载 https://xiaofei. hangzhou. com. cn/zt/2021/pandian/content/content_9332516. htm，最后访问日期：2025 年 7 月 15 日。

依据《电子商务法》第81条第1款第1项之规定，安阳市市场监督管理局依法对其作出责令限期改正，罚款4万元的行政处罚。

请分析：

上述案例中违反了市场准入机制的哪条一般规则？

（一）登记

在实务操作中，普遍存在大量身份未获官方认证的电子商务经营主体，此现象显著增加了政府监管部门的行政成本，包括时间、资金等资源的巨额投入。更为复杂的是，众多平台内自然人经营者的核心身份信息往往由电子商务平台管理者持有，而非直接由政府部门掌控，这一现状直接削弱了监管部门对自然人经营者实施有效、可追溯及责任明确的监管能力。《电子商务法》第10条明确规定了："电子商务经营者应当依法办理市场主体登记……"此举旨在通过法定登记机制，筛选并准许符合条件的市场主体参与电子商务活动，同时排斥不合规主体，以此为基础构建交易安全的基本防线。

电子商务的本质特征在于其依托信息网络进行的交易行为，尽管如此，电子商务依然属于商事行为范畴的一种特殊表现形式，其法律属性不变。因此，获得商事主体资格是开展电子商务活动的先决条件。依据是否采用信息网络作为经营手段的标准，商事主体可划分为三类：纯粹线下经营主体、专注线上经营主体及线上线下兼营主体。其中，第一类主体不受电子商务法直接调整。对于已登记注册的商事主体，若欲转型为线上或线上线下结合的经营模式，则需办理经营方式的变更登记或在原营业执照上增加相应标注，即调整市场主体登记信息，明确加入电子商务作为新的或附加的经营范畴。而对于全新以电子商务为起点的商事主体，则需完成商事主体的设立登记流程，并直接将其经营模式界定为专营或兼营电子商务。

（二）纳税

电子商务经营者，鉴于其从事的商业活动性质，根据国家的税收法律框架，被赋予了明确的纳税义务。市场主体的登记状态与纳税义务的履行分属两个独立的法律维度，前者并非后者存在的必要条件。具体而言，即便电子商务经营者无需进行市场主体登记，一旦其经营活动的营业额触及税法规定的首次纳税义务起征点，该经营者仍有责任进行税务登记，并据实申报缴纳税款。关于电子商务经营者具体承担的税收种类及税率问题，应严格遵循税收法定原则，依据《税收征收管理法》及其实施细则中的具体条款执行。在主体类型划分上，法人及非法人组织作为纳税主体，需承担企业所得税的缴纳责任；而个人独资企业、合伙企业则免于企业所得税的征收，其投资者或合伙人则需根据《个人所得税法》的相关规定，履行个人所得税的纳税义务。此外，个体工商户同样需依照法规纳税。

当电子商务经营者触发纳税事件时，必须于法定期限内主动向税务机关申报并完成税务登记手续。一般而言，此过程需在营业执照获取后的30日内启动，携带必要证件向税务机关提交申请。税务机关将在收到申请后的30日内完成审核，并颁发税务登记证件。随后，经营者需进一步向主管税务机关提出发票领购申请，税务机关将根据申请，核发发票领购簿，以此为依据核定发票种类、数量及具体的购票方式，确保税务管理的规范与有序进行。

（三）信息公示

为促进电子商务经营主体诚信自律机制的构建，并加强对该主体的信用监管力度，以维护电子商务市场的交易安全与秩序，对电子商务经营主体的相关信息进行公开披露显得尤为必要。《电子商务法》第15条明确界定了电子商务经营者应承担的信息公示义务，具体涵盖以下几个方面：营业执照的基本信息，作为市场主体身份的直接证明；与经营业务紧密相关的行政许可信息，以彰显其业务合规性；针对依法豁免市场主体登记要求的特定情形，所应提供的相关信息或说明；以及上述三类关键信息的有效链接或标识，此举旨在平衡交易安全需求与经营者自主运营的空间优化，通过链接形式减少主页空间占用，提高信息展示效率。此信息公示义务需严格遵循法定要求：一是公示位置的特定性，即必须置于经营者网站或平台的首页；二是公示位置的显著性，确保消费者易于察觉并访问；三是公示的持续性，保证信息的长期可访问性。若违反上述要求，依据《电子商务法》第76条之规定，将承担相应的行政法律责任。此外，《电子商务法》第16条还进一步规定："电子商务经营者自行终止从事电子商务的，应当提前三十日在首页显著位置持续公示有关信息。"

> **课堂讨论：**请回想你在逛淘宝等电子商务平台时，店铺中是否有相应的公示信息。

> **法条链接：**
>
> 《电子商务法》第11条　电子商务经营者应当依法履行纳税义务，并依法享受税收优惠。
>
> 依照前条规定不需要办理市场主体登记的电子商务经营者在首次纳税义务发生后，应当依照税收征收管理法律、行政法规的规定申请办理税务登记，并如实申报纳税。
>
> 《电子商务法》第15条　电子商务经营者应当在其首页显著位置，持续公示营业执照信息、与其经营业务有关的行政许可信息、属于依照本法第十条规定的不需要办理市场主体登记情形等信息，或者上述信息的链接标识。
>
> 前款规定的信息发生变更的，电子商务经营者应当及时更新公示信息。

三、特殊主体的登记豁免

电子商务经营主体的登记豁免制度是指在符合法律规定的特殊情形下，免除电子商务经营主体向市场监督管理部门进行登记的法律义务，从而依法直接取得相应主体资格的制度。这一制度充分体现了商事便利原则，将大力推动社会各界的创业热情，促进电子商务领域的快速稳健发展。以下几种情况属于特殊主体的登记豁免情形：

（一）个人销售自产农副产品、家庭手工业产品

个人销售自产农副产品、家庭手工业产品行为的相关特征为：它是自然人的行为，而不是法人或者非法人组织的行为；销售的是经营者自己生产的农副产品或者是家庭手工业产品，而不是从其他农户那里收购后再进行转卖。符合上述条件的，虽然经营者也可能从事的是一种持续的经营活动，但《电子商务法》不要求此类经营者进行市场主体登记。

（二）便民劳务活动

国务院公布《无证无照经营查处办法》，自2017年10月1日起施行。《无证无照经营查处办法》第3条规定："下列经营活动，不属于无证无照经营：（一）在县级以上地方人民政府指定的场所和时间，销售农副产品、日常生活用品，或者个人利用自己的技能从事依法无须取得许可的便民劳务活动；（二）依照法律、行政法规、国务院决定的规定，从事无须取得许可或者办理注册登记的经营活动。"《网络交易监督管理办法》第8条第2款规定："个人通过网络从事保洁、洗涤、缝纫、理发、搬家、配制钥匙、管道疏通、家电家具修理修配等依法无须取得许可的便民劳务活动，依照《中华人民共和国电子商务法》第十条的规定不需要进行登记。"其中包括两个限定条件，一是利用个人技能，二是依法无须取得许可的活动，其他满足这两个条件的便民劳务活动也应归于该类豁免登记的事项。

（三）零星小额交易活动

对于偶发的、非持续性的在网络上从事小额商品销售和提供服务的主体，强制要求进行市场主体登记并无必要。在实践中如何把握零星小额交易活动，《网络交易监督管理办法》第8条第3款进行了明确规定："个人从事网络交易活动，年交易额累计不超过10万元的，依照《中华人民共和国电子商务法》第十条的规定不需要进行登记。同一经营者在同一平台或者不同平台开设多家网店的，各网店交易额合并计算。个人从事的零星小额交易须依法取得行政许可的，应当依法办理市场主体登记。"

> **课堂讨论**：请思考并讨论将零星小额交易限定为年交易额累计不超过10万元是否合理？

（四）依照法律、行政法规不需要进行登记

依照相关的法律、行政法规（如《无证无照经营查处办法》等）不需要进行市场主体登记的，不需要办理市场主体登记。

上述情况的适用互不交叉，在满足各自前提的情况下，符合其中一项情形即可豁免登记。例如，"个人利用自己的技能"从事的"便民劳务活动"符合利用个人技能、无须取得许可这两个条件，即使年交易额超过10万元，依然可豁免登记。

《电子商务法》中豁免登记的规定意图实现民事行为与商事行为的区分，将偶发性的不符合商事行为基本特征的电子商务民事交易行为排除在外。在我国，需要注意的事实是，真正进行营利性活动并有持续性的个人网店只占小部分，如在淘宝平台，真正从事持续经营活动的卖家不足5%，其余为利用其个人技能、个人零散时间经营，偶尔有收入甚至长期无收入的非活跃卖家。因此，对于豁免登记的范围应进行规则细化解释，甚至对纳入工商登记的个人网店，也应结合一定时间内的交易量或活跃程度等进行分类管理，以免将登记负担不合理地加到没有从事营利性活动的自然人身上。

此外，需要注意的是，《电子商务法》第27条第1款规定："电子商务平台经营者应当要求申请进入平台销售商品或者提供服务的经营者提交其身份、地址、联系方式、行政许可等真实信息，进行核验、登记，建立登记档案，并定期核验更新。"进入平台销售商品或者提供服务的非经营性用户虽然无须进行市场主体登记，但也需要向平台经营者提交真实身份信息等，与经营性用户的信息一并录入平台档案，定期核验更新。

法条链接：

《电子商务法》第10条　电子商务经营者应当依法办理市场主体登记。但是，个人销售自产农副产品、家庭手工业产品，个人利用自己的技能从事依法无须取得许可的便民劳务活动和零星小额交易活动，以及依照法律、行政法规不需要进行登记的除外。

《无证无照经营查处办法》第3条　下列经营活动，不属于无证无照经营：

（一）在县级以上地方人民政府指定的场所和时间，销售农副产品、日常生活用品，或者个人利用自己的技能从事依法无须取得许可的便民劳务活动；

（二）依照法律、行政法规、国务院决定的规定，从事无须取得许可或者办理注册登记的经营活动。

《网络交易监督管理办法》第8条　网络交易经营者不得违反法律、法规、国务院决定的规定，从事无证无照经营。除《中华人民共和国电子商务法》第十条规定的不需要进行登记的情形外，网络交易经营者应当依法办理市场主体登记。

个人通过网络从事保洁、洗涤、缝纫、理发、搬家、配制钥匙、管道疏通、家电家具修理修配等依法无须取得许可的便民劳务活动，依照《中华人民共和国电子商务法》第十条的规定不需要进行登记。

个人从事网络交易活动，年交易额累计不超过 10 万元的，依照《中华人民共和国电子商务法》第十条的规定不需要进行登记。同一经营者在同一平台或者不同平台开设多家网店的，各网店交易额合并计算。个人从事的零星小额交易须依法取得行政许可的，应当依法办理市场主体登记。

任务3 电子商务平台经营者的准入与登记

电子商务平台经营者是电子商务法规范的主要对象，它最大的特点是为平台内经营者和消费者开展电子商务活动提供了一个巨大的虚拟网络市场，这个市场不仅具有一般商场所具有的商品和服务，有的平台还集合了众多的第三方中间服务商，如电子支付、快递物流等。电子商务法对电子商务行为的规范、管制以及法律责任的认定，重点是对电子商务平台经营者的规范与管制。因此，其市场准入条件在一般市场准入条件的基础上还有所不同。

一、电子商务平台经营者准入制度

（一）电子商务平台经营者的特殊准入条件

1. 拥有独立的网络交易系统与网络域名，并依照有关法律法规的规定办理网络 IP 地址的备案。电子商务平台经营者依托其自建的网站开展电子商务经营活动，故需要独立的网络交易系统和网络域名，同时，依照国家对经营性网站的管理要求进行 IP 地址备案是电子商务交易活动持续运行的保证。

2. 拥有完善的平台内交易规则，以及用户注册、安全保障等基本制度。上述规则与制度是平台经营者自主运行的保障，也是约定平台与其用户基本权利与义务的基础。

3. 拥有完善的订单履约与追踪、信用评价、售后服务与记录保存等制度。这是电子商务活动持续开展的必要条件，同时，随着电子商务的发展，平台秩序的社会性与公共性凸显，通过平台化解纠纷或者通过司法程序解决纠纷的需求下，订单履约与追踪、记录保存制度的建立必不可少；信用评价和售后服务等制度的存在有助于促进电子商务交易，为消费者提供较为充分的信息，实现其权益保护。

4. 提供或集成安全的在线支付、身份认证和电子签名等功能。由于电子商务平台经营者的实力、水平的差异，不应要求平台必须自带支付、认证及签名等功能，但不能自己提供时，应集成或链接相关的功能，这样才能发挥平台撮合交易的作用，完成电子商务交易。

（二）行政许可

建立经营性网站需要取得电信与信息服务业务经营许可证（ICP 许可证）。《互联网信息服务管理办法》第 7 条第 1 款规定："从事经营性互联网信息服务，应当向省、自治区、直辖市电信管理机构或者国务院信息产业主管部门申请办理互联网信息服务增值电信业务经营许可证（以下简称经营许可证）。"《电信条例》中也作此规定。因此电子商务经营者开展经营活动所设立的经营性网站，都需要取得 ICP 许可。

从事在线数据处理与交易处理业务的经营者，需要取得增值电信业务经营许可证——在线数据处理与交易处理业务许可证。有第三方入驻的电子商务平台网站，其提供的服务属于在线数据与交易处理业务，需要取得该许可证。

二、不同类型电子商务平台经营者的准入登记区分

（一）跨境电子商务平台经营者

完成市场准入登记与获取许可是跨境电子商务平台开展业务的首要要求。值得注意的是，跨境电子商务平台除自身完成登记要求外，还肩负起督促协助平台内企业登记的任务。同时，针对跨境电子商务零售进口商品，若跨境电子商务平台以"直购进口"或"网购保税进口"的模式进口，则无需提交首次进口许可；若跨境电子商务平台以"网购保税进口"模式进口，则需依法执行首次进口许可批件、注册或备案要求。

在信息公示方面，为改变交易信息不公开、不透明、不对等的电子商务交易状态，充分保障消费者的知情权，《电子商务法》及跨境电子商务零售进口新政均要求跨境电子商务平台经营者显著公示交易所需的必要信息，包括经营者身份信息、服务协议、交易规则、业务类型、商品服务信息等。公开透明的交易环境加之消费者评价监督机制的引入，在便于跨境电子商务平台管理的同时，也有助于提升消费者信用评价。

此外，在保证公平交易义务的同时，跨境电子商务平台还要遵循《电子商务法》和《网络安全法》中关于个人信息收集、利用、保护的相关规定，涉及欧盟业务的跨境电子商务平台还应关注欧盟《通用数据保护条例》的特殊规定。

（二）从事特定行业的平台经营者

对于新闻、出版、教育、医疗保健、药品和医疗器械等特殊领域和行业，必须取得额外的行政许可方能经营，主要规范依据包括《互联网站从事登载新闻业务管理暂行规定》《网络出版服务管理规定》等。例如，江苏省地方标准《江苏省电子商务平台管理规范（试行）》第6条对于网络食品销售及网络餐饮第三方平台经营者做出特殊要求："电子商务平台经营者应当依法办理市场主体登记，依法需要取得相关行政许可的，应当依法取得行政许可。网络食品销售第三方平台提供者、网络餐饮第三方平台提供者应当在通信主管部门批准后30个工作日内，向所在地省级市场监督管理部门备案。备案内容包括域名、IP地址、电信业务经营许可证或者备案号、企业名称、地址、法定代表人或者负责人姓名等。其中的分支机构、代理商，应当在设立或变更后30个工作日内，向所在地县级市场监督管理部门备案，备案内容包括分支机构名称、地址、法定代表人或者负责人姓名等。"之所以在该领域设置行政许可，是因为药品销售行业具有很强的公共性，直接关乎人民群众的生命健康。设置行政许可，能够有效避免利用互联网销售假冒伪劣药品的行为，从而为广大群众的身体安危建立起牢固的屏障。

项目小结

本项目主要介绍了网上注册开店的流程和电子商务经营主体的市场准入机制。通过对本章的学习，学习者应能够准确掌握网店开设的全部流程，并掌握作为电子商务经营主体如何合法的开展电子商务活动以及在何种情况下适用特殊的市场准入规则。市场准入是企业进入市场的第一步，是优化营商环境的关键环节。在电子商务发展过程中，电子商务经营主体依法进行市场准入对政府监管和确保电子商务活动的可持续发展具有积极作用。

📱 **趁热打铁**

一、选择题

1.（多选）电子商务经营主体市场准入机制的基本原则包括（　　）。

A. 公平进入原则　　　B. 商事便利原则　　　C. 自由交易原则　　　D. 宏观审慎原则

2.（多选）以下哪些电子商务经营主体的活动在市场准入时实行登记豁免（　　）。

A. 个人销售自产农副产品　　　　　　　B. 个人销售家庭手工业产品

C. 便民劳务活动　　　　　　　　　　　D. 零星小额交易活动

3.（多选）电子商务平台的设立应当符合的条件有（　　）：①有与从事的业务和规模相适应的硬件设施；②有保障交易平台正常运营的计算机信息系统和安全环境；③有与交易平台经营规模相适应的管理人员、技术人员和客户服务人员；符合《电信条例》等法律、法规和规章规定的其他条件。

A.①②④　　　　　　B.①③④　　　　　　C.②③④　　　　　　D.①②③④

二、简答题

1. 简述电子商务经营主体注册开店的业务流程。

2. 简要分析电子商务经营主体市场准入机制的公平进入原则。

3. 简述特殊主体的登记豁免情形。

4. 简述电子商务平台经营者需取得行政许可的两种情形。

三、案例分析题

2019年1月2日，H市工商局执法人员在进行网络定向监测时发现，在某团购平台上，大量H市本地餐饮商户的所有网页没有公示营业执照信息、相关经营许可证信息。经调查，该平台早已将餐饮商户的营业执照录入端口分发给了当事人，要求当事人负责录入和维护线上商户的营业执照等信息，并承担不录入所产生的法律后果。截至案发，当事人没有按照法律规定及时录入和维护上述信息，导致大量H市本地商户经营的主页面没能公示经营资质信息。

请分析：

1. 电子商务经营者为什么应该公示营业执照和相关经营许可证信息？

2. 平台经营者对平台内经营者的经营资质公示有哪些义务和责任？

▲ **实训任务三　—— 按图索骥　有道之君，行治修制**

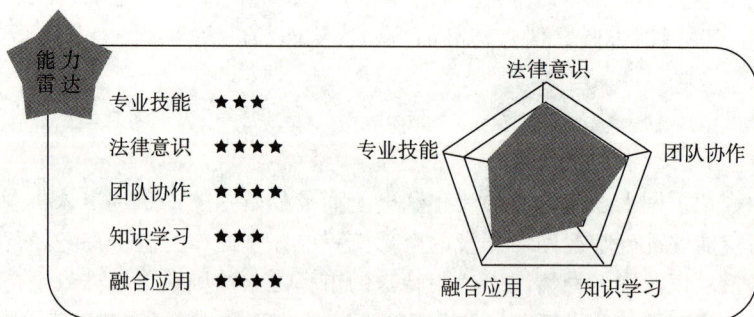

项目要求：1. 学员分组进行项目实施，每个小组由3~5人组成。

2. 学员需要参与理论学习和实践操作，完成相关任务和项目。

3. 学员需要积极合作、共同解决问题，并按要求提交项目成果。

项目内容：案例分析与汇报演讲。

1. 注册一家从事任意业务的淘宝网店，运用本节所学知识对注册流程进行详细分析，具体分析内容包括：市场调研报告、网店规划建设方案及注册流程中的法律要点分析。

2. 各小组将分析内容形成方案设计书，并对形成的文件进行汇报演讲。

项目评价：1. 各小组之间互评与教师点评，占60%。

2. 能力雷达综合赋分：能力项分数×各项星标权重，占40%。

最终，两项评价标准的加权得分为本组在该项目中的综合分数。

项目成果：1. 各小组的方案设计书。

2. 各小组的汇报演讲。

项目四　电子商务运营推广法律实务

——网店运营与推广

　　在电子商务迅猛发展和消费者群体日益多元的背景下，电子商务合同作为商业交易的重要工具，其运用愈发广泛和普遍。电子商务合同作为合同的一种特殊形式，不仅遵循合同的一般原理，更在缔约主体、技术手段等方面展现出其独特的性质。本章以电子商务合同为核心，在对其进行概述的基础上，深入剖析电子商务合同的成立、电子商务合同的效力，以及电子商务合同的履行与违约责任等知识，以期为学生展现我国电子商务合同法律制度的完整面貌。

知识目标：

- 熟悉电子商务合同的概念、特征及分类。
- 掌握电子商务合同的成立与效力。
- 掌握电子商务合同的履行与违约责任。

能力目标：

- 能够准确辨识电子商务合同的效力。
- 能够分析电子商务合同的违约责任。
- 能够辨别电子商务合同与民事合同之间的关系。

课程思政：

- 增强契约意识，提高社会责任感。
- 树立诚实守信、公平交易的价值观。
- 培养自觉维护市场经济秩序和公共利益的道德观念。

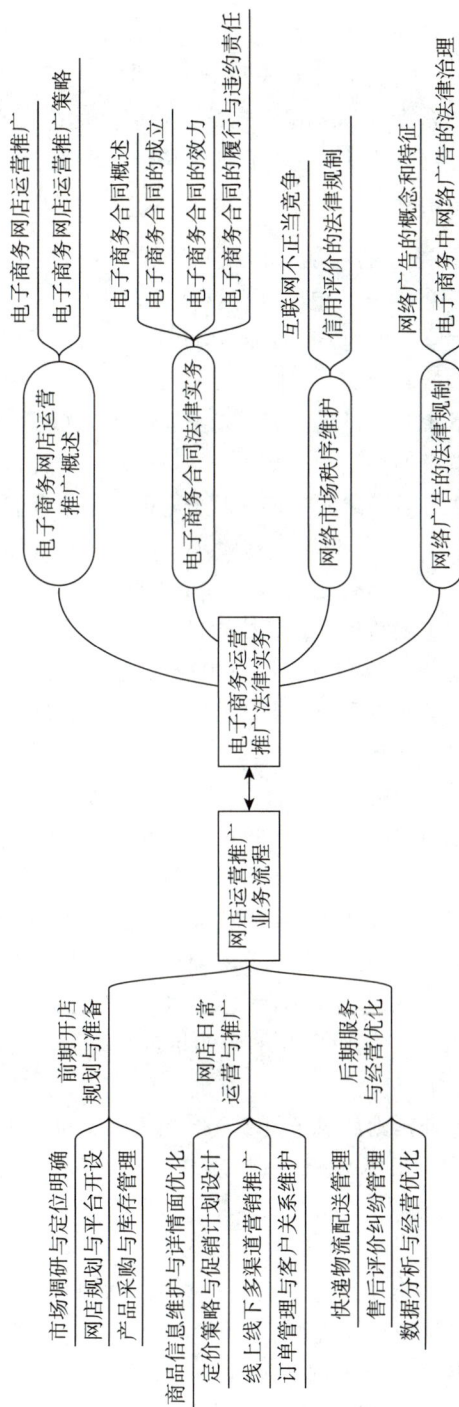

思维导图：

```
电子商务运营          电子商务网店运营         电子商务网店运营推广
推广法律实务          推广概述              电子商务网店运营推广策略

                                         电子商务合同概述
                    电子商务合同法律实务       电子商务合同的成立
                                         电子商务合同的效力
                                         电子商务合同的履行与违约责任

                    网络市场秩序维护         互联网不正当竞争
                                         信用评价的法律规制

                    网络广告的法律规制        网络广告的概念和特征
                                         电子商务中网络广告的法律治理
```

```
网店运营推广          前期开店              市场调研与定位明确
业务流程            规划与准备             网店规划与平台开设
                                         产品采购与库存管理

                    网店日常              商品信息维护与详情面优化
                    运营与推广             定价策略与促销计划设计
                                         线上线下多渠道营销推广
                                         订单管理与客户关系维护

                    后期服务              快递物流配送管理
                    与经营优化             售后评价纠纷管理
                                         数据分析与经营优化
```

53

任务1 电子商务网店运营推广概述

在通过市场调查与分析，明确网店的定位以及完成选品上架之后，电子商务网店运营推广工作的前期准备环节基本完成。电子商务的普及给予了年轻人更多的工作机会，全职或兼职开网店成为了越来越多年轻人的全新选择。在正式开设网店之前，卖家首先需要对行业市场和网店定位有清晰的规划，确定可行的目标、选择合适的平台。地基打得牢，大厦才能建得高。

一、电子商务网店运营推广

（一）电子商务网店运营推广的内涵与特点

1. 电子商务网店运营推广的内涵。电子商务网店运营推广是一种基于互联网大发展背景的新型销售方式，是指卖家利用互联网建立一个虚拟的网上店铺，并通过该店铺向买家出售商品。在网上店铺中，买家无法直接接触商品，只能通过卖家发布的商品描述、商品图片及其他买家的评价等途径了解商品。买家下单并支付货款后，卖家通过邮寄等方式将商品寄给买家。其间卖家通过各种方法和策略，提升电子商务平台的曝光度、增加用户点击量以及促进销售增长的一系列活动。它是电子商务行业中不可或缺的一环，对于电子商务平台能否立足、发展起着至关重要的作用。

电子商务网店运营推广的内涵与外延可以从多个方面进行理解。电子商务网店运营推广的内涵主要体现在其核心目的和主要活动上。其核心目的，一是提升电子商务平台的曝光度，即通过各种方法和策略，使电子商务平台在目标用户中更加显眼，提高知名度；二是增加用户点击量，即通过精准推广，吸引更多潜在用户点击访问网店；三是促进销售增长，运营推广的最终目标是实现销售转化，提升销售额和利润。

主要活动包括店铺日常运营和网店优化推广两个大的维度：

（1）店铺日常运营。包括商品维护、上下架、评价维护、库存数量管理、制作详情页等。这是电子商务运营的基础工作，需要每天进行以确保网店正常运转。

（2）网店优化推广。包括三种主要的推广渠道。①搜索引擎优化运营——通过关键词分析、网站结构优化以及内容优化等手段，提高网店在搜索引擎中的排名，吸引更多的流量。②付费流量运营（推广运营）——主要利用直通车和智钻推广等付费方式，为店铺引入更多"正规优质"的流量。③其他途径推广运营——包括离开平台的推广，如微信、QQ群、其他第三方推广平台、直播、软文、自媒体等。

电子商务网店运营推广的外延则涵盖了更广泛的相关领域和概念。

（1）市场定位与目标客户。市场调研，分析确定目标市场和产品定位，明确目标客户群体，以便进行精准推广。

（2）品牌建设。通过网店运营推广，塑造品牌形象，提升品牌知名度和美誉度。

（3）数据分析与优化。通过电子商务平台内外数据分析工具，我们可以收集和分析用户数据，了解用户的行为和需求，从而帮助决策，优化网店运营策略和推广活动。

（4）多渠道营销。除了传统的电子商务平台外，还可以利用一些新媒体进行营销，如社交媒体、新闻流媒体、论坛社区、短视频平台等多元化渠道。

（5）合作与联盟。与其他企业或网站进行合作与联盟，共同推广产品和品牌，实现互利共赢。

（6）客户关系管理。通过建立会员制度、提供优质服务等方式，维护良好的客户关系，提高客户忠诚度和复购率。

（7）风险管理。遵守相关法律法规和平台规则，防范和应对各种风险和挑战，确保网店运营的合法性和安全性。

2. 电子商务网店运营推广的特点。电子商务网店运营推广与传统运营推广相比，具有一系列显著的特点，如图4-1所示。

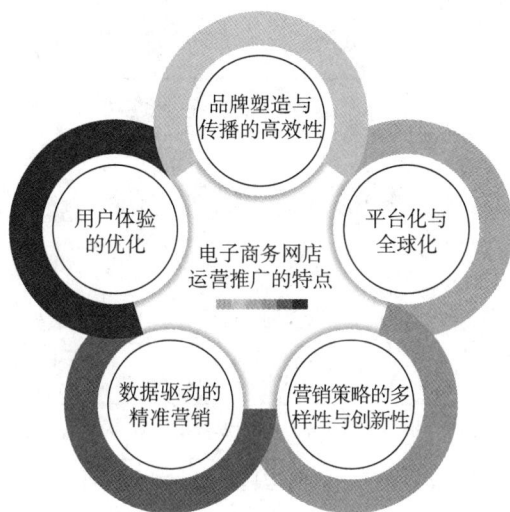

图4-1　电子商务网店运营推广的特点

（1）平台化与全球化。电子商务网店运营推广的核心特点在于其平台化与全球化。它依赖于互联网平台进行销售和交易，打破了地域限制，使得商户和消费者可以在全球范围内进行交流和交易。相比之下，传统运营推广主要依赖于实体渠道和传统媒体，其覆盖范围和影响力相对有限。

（2）营销策略的多样性与创新性。电子商务网店运营推广在营销策略上更加注重多样性与创新性。利用互联网和数字技术的优势，电子商务网店运营推广可以采用诸如搜索引擎优化、社交媒体营销、内容营销、直播带货等多种营销手段。这些手段不仅提高了营销的精准度，还增加了与消费者的互动和黏性。相比之下，传统运营推广的营销策略相对单一，难以与消费者建立深度联系。

（3）数据驱动的精准营销。电子商务网店运营推广的另一个显著特点是其数据驱动的精准营销。通过对用户行为、消费习惯等数据的深入挖掘和分析，电子商务网店运营推广可以精准地定位目标受众，制定个性化的营销策略。这种精准营销策略大大提高了营销效果和转化率。而传统运营推广往往缺乏这样的数据分析能力，营销策略的制定更多依赖于经验和直觉。

（4）用户体验的优化。电子商务网店运营推广注重用户体验的优化。从网站界面设计、购物流程简化到售后服务提升，电子商务网店运营推广都在不断努力提升用户的购物体验。这种以用户为中心的理念使得电子商务网店运营推广能够更好地满足用户需求，提高用户满意度和忠诚度。相比之下，传统运营推广在用户体验方面可能存在一定的不足。

（5）品牌塑造与传播的高效性。通过电子商务平台，电子商务网店运营推广可以更加高效地塑造与传播品牌。利用社交媒体、内容营销等手段，电子商务网店运营推广可以与消费者建立更加紧密的联系，提高品牌知名度和美誉度。而传统运营推广在品牌塑造与传播方面可能需要投入更多的资源和时间。

> **课堂讨论**：试分析现阶段电子商务网店运营推广存在哪些问题？

（二）电子商务网店运营推广工作流程

一般来说，卖家可以通过在电子商务平台上自助注册店铺的形式开设网店，然后完成店铺的运营和商品的推广销售。日常电子商务网店运营推广的基本工作流程如图4-2所示。

> **课堂讨论**：这种流程是否适用于所有的电子商务平台店铺？

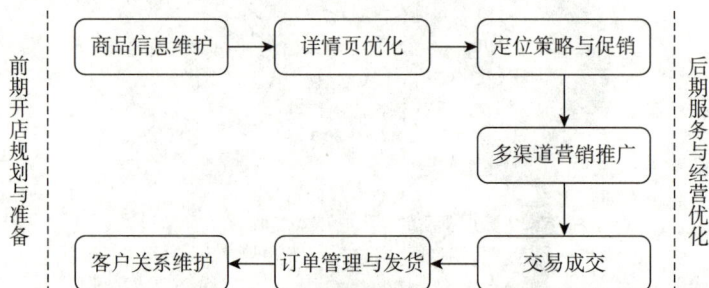

图4-2　电子商务网店日常运营推广工作流程

根据电子商务网店运营推广的狭义与广义之说，电子商务网店运营推广工作流程同样可以从狭义和广义两个角度进行理解。狭义的电子商务网店运营推广工作流程主要关注与直接增加网店曝光度和吸引顾客购买相关的活动。这些活动通常从前期选品上架动作完成之后发生的业务流程开始，包括商品信息维护、详情页优化、定位策略与促销、多渠道营销推广、交易成交、订单管理与发货、客户关系维护等，其中定价策略与促销、订单管理与发货、客户关系维护分别为前中后三个衔接补充环节。广义的网店运营推广业务流程则涵盖了从网店开设到持续经营和优化的整个过程，包括从市场调研与选品、店铺装修和商品上架，到日常店铺运营、多渠道营销推广，再到物流配送、客户关系维护，直至最后的数据分析与运营优化。本节主要聚焦于日常运营推广中的关键环节。

1. 商品信息维护。商品信息是指在网店中展示的关于商品的各种描述、属性和参数，包括商品名称、价格、描述、规格、图片等。维护方法一般包括完善产品描述、优化产品图片、规范化产品属性、及时更新产品库存等内容。

2. 详情页优化。详情页指的是介绍商品材质、规格、尺码、样图等信息的店铺页面。电子商务网店运营推广流程中的详情页优化需要从商品主图、描述、属性、富媒体内容、促销信息等多个方面进行综合考虑和优化。

3. 定价策略与促销。常见的定价策略有成本导向定价、数量差异化定价、市场差异化定价、平台分布定价、折扣、定价以及品牌溢价等。促销的方式有会员积分、限时限量、满减满赠、组合套餐、新品尝鲜等形式。

4. 多渠道营销推广。营销推广是一个系统性且多元化的过程，制定商品的营销策略，通过广告、促销等手段提高商品曝光度和销量，旨在通过多个渠道向潜在客户传递品牌信息和营销信息，从而吸引并留住目标用户。

5. 交易成交。

6. 订单管理与发货。用户下单后，会形成该次交易的电子凭证，即订单。订单管理包括订单确认、异常处理以及状态更新。订单确认无误后，进行发货操作。从出库到打包准备，再经物流选择，形成快递面单，完成后向用户发送发货通知，完成发货作业。

7. 客户关系维护。电子商务网店的客户关系维护是一个多维度的过程，需要从客户数据建立、沟通与服务、售后服务与纠纷处理、客户激励与忠诚度计划以及客户反馈与持续改进等多个方面入手，以全面提升客户体验和满意度。

二、电子商务网店运营推广策略

（一）电子商务网店运营策略

电子商务网店的运营策略通常包括以下几个方面：

1. 产品策略。电子商务平台需要提供高质量的产品，以满足消费者的需求。紧跟市场热点，多样化商品品类和风格，以覆盖更广泛的用户群体，提高店铺的曝光度和点击率。通过销售数据和反馈，不断更新选品，淘汰滞销商品，增加热销商品的比例，从而提升整体销售业绩。

2. 价格策略。制定合理的价格策略，包括提供优惠和折扣，以及实施动态定价策略，以吸引消费者。密切关注竞争对手的价格策略，以保持竞争力。

3. 商品页面优化。商品标题和描述应简洁明了，描述内容生动形象，能准确传达商品的特点和优势。商品图片需高清且真实，多角度展示和细节展示则能增加用户的购买欲望。

4. 市场定位和商品推广。明确的市场定位是成功的基础，涉及人群、产品、流量和周期的考量。制定营销策略需要根据数据反馈进行优化或更换，而商品推广则是为了提升曝光量和排名，吸引潜在的买家注意。营销策略可包括利用淘宝系统推广方式，发掘潜力热销产品并大力推广，利用热销产品拉动整体销售等。

5. 客户关系管理策略。客户关系管理策略是一种通过对客户进行分类、分析和跟踪，以提供个性化服务的策略。电子商务网店经营者应该注意建立良好的客户关系管理体系，通过与客户的互动，了解客户需求，及时回应客户问题和投诉提供个性化的推荐和售后服务。

6. 团队建设。选择合适的员工，如客服、美工和推广专员分别负责客户咨询、店铺视觉设计、产品推广等不同的工作，对团队进行定期培训，提升团队的整体素质和服务水平。

7. 数据分析和优化。定期进行数据分析，了解店铺的运营状况和用户行为，找出问题并进行优化。通过数据分析，可以更精准地制定营销策略和推广计划，提高运营效果。

电子商务网店的经营策略应根据实际情况进行灵活调整和优化，以适应不断变化的市场环境和用户需求。同时，在运营过程中要注意遵守相关法律法规和平台规则，确保合规经营。

（二）电子商务网店推广策略

推广策略的目的是达成企业的目标，比如销售产品，品牌宣传，新品推广，等等，是围绕产品、价格、渠道、促销、公关策略的综合。以下是一些常见的经营电子商务网店的推广策略。

1. 建立品牌形象。要成功开展网店推广，首先要建立一个有吸引力的品牌形象。这包括起一个有代表性的店名，设计与店铺主题相关的标志和形象，提供专业和友好的客户服务。

2. 搜索引擎优化（SEO）。研究并确定与网店业务相关的关键词。在网站内容、标题、标签等地方合理使用这些关键词。提高网站质量和用户体验，如优化页面加载速度、改善网站结构等。建立外部链接，提高网站的权威性和可信度。

3. 搜索引擎营销（SEM）。使用搜索引擎广告（如百度、平台内部引擎）来推广产品或服务。根据不同的竞价机制选择合适的关键词和广告定位，确保广告能够准确触达目标受众。

4. 信息流推广。通过网络媒体向用户输送内容的渠道和过程中插入相关广告的一种新型推广形式。可以借助图片或视频等多种多样的交互表现形式进行呈现，具有与原生媒介高融合度、大数据精准投放的特点。

5. 社交媒体推广。将网店与各个社交媒体平台结合，通过发布有趣的内容、与粉丝互动等方式吸引更多的潜在客户。可以通过微信、微博、小红书、抖音、哔哩哔哩等平台建立网店社交媒体账号，并与用户互动，分享促销信息和产品介绍。

6. 内容推广。通过发布有价值的内容来吸引用户，例如，撰写与产品或服务相关的博客文章，发布视频教程等。通过提供有价值和实用的信息，增加用户对产品或服务的信任感。

7. 开展促销活动。开展促销活动是吸引用户的有效手段，例如，打折、赠品、限时优惠等。可以通过网店主页、社交媒体、电子邮件等方式宣传促销活动，提醒并吸引用户参与购买。

8. 口碑营销。用户对于其他用户的评价和推荐往往具有很大的影响力。因此，建立一个良好的口碑是重要的。可以通过提供优质的商品和服务，主动收集用户的反馈并解决问题，或提供返现、积分等激励措施来增加用户对网店的好评和推荐。

9. 合作伙伴关系。与其他网店、博主、社交媒体等影响者建立合作关系，进行互相宣传和推广。例如，与相关行业的网店进行联合促销，与博主合作撰写推广文章等。

10. 定期发送电子邮件推广。通过定期向用户发送电子邮件，提供最新的促销活动、新品推荐等信息。这样可以保持与用户的互动，提高用户的购买率和回头率。

任务2　电子商务合同法律实务

◇ 案例 4-1

未成年人打赏主播案[1]

未成年人蒋某出生于2009年11月，一直与外婆共同生活。2020年，蒋某偷偷使用外婆的手机号注册了游戏直播解说平台的账号，该平台由某科技公司运营。蒋某在外婆毫不知情的情况下，使用外婆的微信，在5天之内，先后40次向某科技公司转账充值，用于购买平台虚拟币，打赏平台上进行游戏直播解说的主播，单次转账金额多为1000元或5000元，转账总金额达10万余元。后蒋某母亲发现上述行为，遂以蒋某名义诉至人民法院，要求某科技公司返还蒋某转账充值的钱款。

请分析：

1. 本案中蒋某打赏主播的行为是否有效？

2. 某科技公司是否应退还打赏费？

一、电子商务合同概述

在深入探讨电子商务合同之前，我们首先应理解合同这一基础概念。合同的概念既有广义的解读，也有狭义的诠释。从广义上讲，合同指的是一切能引起法律效力的协议，其范畴涵盖了行政合同、劳动合同以及各类民事合同等。而狭义上的合同，特指民事合同，《民法典》第464条第1款明确规定："合同是民事主体之间设立、变更、终止民事法律关系的协议。"在本书中，

---

〔1〕《【利剑护蕾】家庭学校社会共管共治 履行未成年人监护责任》，载 https://mp.weixin.qq.com/s?__biz=MzI2NjMxMTM5MQ==&mid=2247495997&idx=2&sn=c636bc21d570290a6e0125bef4d98428&chksm=ebecf19c1a28216dfa164217e0f14b2a548fdb4eb1364fd70059cd73afc59edbf27f4703eb4b&scene=27，最后访问日期：2025年3月28日。

所提及的合同均指民事合同。

合同，作为民事主体间设立、变更、终止民事法律关系的桥梁，不仅是法律行为的核心要素，更是债务产生的重要源头之一。在市场经济的广阔舞台上，合同扮演着不可或缺的关键角色，是确保经济秩序正常运转的重要纽带。它不仅是双方或多方意愿的明确表达，更是法律约束下的庄重承诺，为商业活动提供了坚实的法律保障。

（一）电子商务合同的概念

电子商务合同，又被称为电子合同，作为一种独具特色的合同形态，是电子商务领域中不可或缺的契约形式。电子商务合同不仅是电子商务活动的基本契约方式，更是确保各方当事人权利义务得以明确和保障的有效手段。在数字时代的浪潮中，电子商务合同以其便捷、高效的特点，为商业交易的顺利进行提供了坚实的法律支撑。

电子商务合同作为合同的下位概念，其理解与把握需深植于合同的基础理论之中。本书对电子商务合同的定义为享有平等地位的电子商务法律关系主体通过数据电文等信息网络方式，订立、变更或终止民事权利义务关系的财产性协议。一方面，电子商务合同体现了合同的共性特征，即合同的相对性、平等性、财产性和意定性，另一方面，电子商务合同又具有独特属性。它依赖于电子技术的运用，并且以电子商务法律关系主体的存在为前提，这一先决条件使其在众多合同类型中独树一帜。尽管订立形式不同，电子商务合同与传统书面合同、口头合同在规范效力上并无二致，它同样受到法律的认可与保护，为电子商务活动的顺利进行提供了坚实的法律保障。这里所说的数据电文是指借助电子、光学、磁等先进技术手段生成、发送、接收或储存的信息形式。这些先进技术手段包括但不限于电子数据交换（以下简称 EDI）、电子邮件、电报、电传以及传真等。电子商务合同的当事人应为电子商务法律关系的主体，主要涵盖电子商务经营者与用户两大类。电子商务经营者，一般为通过互联网等信息网络渠道，从事商品销售或提供服务经营活动的实体，涵盖了自然人、法人以及非法人组织。其中，不仅包括电子商务平台经营者、平台内经营者、自营经营者，还有其他类型的经营者，均在电子商务经营者范畴之内。而用户则指利用电子商务经营者提供的服务及技术支持，进行电子商务交易活动的各类实体，同样涵盖了自然人、法人及非法人组织。这些用户不仅包括了消费者，也涵盖了非消费者用户，他们共同构成了电子商务活动的多元参与群体。

（二）电子商务合同的特征

1. 订立形式的特殊性。在电子商务领域，合同的订立已然跨越了传统纸质文件的界限，转而依赖于数据电文等信息技术手段。在这里，传统的书面文件不再作为主导，而是转由无纸化的数据电文承担起证明合同成立的主要依据。从技术层面解析，数据电文是计算机系统内的独特字符编码，它们能够借助先进技术转化为人们易于理解和使用的日常语言，同时具备高效复制和便捷查阅的特性。尽管数据电文的方式极大地提升了交易效率，为商务活动带来了前所未有的便捷性，但同时也伴随着一些风险和挑战。其中，最为显著的难题是如何准确核查双方当事人的真实身份。为解决这一问题，可以引入数字证书、电子签名等高级验证技术，确保交易过程的透明度和公正性，从而避免不必要的纷争和冲突。

值得一提的是，数据电文的应用使得合同缔约过程呈现出明显的远程化特征，使得合同交易主体的操作变得前所未有的便捷。相较于传统的合同订立流程，当事人往往需要面对面地交换要约和承诺，或者依赖于信件、电报、电话、电传和传真等传统通讯手段，电子商务合同主体则突破了地域的桎梏。双方当事人在谈判和签约的过程中无需亲自见面，高度依赖技术手段进行信息交换、要约发出、承诺确认，直至最终达成双方意思的合意，通过网络虚拟空间便能轻松完成合同的所有环节。这种远程交互的方式极大地提升了交易主体的效率和便利性，也为市场交易活动注入了新的活力。

2. 成立和生效的特殊性。在传统合同的缔结过程中，签名或盖章是不可或缺的步骤，这既是合同的法定标识，也体现了合同双方的真实意愿与责任承诺。而合同的生效，则更为复杂，它受到法定生效要件与意定生效要件的双重监管。在缺乏法律明文规定或当事人未作出特别约定的情况下，法律默认已经成立的合同立即生效，这也体现了法律对合同自由原则的尊重与保护。然而，当合同涉及法定或意定的特别生效要件时，合同的效力将受到这些要件的制约。以需要行政审批的合同为例，合同的生效并非简单地基于双方的签字或盖章，而是需要等待相关行政机关作出批准决定。这一决定，如同合同的"通行证"，只有在其加持下，合同才能正式生效，发挥其应有的法律效力。

然而，在迅猛发展的电子商务领域，这一传统方式已经发生了颠覆性的变革。如今，人们不再需要亲自拿起笔来签署合同，而是凭借电子签名这一创新技术，轻松实现合同的订立。电子签名，即在电子文档中以电子形式存在的独特数据，它不仅仅是一个简单的标记，更是用于识别签名者身份并确认其认可合同内容的关键要素。这一技术的运用，为电子商务合同的实施奠定了坚实的基础，使得合同的签订过程更为便捷、高效，同时也确保了合同的安全性和法律效力。根据我国《电子商务法》第48条第1款的规定，电子商务当事人使用自动信息系统订立或者履行合同的行为对使用该系统的当事人具有法律效力。这意味着，通过自动信息系统所订立的合同，将对双方当事人产生法律上的约束力。双方可以基于这份合同，要求对方履行相应的合同义务，并且在对方违约的情况下，有权向人民法院申请强制执行。这一规定不仅确保了电子商务合同的法律效力，也为电子商务的健康发展提供了有力的法律保障。

3. 履行方式的多元性与复合性。电子商务合同的履行方式具有鲜明的多元性与复合性，它不具有固定的统一模式，而是灵活地结合线上与线下的履约形式。这种履约形式不仅涉及财产权利的流转，更涵盖了特定劳务的供给。电子商务合同的具体形态既取决于交易的核心内容，也深受双方当事人间协议约定的影响。在电子商务经营者承担的主给付义务中，其形式丰富多样，包括但不限于交付特定的商品或提供特定的服务。其中，商品的交付意味着物品在空间上的转移，这一过程通常通过线下渠道完成，如利用快递服务和物流服务。而服务的提供则更为复杂，一部分服务如平台运营或特定技术支持，可以通过线上方式高效完成；然而，对于某些服务，如旅游体验或外语培训，由于它们需要直接的人际互动和现场体验，因此必须通过线下面对面的方式进行。对于用户而言，其主给付义务主要是支付相应的价款。用户拥有极大的便利性，既可以选择线上支付这一快捷方式，也可以在收到商品后选择传统的线下货到付款方式来完成这一义务。

4. 合同成本的降低。电子商务合同的订立，突破了时间和空间的界限，赋予了交易双方前所未有的便捷性。在处理交易手续时，其流程明显简化，省去了传统合同起草与签订过程中烦琐的差旅、交通、快递以及印刷等办公费用的开销。因此，相较于传统的合同签订方式，电子商务合同的签订方式大大降低了运营成本，为企业和个人带来了实实在在的经济效益。然而，值得注意的是，电子商务合同的签订依赖于计算机及网络等软硬件设备的稳定支持，为了确保合同的顺利签订和交易的顺畅进行，这些设备的运维费用也自然成为了电子商务合同运营成本中不可或缺的一部分。

课堂讨论： 回忆生活中你是否订立过电子商务合同？谈一谈电子商务合同与传统合同有哪些区别？

法条链接：

《电子商务法》第48条　电子商务当事人使用自动信息系统订立或者履行合同的行为对使用该系统的当事人具有法律效力。

在电子商务中推定当事人具有相应的民事行为能力。但是，有相反证据足以推翻的除外。

（三）电子商务合同的分类

基于电子商务合同的独特属性，我们可将其细致地划分为以下几类：

1. 按订立方式划分。电子商务合同可以分为点击合同、EDI 合同以及通过电子邮件方式订立的合同三类。

（1）点击合同，即电子形式的格式合同，通过数据电文形式呈现，全部由预设的格式条款组成。这些格式条款通常由一方当事人单方面确定，未经与交易相对人的充分协商，旨在实现重复利用。在电子商务领域，它们涵盖了用户注册协议、商家入驻协议、平台交易规则、信息披露与审核制度等方面。对于点击合同，其内容通常由电子商务经营者事先设定，用户的参与空间有限，只能选择全盘接受或拒绝。这种形式在一定程度上限制了用户的自主意志。因此，法律需对此进行强有力的调节和规制，以提升合同的公平性，弥补其在意志性方面的不足。一方面，法律要求点击合同的提供方履行信息披露义务，以清晰明确的方式向用户告知格式条款的具体内容，特别是涉及用户重大权利义务变动的条款，需特别呈现并确认用户充分了解且愿意接受。另一方面，当条款存在歧义或多种解释时，应倾向于对制定者不利的解释。

（2）EDI 合同，即通过 EDI 订立的合同。EDI 作为现代商务通讯的一种高级形式，依据国际标准化组织（ISO）的权威定义，它是指"在公认的标准之下，将商务或行政事务转化为结构化的事务处理或文档数据格式，进而实现计算机到计算机之间的电子传输方法"。相较于传统的纸质交易模式，EDI 的显著优势在于它摒弃了烦琐的书面贸易文件，转而采用电子资料的高效交换，极大地缩减了交易周期与成本，使商业活动得以更加迅捷地进行，实现了低成本、高效率的商业运作目标。但由于目前需要购买专业网络渠道使用和专业人员操作，费用较高，且需交易双方同时使用 EDI，一定程度上提高了使用门槛，使得中小企业望而却步。

（3）通过电子邮件方式订立的合同，则展现了另一种便捷的电子商务合同形式。电子邮件基于网络协议，允许用户从终端机发送信件、便条、文件、图片或声音等多媒体信息，并通过邮件服务器迅速传送至接收方的终端机。作为互联网上最为普及和频繁使用的应用之一，电子邮件凭借其快捷、方便、低成本的特点，在商务领域逐渐取代传统的邮寄服务。相较于 EDI 合同，通过电子邮件方式订立的合同在表达订约双方意图方面更为直观和清晰。然而，电子邮件在传输过程中也面临着被截取或篡改的风险，其安全性相对较弱。为了确保通过电子邮件方式订立的合同的真实性和有效性，电子商务交易中应当鼓励订约双方使用电子签名技术，这一举措能够显著提升邮件内容的可信度。当然，在现实生活中，也存在大量未经电子签名但双方均认可的电子邮件交易。对于这类情况，我们应尊重当事人的意愿和约定，确认其合同效力。在保障交易安全的同时，也要兼顾交易的灵活性和便捷性。

2. 按合同标的内容划分。电子商务合同可以分为网络服务合同和软件授权合同两类。

（1）网络服务合同是指网络用户为购买商品或享受服务，与提供这些服务的经营者之间通过网络平台达成的协议。其主要特点包括：面向非行业或职业目的的用户，由经营者在其业务过程中发起，并完全依托网络，尤其是互联网进行。从形式上看，网络服务合同是典型的电子商务合同，其注册过程完全电子化，构成合同缔结的核心方式。从内容上看，它属于格式合同，由服务提供商预先制定，用户通过浏览条款并点击"确认"来完成合同的缔结。

（2）软件授权合同是软件权利人与买受人之间的协议，通常采用格式合同形式。软件以塑料封套包装，明确标注未经著作权人书面同意，禁止超出授权范围的使用，拆封即视为接受此条款。软件格式合同的使用具有显著优势，它基于交易习惯减少不确定性，降低交易成本，促进双方快速达成合意，有效推动知识产权的合理利用。

3. 按合同的签订主体划分。电子商务合同具体可以分为 B2B 合同，即企业与企业之间订立的电子商务合同，涵盖各类商务交易；B2C 合同，即企业与个人之间订立的电子商务合同，连接生产与消费；C2C 合同，即个人与个人在电子商务平台上进行自由交易的合同。

二、电子商务合同的成立

电子商务合同的订立过程即合同双方当事人达成合意的一系列行为过程，其核心在于磋商。《民法典》第 471 条明确了合同订立可采用要约、承诺或其他形式。《电子商务法》第 49 条规定："电子商务经营者发布的商品或者服务信息符合要约条件的，用户选择该商品或者服务并提交订单成功，合同成立。当事人另有约定的，从其约定。电子商务经营者不得以格式条款等方式约定消费者支付价款后合同不成立；格式条款等含有该内容的，其内容无效。"电子商务合同虽以数据电文形式呈现，但其订立过程仍遵循要约与承诺的传统合同订立框架。

（一）电子商务合同的要约

1. 要约的概念与认定。要约，即要约人发出的具有明确内容，旨在订立合同，并希望受要约人接受从而产生法律拘束力的意思表示。其必须具有合同类型、标的、数量、价格等必备条款，且必须体现要约人受拘束的意思表示。一旦受要约人作出承诺，要约即产生法律约束力，合同有效成立，要约人需全面履行义务。电子商务合同的要约同样遵循民事合同的基本原则，但独特之处在于其通常通过数据电文形式呈现。

在电子商务实践中，要约邀请这一概念也颇为常见，它与要约在某些方面展现出相似性，也时常引发混淆。具体而言，电子商务合同中的要约邀请，指的是某一特定主体明确表达意愿，旨在鼓励或期待相对方主动向其发起具体要约的意思表示。从规范的视角剖析，要约与要约邀请的区别显而易见。其一，在明确性上，要约邀请往往显得较为模糊和概括，欠缺合同成立的必备要素，如合同主体、标的、价格等，因此具有显著的模糊性和不确定性，需要进一步的明确和完善。而要约的认定则要求这些要素的完整和明确，从而形成了两者之间的显著区别。其二，从拘束力的角度看，要约邀请更多地停留在自然表意行为层面，它主要向相对人传达某种信息，但并不包含使其产生法律拘束力的意图。因此，要约邀请的发出者有权在后续过程中自主撤销或变更其要约邀请。而一旦要约被发出，则会产生相应的法律拘束力，使得相对人在接收到要约后，有义务根据要约内容作出相应的承诺。实践中，电子商务交易主体众多、数量繁多，这也增加了电子商务合同成立判定的复杂性。

> **课堂讨论：**谈一谈要约与要约邀请的区别，生活中又该如何区分二者？请举例说明。

2. 要约的法律效力。电子商务合同中的要约效力应遵循《民法典》中合同编所确立的基本原则。关于要约的生效时间，从比较法的视角审视，存在两种不同的观点：一种是发出主义，即要约自发出之时即具有法律效力；另一种是到达主义，即要约的效力自到达受要约人时发生法律效力。我国《民法典》明确采用了到达主义的立场，当要约人通过数据电文形式发送的要约，成功抵达受要约人所能控制并处理的系统时，该要约即开始产生法律约束力。自此刻起，要约人将无权随意撤销或变更要约内容，否则需承担相应的法律责任。除了《民法典》中的一般性规定外，我国《电子商务法》第 49 条还对要约生效的条件和时间进行了更为详尽的阐释。一方面，当电子商务经营者发布的信息满足要约的法定要件时，用户的商品服务选择及订单提交行为即视为合同成立，除非双方另有约定。这里所指的要约要件，主要是指信息的明确性、具体性，以及表达出要约人愿意受其约束的意图。另一方面，该条款也限制了格式条款在本领域的适用性。特别是在涉及消费者交易时，消费者的支付行为即视为合同的成立，且此规定不允许通过格式条款加以改变。这一针对消费者交易的特别规定，旨在充分保障消费者的合法权益，防止经营者利用其优势地位获取不正当利益，从而确保电子商务市场的公平与公正。

3. 要约的撤回、撤销与失效。《民法典》第 475 条规定："要约可以撤回。要约的撤回适用本法第一百四十一条的规定。"《民法典》第 141 条规定："行为人可以撤回意思表示。撤回意思表示的通知应当在意思表示到达相对人前或者与意思表示同时到达相对人。"电子要约的撤回，是指在要约已经发出但并未生效时，要约人做出相反意思表示以阻止要约发生原本预设的效力。要约撤回的前提是要约尚未发生法律效力。根据到达主义立场，要约人若想撤回要约，撤回通知必须早于要约到达受要约人，这样才能产生法律效力。然而，考虑到电子商务的技术特性，要约撤回的实际应用受到很大限制。由于数据电文传递迅速，要约发出与到达之间几乎没有时间差，这几乎排除了要约撤回的可能性。不过，在特定情况下，如因系统故障导致要约延迟到达，要约人仍可根据《民法典》的相关规定撤回要约。

电子要约的撤销，则发生在要约已经到达并生效后，但在受要约人承诺之前，要约人做出意思表示使该要约无效。但对于要约的撤销我国立法还有一定限制，《民法典》第 476 条明确了两种例外情况，其中包括当要约人明确承诺期限或形式表明要约不可撤销，以及受要约人已基于合理信赖认为要约不可撤销并进行了相应准备工作时，要约人不得作出撤销要约的意思表示。至于撤销要约的通知方式。《民法典》第 477 条规定："撤销要约的意思表示以对话方式作出的，该意思表示的内容应当在受要约人作出承诺之前为受要约人所知道；撤销要约的意思表示以非对话方式作出的，应当在受要约人作出承诺之前到达受要约人。"因此，在电子商务合同订立过程中，要约是否可撤销需视具体情况具体分析。

在电子商务合同中要约的失效是指当法定事由发生时，原本具备法律效力的要约丧失其规范效力，不再对要约人形成法律上的拘束力。根据我国《民法典》合同编第 478 条的具体规定，电子商务合同中要约失效的情形主要包括以下几点：首先，当受要约人如用户明确表示拒绝接受要约时，该要约即告失效。其次，若电子商务经营者等要约人依法撤销了要约，则该要约的法律效力也随之终止。再次，如果要约中明确规定了承诺的期限，但在该期限内受要约人如用户并未表达出接受要约的意愿，那么该要约也将失效。最后，当受要约人如用户对要约中的核心内容，如合同标的、价款等，进行了修改，同样会导致原要约失效。

法条链接：

《电子商务法》第 11 条 电子商务经营者应当依法履行纳税义务，并依法享受税收优惠。

依照前条规定不需要办理市场主体登记的电子商务经营者在首次纳税义务发生后，应当依照税收征收管理法律、行政法规的规定申请办理税务登记，并如实申报纳税。

《电子商务法》第 49 条 电子商务经营者发布的商品或者服务信息符合要约条件的，用户选择该商品或者服务并提交订单成功，合同成立。当事人另有约定的，从其约定。

电子商务经营者不得以格式条款等方式约定消费者支付价款后合同不成立；格式条款等含有该内容的，其内容无效。

《民法典》第471条 当事人订立合同，可以采取要约、承诺方式或者其他方式。

《民法典》第472条 要约是希望与他人订立合同的意思表示，该意思表示应当符合下列条件：

（一）内容具体确定；

（二）表明经受要约人承诺，要约人即受该意思表示约束。

《民法典》第473条 要约邀请是希望他人向自己发出要约的表示。拍卖公告、招标公告、招股说明书、债券募集办法、基金招募说明书、商业广告和宣传、寄送的价目表等为要约邀请。

商业广告和宣传的内容符合要约条件的，构成要约。

《民法典》第476条 要约可以撤销，但是有下列情形之一的除外：

（一）要约人以确定承诺期限或者其他形式明示要约不可撤销；

（二）受要约人有理由认为要约是不可撤销的，并已经为履行合同做了合理准备工作。

《民法典》第477条 撤销要约的意思表示以对话方式作出的，该意思表示的内容应当在受要约人作出承诺之前为受要约人所知道；撤销要约的意思表示以非对话方式作出的，应当在受要约人作出承诺之前到达受要约人。

《民法典》第478条 有下列情形之一的，要约失效：

（一）要约被拒绝；

（二）要约被依法撤销；

（三）承诺期限届满，受要约人未作出承诺；

（四）受要约人对要约的内容作出实质性变更

（二）电子商务合同的承诺

1. 承诺的概念及构成要件。电子商务合同中的承诺，即受要约人作出的接受要约的意思表示。一旦承诺到达要约人，双方即达成合意，法律行为得以确立，并产生相应的权利义务关系。承诺的认定一般需满足以下条件：首先，承诺主体必须是受要约人，可亲自或通过代理人进行，未接受要约的第三方无权承诺。承诺需直接针对电子商务经营者等要约人，通过口头、书面或数据电文等方式传达，非针对要约人的承诺不产生合同效力。其次，承诺的内容需与要约一致或大体相同。若受要约人对要约内容进行实质性修改，如合同标的、数量、质量、价款、履行期限、地点、方式、违约责任等，则视为新要约而非承诺。最后，承诺须在特定期限内作出。若要约规定了承诺期限，受要约人需在此期限内作出回应；若未设定期限，则应在合理时间内作出回应，合理时间需考虑交易习惯、模式、成本等因素。超过期限的承诺，将视为新要约。

2. 承诺的法律效力。在承诺的生效规则上，不同法律体系有所差异。英美法系倾向于发出即生效，而大陆法系及我国的《民法典》则坚持到达主义，即承诺到达接收方时生效，这在电子商务领域同样适用。在电子商务中，由于多采用数据电文这种即时远程通讯方式，承诺的发出与到达几乎同步，因此两者在时间上几乎可视为一致。然而，特殊情况下如系统技术故障，可能会导致承诺发出与到达之间存在时间差。此时，依据《民法典》，我们仍需要以到达作为承诺生效的判定标准。鉴于数据电文的虚拟性和匿名性可能带来的交易安全风险，对于大额交易，实践中常采用签订确认书的方式来确保合同内容和身份的真实性。此时，承诺的生效时点不再是简单的到达，而是根据《民法典》第491条第1款的规定，当事人采用信件、数据电文等形式订立合同要求签订确认书的，签订确认书时合同成立。

《民法典》第483条明确规定："承诺生效时合同成立，但是法律另有规定或者当事人另有约定的除外。"在电子商务交易中，若一方通过网络发布的商品或服务信息满足要约要求，另一方选择该商品或服务并成功提交订单，则视为已作出承诺，电子商务合同随即成立。但需注意，此为原则性规定，法律允许当事人另行约定。重要的是，订单提交成功与立即付款并非同一概念。订单提交代表承诺的达成，而付款则是用户的付款义务，其履行方式多样。对于限时限量的商品，电子商务经营者可能设定限时取消订单的权限，但这仅属于其单方解除权，不影响合同成立的有效性。

3. 承诺的撤回。在电子商务合同中，受要约人在特定条件下有权撤回其承诺。这种撤回发生在承诺送达给电子商务经营者后、但尚未产生法律效力之前，旨在阻止承诺的生效。撤回承诺需满足两个关键条件：一是明确表示与承诺相反的意愿，旨在取消原承诺的效力；二是撤回行为必须在承诺产生效力之前完成，并且早于承诺到达要约人。在电子商务领域，由于数据电文的即时性，承诺的撤回变得较为困难，因为承诺发出与到达之间的时间差几乎不存在。然而，在罕见情况下，如因技术故障导致承诺未能即时传达给要约人，撤回承诺的规定仍具有实际意义。需要明确的是，对于承诺而言并不涉及撤销的问题。因为一旦承诺生效，合同即告成立，对双方均产生法律约束力。此时，除非出现法定或约定的解除事由，否则当事人不得随意变更或解除合同。

（三）电子商务合同成立的时间、地点

1. 合同成立的时间。在要约-承诺的缔约模式下，合同成立的关键在于承诺的到达。在电子商务合同中，通常采用数据电文的形式，故承诺到达要约人系统的时刻即为合同成立的判定点。但数据电文的到达时间并非显而易见。随着信息网络技术的普及，信息传递过程日益复杂，技术性和虚拟性使得收件人控制范围难以明确界定，给到达时间的认定带来了挑战。针对这一问题，不同法律体系提供了解决方案。《联合国国际贸易法委员会电子商务示范法》第15条允许当事人自主约定数据电文的到达时间，体现了意定优先的原则。在缺乏约定或约定不明时，该法明确了不同情况下的到达时间判断标准。我国《民法典》第137条允许当事人约定到达时间，并赋予其优先效力，与国际惯例接轨，体现了对合同自治精神的尊重。除了要约-承诺模式，电子商务合同的当事人还可能通过其他方式缔结合同，如签订确认书或实际履行主给付义务，由于双方以自己的实际行动表明合同已经成立，所以这些情况下合同的成立时间会有所提前。

2. 合同成立的地点。电子商务合同的成立地点在法律上具有重要意义，尤其在确定管辖权和法律适用方面。传统合同的成立地点即为承诺生效地，但在电子商务中，由于数据电文技术的使用，确定这一地点变得复杂。电子商务合同中的承诺生效地点具有较大的灵活性和不确定性，这与法律追求的稳定性相冲突。为解决这一问题，国际法和国内法律均有所规定。《联合国国际贸易法委员会电子商务示范法》第15条允许双方可约定数据电文的收到地点，除非该约定违反法律。若无约定，则以收件人的营业地点为准，若存在多个营业地点，则选择与基础交易最密切的地点。若收件人无营业地点，则以惯常居住地为标准。我国《民法典》第492条也采纳了类似原则，允许当事人协商确定合同成立地点，若无约定，则以收件人主营业地或经常居住地为基准。这种"意定优先、法定补充"的立法模式旨在尊重当事人的意思自治，同时确保法律的稳定性和交易的顺利进行。

> **课堂拓展**：请结合《电子签名法》的相关规定，谈一谈什么是确认收讫规则？

法条链接：

《民法典》第483条　承诺生效时合同成立，但是法律另有规定或者当事人另有约定的除外。

《民法典》第484条　以通知方式作出的承诺，生效的时间适用本法第一百三十七条的规定。

承诺不需要通知的，根据交易习惯或者要约的要求作出承诺的行为时生效。

《民法典》第485条　承诺可以撤回。承诺的撤回适用本法第一百四十一条的规定。

《民法典》第486条　受要约人超过承诺期限发出承诺，或者在承诺期限内发出承诺，按照通常情形不能及时到达要约人的，为新要约；但是，要约人及时通知受要约人该承诺有效的除外。

《民法典》第488条　承诺的内容应当与要约的内容一致。受要约人对要约的内容作出实质性变更的，为新要约。有关合同标的、数量、质量、价款或者报酬、履行期限、履行地点和方式、违约责任和解决争议方法等的变更，是对要约内容的实质性变更。

《民法典》第491条　当事人采用信件、数据电文等形式订立合同要求签订确认书的，签订确认书时合同成立。

当事人一方通过互联网等信息网络发布的商品或者服务信息符合要约条件的，对方选择该商品或者服务并提交订单成功时合同成立，但是当事人另有约定的除外。

三、电子商务合同的效力

（一）电子商务合同的生效要件

电子商务合同的成立，仅象征着各方当事人已就合同的核心条款达成了共识，形成了共同的意思表示。然而，这并不意味着合同即刻具备法律效力，并受到法律的保护。合同能否真正生效，还需经过法律的严格审视，即合同内容是否符合法定的生效要件。简而言之，电子商务合同的成立与生效是两个不同的概念。就合同的生效要件，我国《民法典》第143条明确规定："具备下列条件的民事法律行为有效：（一）行为人具有相应的民事行为能力；（二）意思表示真实；（三）不违反法律、行政法规的强制性规定，不违背公序良俗。"只有全部满足上述生效要件，合同才能具备请求力、约束力和执行力。这些规定同样适用于电子商务合同。

1. 当事人具备民事行为能力。在民事法律中，行为能力是指民事主体以自身名义独立进行法律行为，从而获取民事权益和承担民事义务的能力。在我国法律体系中，行为能力被细分为完全民事行为能力、限制民事行为能力和无民事行为能力三种情形。具体来说，年满18周岁且精神健全的成年人拥有完全民事行为能力，他们可以自主实施各类法律行为，除非法律另有规定。而对于年满8周岁的未成年人和部分不能完全辨认自己行为的精神病人，他们属于限制民事行为能力人，仅能进行与自身智力和认知水平相符的法律行为，超出部分需由法定代理人代为进行。至于8周岁以下的未成年人和完全无法辨认自身行为的精神病人，则被视为无民事行为能力人，不能独立实施法律行为。

在电子商务领域，这些行为能力分类同样适用，但网络交易的虚拟性和远程性使得对行为能力的判断变得复杂。交易双方往往难以核实对方的真实身份和精神状态，导致行为能力的确认变得困难。这种不确定性对交易安全构成威胁，影响了电子商务的健康发展。为了应对这一问题，《电子商务法》第48条第2款引入了行为能力推定规则。一般应假定交易方具备与其交易行为相匹配的行为能力，除非有证据显示其存在行为能力的欠缺。这一规则旨在维护交易安全和市场秩序，同时保护特殊群体的权益。这一规定改变了原有的举证责任分配，将行为能力的证明责任转移给主张权利不成立的一方，进一步强化了交易的便捷性和安全性。

2. 意思表示真实。传统民法坚守意思自治的基本原则，即当事人的自主意志是其权利与义务的核心依据，电子商务合同同样遵循这一原则。因此，真实的意思表示是电子商务合同生效的关键。这里的"真实"体现在两方面：其一，它必须是电子商务经营者或用户在自由意志下作出的，不受欺诈或胁迫等不法行为的影响；其二，它必须与当事人内心的真实意愿相符，避免任何误解或虚伪表示。随着信息技术的飞速发展，电子意思表示在形式、存储和归属等方面展现出独特性，与传统"书面形式"大相径庭。在电子商务中，意思表示通常以数据电文的形式呈现，行为人通过其控制的信息系统发送信息，实现交易意愿的传达。这种技术性和虚拟性使得电子商务合同中的意思表示认定面临特殊挑战。实践中，行为人使用特定电子账户和密码进行身份识别，确保交易的排他性和安全性。双方依据数据电文的内容判断对方意愿，并据此行动。因此，在评估意思表示的真实性时，必须确保交易的安全和秩序，以数据电文为基础进行判断。原则上，数据电文的内容应被推定为其控制者发布并反映其真实意思。若控制者否认此内容，则需承担举证责任，提供充分证据来影响合同的效力。此外，当数据电文内容存在明显可疑之处，与交易习惯、双方特征或交易规则不符时，接收方应谨慎核查，避免轻信，更不得据此主张权利。

3. 不违反法律法规和公序良俗原则。电子商务合同是双方合意的体现，其订立与履行必须严格遵循法律规定，确保合法性。合同内容不得与法律、行政法规的强制性规定相抵触，这包括民商法、电子商务法、市场监管法、食品药品管理法、竞争法、税法及刑法等所有相关法律领域。尤其要注意，这里的"法律"特指全国人大常委会制定的规范性法律文件，而"行政法规"则是国务院制定的规范性文件。强制性规定具有强制性和非选择性，任何违反效力性强制规定的行为都将导致合同无效。

电子商务合同还需遵循公序良俗原则，即合同内容及目的不得违背公共秩序和善良风俗。这包括维护经济竞争秩序、保护消费者权益以及遵守社会管理规定。具体而言，合同应遵守市场公平竞争准则，避免不正当竞争；尊重和保护消费者权益，缓解交易风险；同时，合同内容不得涉及国家禁止的非法活动，如毒品交易、网络赌博和淫秽色情等。公序良俗原则在电子商务领域具有重要意义，它确保了合同的道德底线和社会责任。

（二）特殊电子商务合同的效力问题

点击合同，作为一种电子商务合同形式，是指一方预先设定合同内容，由另一方通过点击确认表示同意后生效的合同。其显著特点包括：

1. 定型化。合同条款预先设定，不接受个别协商，相对方仅可选择接受或拒绝。

2. 重复性与抽象性。面向不特定多数用户，旨在重复使用，具有规范的普遍效力。

3. 互动性。合同成立需双方意愿，即电子商务经营者与用户之间的沟通与确认。

常见的用户注册协议、网络服务协议等都属于此类合同。从法律角度看，点击合同属于格式合同，应遵守相关法律规定。其一，合同中不得包含免除或加重某方责任、排除对方主要权利的内容，且不得违反法律强制性规定和公序良俗。其二，在 B2C 模式中，电子商务经营者需承担更高的告知义务，因为用户可能缺乏交易经验，应通过字体变化、解释说明等方式充分告知。而在 B2B 模式中，由于双方均为有经验的专业主体，告知义务则相对简化，但仍需确保相对方有充分了解和接触合同内容的机会，若合同条款出现重大变化，仍需及时进行说明。

四、电子商务合同的履行与违约责任

（一）电子商务合同的履行原则

合同的履行，即债务人需以全面且恰当的方式严格履行其合同项下所承担的义务，确保债权人的合同权利得以完全实现。这一过程不仅是合同法律效力的核心展现，更是合同双方订立契约时共同期望达成的终极目标。在电子商务领域，合同的履行特指电子商务经营者与用户双方，严格遵循国家法律法规以及双方自愿达成的合同条款，采取全面、及时且适当的方式，各自承担起合同赋予的责任与义务，从而推动合同目的得以实现的动态过程。综合考量我国《民法典》《电子商务法》以及法学理论界的深入研究与电子商务行业的广泛实践，本书认为电子商务合同履行所应遵循的两大核心原则：全面履行原则与协作履行原则。

1. 全面履行原则。亦称适当履行原则，是电子商务合同的核心，要求经营者与用户严格依照合同规定的时间、地点、方式及标的，全面、准确地执行合同，确保合同目标实现。此原则涵盖主给付、从给付及附随义务，强调与合同内容的高度一致性。实践中，违反该原则的常见情形有：迟延履行、不按约定地点履行、履行方式擅自调整（如线下转线上）、标的物不符（类型、数量、质量瑕疵或加害给付）。针对电子商务的特性，全面履行原则的要求因履约模式的差异而有所不同：如是实物交易需确保物品妥善交付，如为虚拟物品则需通过电子系统完成，并保障用户合理检验权。

2. 协作履行原则。作为诚实信用原则在合同执行中的具体应用，强调双方需积极回应对方合理需求，提供必要协助与便利，共促合同义务的圆满履行及权益保护。在电子商务合同中，该原则具体体现如下：债务人应主动协助债权人完成给付，及时提供必要信息，如收件地址、联系方式等，非因正当理由不得拒绝受领。遇合同履行障碍时，双方应在合理时限内通报情况，提出解决方案，减少信息不对称，防止损失加剧。此外，电子商务经营者处理个人信息时须合法合规，公开其收集、使用规则，不得违反法律与合同约定收集个人信息。同时，各方应妥善保管、谨慎使用合同履行过程中获取的个人信息，防止泄露带来的损害。在信息产品交付中，双方应确保信息系统稳定运行，避免重大故障，保障信息传输顺畅无阻。

> **课堂讨论**：结合《民法典》的规定，谈一谈电子商务合同的履行原则还有哪些？

法条链接：

《电子商务法》第48条　电子商务当事人使用自动信息系统订立或者履行合同的行为对使用该系统的当事人具有法律效力。

在电子商务中推定当事人具有相应的民事行为能力。但是，有相反证据足以推翻的除外。

《民法典》第143条　具备下列条件的民事法律行为有效：

（一）行为人具有相应的民事行为能力；

（二）意思表示真实；

（三）不违反法律、行政法规的强制性规定，不违背公序良俗。

《民法典》第509条　当事人应当按照约定全面履行自己的义务。

当事人应当遵循诚信原则，根据合同的性质、目的和交易习惯履行通知、协助、保密等义务。

当事人在履行合同过程中，应当避免浪费资源、污染环境和破坏生态。

（二）电子商务合同的履行规则

电子商务合同的履行规则涵盖产品质量、费用承担、履行时间、履行地点等方面。

1. 产品质量。首先应依据合同双方的明确约定确定产品质量标准。若合同中有特定质量标准，则直接适用。若约定不明或没有约定，则依据《民法典》合同编相关规定，优先遵循强制性国家标准；若无此标准，则依次考虑推荐性国家标准、行业标准，乃至行业普遍标准或合同目的来判定。技术中立原则确保这些规则既适用于传统交易，也无缝对接电子商务领域，要求经营者对线上、线下交易一视同仁，确保在相同条件下提供品质相同或相近的产品。

2. 费用承担。根据意思自治原则，电子商务经营者与用户可协商确定费用承担方式，包括全担、分担或各自承担。无约定或约定不明时，应诚信协商；协商不成则适用法定规则。《民法典》第 511 条第 6 项规定："当事人就有关合同内容约定不明确，依据前条规定仍不能确定的，适用下列规定：……（六）履行费用的负担不明确的，由履行义务一方负担；因债权人原因增加的履行费用，由债权人负担。"因此，商品交付或服务提供费用由电子商务经营者承担，价金支付费用由用户承担。额外费用因谁而起由谁承担，如电子商务经营者经营不善导致成本增加自担费用，用户更改地址导致费用增加则电子商务经营者可向其追偿相应费用。

3. 履行时间。关于履行时间，作为电子商务合同的关键要素，经营者与用户之间一般会明确约定。《电子商务法》第 20 条规定："电子商务经营者应当按照承诺或者与消费者约定的方式、时限向消费者交付商品或者服务，并承担商品运输中的风险和责任。但是，消费者另行选择快递物流服务提供者的除外。"若电子商务合同中未明确约定，则遵循《民法典》合同编，债务人可随时履行或请求履行，但需确保对方有足够准备时间。此期限设定灵活，还需要考虑交易习惯、地点及成本等因素。例如，快递交付实物商品时，可参考国家标准：同城快件为 3 天，异地或跨省快件为 7 天。

4. 履行地点。在确定合同履行地点时，如不违反法律法规的强制性规定，优先尊重双方意思自治。若合同中未明确约定履行地点，则依照法定规则确定履行地点。一方面，依据《民法典》合同编中的一般规则，给付货币义务，接收货币方所在地为合同履行地；若电子商务合同涉及交付不动产时，不动产所在地即合同履行地；其他义务则依义务主体所在地确定。这些传统线下合同规则同样适用于电子商务合同，作为界定双方权利义务的重要准则。另一方面，针对电子商务合同特有的无形产品交付，虽然我国立法没有明文规定，但学界一般认为产品提供者所在地或产品所在地为合同的履行地，参考《电子签名法》第 12 条关于数据电文收发地点的规定，即以营业地或经常居住地为标准，并允许双方另行约定地点以排除法定规则的适用。

> **课堂讨论**：你在某电子商务平台买了一款手机，商家承诺"48 小时内发货"，但过了 3 天还没发货，你可以要求赔偿吗？

法条链接：

《电子商务法》第 20 条　电子商务经营者应当按照承诺或者与消费者约定的方式、时限向消费者交付商品或者服务，并承担商品运输中的风险和责任。但是，消费者另行选择快递物流服务提供者的除外。

《电子签名法》第 12 条　发件人的主营业地为数据电文的发送地点，收件人的主营业地为数据电文的接收地点。没有主营业地的，其经常居住地为发送或者接收地点。

当事人对数据电文的发送地点、接收地点另有约定的，从其约定。

（三）电子商务合同的违约责任

电子商务合同的违约责任，指合同当事人未履行或未完全履行约定义务时面临的不利法律后果。违约情况主要分为三类：一是违反平台服务合同，涉及平台经营者与平台内经营者、用户间的服务协议或交易规则冲突；二是商品或服务交易违约，如发货延迟、产品质量不符、订单被随意变更或取消等；三是其他服务合同违约，涵盖快递物流、电子支付、信用评价等环节的纠纷。对于守约方而言，违约责任的追究是补偿损失、保障权益的关键机制，对整个合同体系而言，违约责任规则是解决交易障碍、应对失败合同的重要工具。我国《民法典》第577条至第587条详尽规定了合同违约责任的多种形态，包括继续履行、赔偿损失、违约金、采取补救措施等，这些同样适用于电子商务合同。特别地，针对信息产品合同，还涉及停止使用与继续使用等独特责任形式。

1. 继续履行。亦称为实际履行，法律赋予守约方可以请求违约方继续完成未履行或瑕疵履行债务的权利，必要时可诉诸人民法院申请强制执行。在电子商务交易中，一般表现为：用户拖欠款项时，商家可以向其追索；商家未发货时，用户可要求发货并转移商品所有权；服务未提供到位时，用户可请求其继续完成服务，确保合同目的实现。继续履行的优势在于直接达成合同初衷，优于金钱赔偿的抽象补偿，但实践中会受限于多种因素：法律或事实上的履行不能，如商品损毁、被第三方合法取得；高度个人化服务不宜强制履行，尊重债务人自由；履行成本过高，收益与成本显著失衡时不适用；债权人未在合理期限内主张继续履行，权利失效等。

2. 赔偿损失。赔偿损失是电子商务合同违约的重要救济方式之一。当一方未履行或履行不符合合同要求时，受损方可要求对方赔偿。我国《民法典》未设定继续履行与赔偿损失的固定顺序，除特定情况外，受损方可选择最优救济方案。赔偿须满足损害、违约行为及因果关系等构成要件，遵循完全赔偿原则与可预见性原则，即赔偿应恢复至未受损状态，且限于可预见的损害。若商家承诺赔偿高于法定标准，用户有权依承诺向其索赔。此外，电子商务合同中赔偿损失的形式多种多样，包括金钱、代金券、会员升级等。

3. 违约金。违约金一般是电子商务合同双方约定的，一方违约时应向对方支付的金钱。其特点包括：具有金钱性，仅能以金钱支付；具有约定性，需合同双方明确协商并写入条款；具有补偿性，旨在弥补非违约方损失。若违约金数额与实际损失不符，当事人可申请人民法院进行调整，以确保其合理性与预定目的得以实现。

4. 采取补救措施。旨在消除合同不完全履行的瑕疵。我国《民法典》第582条规定："……受损害方根据标的的性质以及损失的大小，可以合理选择请求对方承担修理、重作、更换、退货、减少价款或者报酬等违约责任。"对于买卖合同，根据瑕疵程度选择修理、更换或退货；重作则适用于承揽、委托等合同，要求重新提供服务；减少价款则普遍适用于各类有偿合同，确保用户权益得到合理补偿。这些措施的选择可以依据合同履行瑕疵的严重性灵活适用。

5. 停止使用与继续使用。这是信息产品合同的两大救济措施。停止使用即许可方在对方违约解除合同后关闭其信息访问权，要求删除或交还信息产品，恢复合同未订立状态，针对数据电文易复制、传播特性，保护许可人的权益。继续使用则指许可方违约时，被许可方可要求其继续履行合同，通过网络交付信息产品或开放权限，保障被许可人持续使用权益，继续使用可以归属继续履行的特殊形式，主要适用于信息产品，全面保护被许可人的权利。

（四）电子商务合同违约责任的免责事由

电子商务合同违约责任的免责事由，作为法律明文规定或合同双方合意约定的内容，是指电子商务合同违约方在特定条件下，得以免除其对违约行为所造成损害所承担的违约责任的具体情形与合理依据。法定免责事由主要包括不可抗力和债权人过错。

1. 不可抗力，指的是不能预见、不能避免、不能克服的客观状况，不可抗力免责事由能够广泛适用于各类电子商务合同，可产生减免全部或部分违约责任的法律效果。认定不可抗力需兼顾主客观标准：主观上，须超出违约方的合理注意范畴；客观上，其发生具有必然性，非人力所能控制。《民法典》第 590 条规定："当事人一方因不可抗力不能履行合同的，根据不可抗力的影响，部分或者全部免除责任，但是法律另有规定的除外。因不可抗力不能履行合同的，应当及时通知对方，以减轻可能给对方造成的损失，并应当在合理期限内提供证明。当事人迟延履行后发生不可抗力的，不免除其违约责任。"明确了不可抗力下的责任免除及通知、证明义务，但迟延履行后发生不可抗力的不免责。在电子商务合同中，不可抗力通常表现为以下几种情形：一是病毒攻击，若经营者已尽合理防毒义务仍受损，可视为不可抗力；二是网络中断，如政府命令断网或自然灾害、施工导致的通信中断；三是支付不能，如用户已扣款但因支付平台故障未达商家账户，用户可主张免责。

2. 债权人过错。《民法典》第 592 条规定："当事人都违反合同的，应当各自承担相应的责任。当事人一方违约造成对方损失，对方对损失的发生有过错的，可以减少相应的损失赔偿额。"此原则同样适用于电子商务合同，当债权人（用户）对违约后果的扩大有过错时，电子商务经营者可据此减轻责任。债权人过错与不可抗力不同，它仅能减轻而非完全免除责任，而不可抗力的法律后果更为广泛。在电子商务合同中，债权人过错常见情形有：一是拒绝受领，如用户不提供必要信息（如收货地址、联系方式），导致损失扩大，该损失应由用户自行承担；二是协助配合不当，如用户未妥善维护信息系统，影响合同正常履行，电子商务经营者可依据债权人过错条款减轻责任。

法条链接：

《民法典》第 577 条　当事人一方不履行合同义务或者履行合同义务不符合约定的，应当承担继续履行、采取补救措施或者赔偿损失等违约责任。

《民法典》第 578 条　当事人一方明确表示或者以自己的行为表明不履行合同义务的，对方可以在履行期限届满前请求其承担违约责任。

《民法典》第 582 条　履行不符合约定的，应当按照当事人的约定承担违约责任。对违约责任没有约定或者约定不明确，依据本法第五百一十条的规定仍不能确定的，受损害方根据标的的性质以及损失的大小，可以合理选择请求对方承担修理、重作、更换、退货、减少价款或者报酬等违约责任。

《民法典》第 583 条　当事人一方不履行合同义务或者履行合同义务不符合约定的，在履行义务或者采取补救措施后，对方还有其他损失的，应当赔偿损失。

《民法典》第 585 条　当事人可以约定一方违约时应当根据违约情况向对方支付一定数额的违约金，也可以约定因违约产生的损失赔偿额的计算方法。

约定的违约金低于造成的损失的，人民法院或者仲裁机构可以根据当事人的请求予以增加；约定的违约金过分高于造成的损失的，人民法院或者仲裁机构可以根据当事人的请求予以适当减少。

当事人就迟延履行约定违约金的，违约方支付违约金后，还应当履行债务。

《民法典》第 590 条　当事人一方因不可抗力不能履行合同的，根据不可抗力的影响，部分或者全部免除责任，但是法律另有规定的除外。因不可抗力不能履行合同的，应当及时通知对方，以减轻可能给对方造成的损失，并应当在合理期限内提供证明。

当事人迟延履行后发生不可抗力的，不免除其违约责任。

任务3 网络市场秩序维护

◇ 案例 4-2

利用虚假刷单服务不正当竞争纠纷案[1]

深圳某计算机系统有限公司和某科技（深圳）有限公司（以下简称二公司）是中国最大的互联网综合服务提供商之一，也是中国服务用户最多的互联网企业之一。二公司旗下的产品包括某某空间、某某游戏、某某快报、某某视频、某信、某某微视，覆盖 PC 端、移动端、电视端等，在全球范围内具有极强的影响力，已成为用户社交和通信的必备工具。二公司调查发现某重庆网络科技公司，谭某系某重庆网络科技公司执行董事兼总经理，是该公司的唯一股东。自 2017 年 12 月至 2019 年 7 月某重庆网络科技公司分别开设了企鹅代商网、金招代刷网、搜篆客、金招代刷网、全媒体代刷网、企鹅代商网六个网站。通过其网站以高价接受客户委托刷量订单，低价将订单转让或转托他人网络营销平台，并借助和利用网络营销平台技术手段，针对二公司网站的产品和服务，虚假提高内容信息的点击量、浏览量、阅读量，并予以宣传，获取委托刷量订单与转托刷量之间的差价，其利润率最高可达 153%。某重庆网络科技公司为招揽客户，获取订单，扩大流量，还在其网站上宣传、教授客户如何利用域名建立二级网站，如何代理刷量，利用刷量赚钱等刷量技巧和方法，回答有关刷量疑难问题。刷量、刷单对象不仅包括二公司旗下产品，还有与其相竞争的其他互联网公司旗下产品，诸如某某头条、某音等。有偿刷单、刷量行为，人为虚假提高网络视频、文章的阅读量、点击量和用户粉丝数量，误导消费者，严重侵害了消费者合法权益，误导了对产品和特定用户的判断和决策，扰乱了市场竞争秩序，破坏了互联网正当的竞争关系。据此，二公司诉至人民法院请求立即停止刷单行为，并赔偿经济损失 500 万元。

请分析：

1. 本案中，某重庆网络科技公司的行为是否构成对二公司的不正当竞争？

2. 上述行为具有哪些特征？

在生产经营活动中，任何违反《反不正当竞争法》之举，均被视为对市场竞争秩序的严重扰乱，同时侵害了其他经营者及广大消费者的合法权益，此类行为被明确界定为不正当竞争行为。而当这一不良现象延伸至互联网这一虚拟空间时，那些违背诚信商业准则，蓄意侵害竞争对手与消费者利益，进而破坏网络空间内公正、健康经营生态的行为，则构成了互联网环境下的不正当竞争行为，其影响更为深远且复杂。

一、互联网不正当竞争

（一）互联网不正当竞争的概念和特征

互联网不正当竞争是指在网络环境下，经营者违反《反不正当竞争法》的规定，采用不正当手段损害其他经营者的合法权益，扰乱市场竞争秩序的行为。这种互联网不正当竞争行为在

---

[1]《深圳某计算机系统有限公司、某科技（深圳）有限公司诉某重庆网络科技有限公司、谭某网络不正当竞争纠纷案》，载 https://www.pkulaw.com/pfnl/08df102e7c10f206b3368b8cf4b18ee264acfce1050d072ebdfb. html? keyword = %EF%BC%882019%EF%BC%89%E6%B8%9D05%E6%B0%91%E5%88%9D3618%E5%8F%B7&way = listView#anchor-documentno，最后访问日期：2025 年 7 月 20 日。

网络环境中可能表现出更为复杂和隐蔽的形式。

互联网不正当竞争的特征可以概括为以下五点：

1. 主体特定性。互联网不正当竞争的实施者主要是经营者，即从事商品经营或营利性服务的法人、其他经济组织及个人。虽然非经营者在某些情况下也可能妨碍经营者的正当经营活动，但他们的行为通常被视为间接影响，而非直接的互联网不正当竞争行为。

2. 竞争性。互联网不正当竞争的核心在于经营者之间的市场竞争。经营者为了获得更大的经济利益或市场份额，可能采取各种手段试图超越竞争对手或保持自己的优势地位。这种竞争必须发生在具有竞争利害关系的经营者之间，即生产或经营同类商品或提供同类服务的企业之间。

3. 违法性。互联网不正当竞争违反了国家的相关法律法规，如《反不正当竞争法》等。这些法律旨在维护市场竞争的公平性和秩序，防止经营者通过不正当手段损害其他经营者的合法权益。不正当竞争可能包括虚假宣传、商业贿赂、侵犯商业秘密等多种形式。

4. 互联网不正当竞争的侵害对象。互联网不正当竞争，犹如市场生态中的毒瘤，其首要受害者是其他遵循公平原则的经营者，它们的合法权益及正当竞争权利受到严重侵害。更为深远的是，这类行为破坏了统一开放、公平竞争的市场经济秩序，阻碍了技术进步与生产力的发展，甚至对消费者利益及国家利益构成威胁。其破坏性不仅限于经济层面，还延伸至社会道德与法律秩序的维护。

5. 复杂性与多样性。在商业环境中，不正当竞争手段层出不穷，既有直接的商业贿赂、虚假宣传等显性手段，也有更为隐蔽的混淆视听、误导消费者的策略。部分经营者更是通过精心设计的手段，试图模糊正当与不正当竞争的界限，以逃避法律制裁。随着电子商务的兴起，这一领域同样面临不正当竞争的挑战，其表现形式虽有所变化，但本质特征依旧鲜明。这也要求立法与监管机制不断适应新环境，维护市场公平竞争。

（二）互联网不正当竞争的类型

1. 混淆行为。混淆行为在市场经济的大潮中屡见不鲜，尤其在网络这片无根的疆域里，其运作空间因电子媒介的普及与网络的易复制、易模仿等特性而显著扩张。侵权者巧妙利用这一环境，无偿借势其他经营者的市场威望与影响力，通过混淆行为增强自身竞争力，攫取不当利益，同时给被混淆的企业带来沉重的经济损失。

在网络生态中，混淆行为的表现形式尤为多样且隐蔽，典型如擅自挪用他人具有显著影响力的域名核心部分、网站标识、网页设计等，以实施不正当竞争行为。例如，在图像链接的巧妙布局中，设链者往往采用他人标志性的文字或图形商标作为链接视觉焦点，以增强其吸引力与辨识度；再如，利用视框链接技术中的"加框"策略，将他人商标及图案嵌入自身框架内，不仅模糊了界限，还无形中扩大了自身网站的影响力与服务辨识度，导致"商标淡化"现象频发，即驰名商标的独特识别力与显著性被逐渐削弱，甚至引发公众混淆与误解。此外，域名抢注作为另一大混淆策略，其手法同样狡黠。侵权者将他人的商标、企业名称、知名国际组织标识、网站名称乃至名人姓名等作为域名注册，随后或以高价转售给原权利人获利，或利用这些知名元素的良好商誉，诱导消费者误访，从而达到混淆视听、误导消费、获取不正当商业利益的目的。这些现象深刻揭示了网络环境下混淆行为对企业品牌与消费者权益的潜在威胁。

2. 侵犯商业秘密。商业秘密，作为一类高度敏感且蕴含重大商业价值的信息，其范畴广泛涵盖了技术诀窍、经营策略等不为公众普遍知晓的内容，且这些信息的持有者已采取了严密的保密措施以确保其专属性。在当今全球化背景下，商业秘密的法律保护已成为国际社会的突出问题，然而，随着互联网技术的飞速发展，商业秘密的保护也面临着前所未有的挑战。网络空间的广阔无垠与高度互联性，使得商业秘密一旦遭遇泄露或非法获取，其后果往往更为严峻，波及范围也更难以控制。例如，滥用网络管理权限窃取、泄露或使用企业与个人的宝贵商业机密；或是员工在电子邮件往来中的疏忽或恶意行为，也可能不经意间将企业核心的商业秘密置于风险之中；此外，利用 FTP 文件传输、BBS 电子公告板及远程登录等多种网络工具，同样为商业秘密的非法获取与传播提供了便利途径。尤为值得注意的是，计算机网络犯罪活动的猖獗，如黑客入侵、系统破坏等恶意行为，更是对商业秘密构成了直接而严重的威胁。这些行为不仅侵犯了企业的合法权益，破坏了市场竞争的公平秩序，还对社会经济的稳定与发展构成了潜在危害。因此，加强商业秘密在网络环境下的法律保护，已成为亟待解决的重要课题。

3. 虚假宣传与虚假交易。虚假宣传是指经营者通过广告媒介及多种宣传手段，对商品或服务的品质、效能、成分构成、应用范畴、生产地等关键信息，进行夸大、歪曲或误导性的不实陈述，旨在诱导公众产生误解。在当今社会，广告及其他形式的营销已成为商品流通中不可或缺的促销策略，极大地促进了市场活力。然而，利用互联网广告等手段进行虚假宣传行为涉及商标、标志假冒、不实广告、比较广告、虚假宣传而导致的国内外网络不正当竞争行为却愈演愈烈。首先，此类行为可能炮制出耸人听闻的噱头，侵蚀社会主义精神文明的土壤，污染公众视听环境；其次，它直接侵害了消费者的知情权与选择权，诱导其基于错误信息做出消费决策，不仅损害个人经济利益，还可能引发连锁性的社会问题；最后，虚假宣传还常常构成对其他经营者，尤其是同行业竞争对手的不正当竞争，侵犯其合法权益，严重扰乱了市场的公平竞争秩序，破坏了健康的市场生态。

所谓虚假交易，即网络商家采取虚构交易之手段，刻意营造虚假繁荣，以提升店铺信誉，进而吸引广大消费者目光，诱导其进行消费的行为。虚假交易不仅会误导消费者的选择，侵犯消费者的知情权，还会加剧不诚信商家的不良竞争，严重冲击平台内部诚信经营氛围与信用体系。"刷单"作为虚假交易的一种典型形式，其本质在于利用多种策略与技巧，人为操纵信用评价。在电子商务生态中，商品销量往往是决定其曝光度与流量的关键因素，更高的销量排名往往能带来更为显著的曝光与转化。因此，"刷单"便成了众多网店寻求快速提升业绩的"捷径"。淘宝、天猫等电子商务平台精心构建的评价体系，是其核心竞争力的重要体现。然而，"刷单"活动不仅严重误导了消费者的购物决策，导致市场出现不良竞争现象，更对平台的数据纯净度构成了直接威胁，侵蚀了阿里巴巴等企业的品牌形象与市场竞争力，构成不正当竞争行为。鉴于此，《广告法》与《反不正当竞争法》均将虚假宣传、虚假交易明确列为严厉打击的违法行为，通过法律手段予以规范与制裁，以维护市场诚信体系，保护消费者与合法经营者的权益。

4. 不正当有奖销售。不正当有奖销售是指经营者在商品销售或服务提供过程中，借由设置奖励（涵盖金钱、实物奖品及附加服务等）之名，实则采用欺诈手段或其他不正当方式，直接或间接地侵害用户、消费者的合法权益，抑或是对其他合法经营者的权益造成损害的行为。作为一种营销策略，有奖销售确实具备提升销量、增强顾客黏性的显著效果，其形式主要分为两类：一类是面向全体购买者的附赠式有奖销售，旨在通过赠品回馈每一位顾客；另一类则是针对部分幸运购买者的抽奖式有奖销售，通过抽奖机制激发消费者的参与热情。值得注意的是，法律对于有奖销售行为并非一概而论地禁止，而是聚焦于那些可能引发市场混乱、破坏公平竞争原则、造成不良社会影响的有奖销售行为加以禁止。为此，《反不正当竞争法》第 11 条明确界定了四类应受禁止的有奖销售行为："经营者进行有奖销售不得存在下列情形：（一）所设奖的种类、兑奖条件、奖金金额或者奖品等有奖销售信息不明确，影响兑奖；（二）有奖销售活动开始后，无正当理由变更所设奖的种类、兑奖条件、奖金金额或者奖品等有奖销售信息；（三）采用谎称有奖或者故意让内定人员中奖等欺骗方式进行有奖销售；（四）抽奖式的有奖销售，最高奖的金额超过 5 万元。"

在当前的互联网生态中，部分门户网站与电子商务交易平台，通过夸大奖励价值、设置不透明的抽奖机制或附加难以达成的条件等手段，诱使消费者参与，实则损害了消费者的合法权益，破坏了市场的公平竞争秩序。因此，确保有奖销售活动的合法性、合规性，维护消费者的知情权与参与权，是构建健康网络市场环境的必要之举。

5. 诋毁商誉行为。诋毁商誉行为，作为一种不正当竞争手段，是指市场经营者蓄意编造并广泛散布不实信息，旨在贬损其竞争对手的商业信誉与商品社会评价，进而削弱对方的市场竞争力与地位。此行为的主体明确指向参与市场经营活动的各类经营者，若存在其他经营者受唆使而实施此类行为，则此类参与者同样可被认定为共同侵权人，需承担相应的法律责任。在当下信息爆炸、网络传播速度空前迅捷且覆盖领域极为广泛的环境下，企业的商誉权益愈发凸显其重要性。诋毁商誉行为，不仅给受害企业带来深重的负面影响，严重侵害其合法权益，更在无形中扰乱了社会经济秩序，破坏了公平、健康的市场竞争环境，阻碍了社会经济的良性发展。为此《反不正当竞争法》第 12 条对此类行为作出了明确的法律规制："经营者不得编造、传播或者指使他人编造、传播虚假信息或者误导性信息，损害其他经营者的商业信誉、商品声誉。"

6. 利用网络技术措施实施不正当竞争。随着网络技术的发展，一些商家开始利用网络技术手段来实施不正当竞争行为。例如，利用深度链接方式绕过他人网站发布广告的页面，直接进入次一级页面访问。这种行为不仅损害了被链网站的经济利益和竞争能力，还破坏了网络空间的正常秩序。

7. 域名纠纷。域名是企业在网络空间中的身份标识。一些不法分子会将他人的商标、厂商名称、国际组织名称、网站名称等注册为自己的域名，再高价出售或利用他人知名商标、名称的良好商誉进行混淆、引诱、误导消费者访问。这种行为不仅侵犯了他人的合法权益，还破坏了网络空间的公平竞争环境，让消费者在访问网站时产生困惑和误解。

8. 其他妨碍、破坏网络产品或服务正常运行的行为。除了上述行为外，还有一些其他行为也会妨碍、破坏网络产品或服务的正常运行。例如，恶意攻击他人网站、传播恶意软件、进行网络钓鱼等。未经其他经营者同意，在其合法提供的网络产品或者服务中，插入链接、强制进行目标跳转；或通过误导、欺骗、强迫用户修改、关闭、卸载其他经营者合法提供的网络产品或者服务；或者恶意对其他经营者合法提供的网络产品或者服务实施不兼容。这些行为不仅损害了消费者的合法权益，还破坏了网络空间的正常秩序和安全性。

课堂讨论： 谈一谈在实践中，你见过哪些互联网不正当竞争行为？

二、信用评价的法律规制

信用评价，作为网络交易领域不可或缺的信用信息传播媒介，深刻影响着交易双方的互动与信任构建。每当一笔交易圆满落幕时，买方可基于产品质量、卖家服务态度及发货效率等多个维度，留下细致入微的评价；而卖方亦能对买方的交易行为作出反馈，这些双向评价共同织就了双方详尽的信用画像。这些累积的信用记录，经过精密算法处理，转化为直观的信用评分与等级，为后续的交易伙伴提供了宝贵的参考依据，助力他们在决策过程中做出更为明智的选择。

在蓬勃发展的电子商务领域，真实买家的每一份基于亲身体验的信用评价，都是宝贵的信息资产。它们不仅让潜在买家能够明辨优劣，有效降低交易不确定性，缩减交易成本；同时，这些评价也如同一股无形的鞭策，激励着卖家不断优化产品质量，提升服务标准，从而在激烈的市场竞争中脱颖而出，推动整个电子商务市场向更加健康、有序的方向发展。正当的信用评价，是买家作为消费者言论自由、正当投诉与监督权利的具体体现，但这一权利的行使亦需平衡考量，不可凌驾于卖家商誉保护及正当竞争权益之上。买家在行使这些权利时，应当严格遵循法律法规的框架，确保评价内容真实客观，不可逾越公共利益的边界，不得侵犯他人的合法权益。唯有如此，才能确保信用评价体系的公正性与有效性，避免恶意诋毁或夸大其词的行为泛滥。因此，正当的信用评价应秉持"适度原则"，即依据个人真实的购物经历，给予诚实、中肯的评价。超越这一界限，无论是出于恶意的诽谤以损害他人商誉，还是虚构好评以自我吹嘘，均是对信用评价机制的滥用，不仅违背了诚信交易的基本原则，也扰乱了市场秩序，应予以坚决抵制。

我国《电子商务法》第39条明确规定："电子商务平台经营者应当建立健全信用评价制度，公示信用评价规则，为消费者提供对平台内销售的商品或者提供的服务进行评价的途径。电子商务平台经营者不得删除消费者对其平台内销售的商品或者提供的服务的评价。"赋予消费者评价权利的初衷，旨在破解信息不对称的难题，为消费者在琳琅满目的商品中提供决策指南，同时为卖家提供宝贵的经营改进借鉴。为实现这一目标，消费者的评价应当根植于真实的消费动因，紧密关联所购商品或服务的实际体验，并确保其内容的合法性，严格遵循法律的基本框架。简而言之，"评价"一词在此语境下，被定义为买方基于真实的消费意愿，针对所购买的商品或服务所做出的、符合法律规范的真实反馈与心得分享。这样的评价机制，才能促进市场的透明化，推动买卖双方的共同进步。

> **课堂讨论：** 谈一谈，实践中你是否经历过"买好评""删差评"，日常生活中我们该如何保护电子商务领域的信用评价制度？

法条链接：

《反不正当竞争法》第7条　经营者不得实施下列混淆行为，引人误认为是他人商品或者与他人存在特定联系：

（一）擅自使用与他人有一定影响的商品名称、包装、装潢等相同或者近似的标识；

（二）擅自使用他人有一定影响的名称（包括简称、字号等）、姓名（包括笔名、艺名、网名、译名等）；

（三）擅自使用他人有一定影响的域名主体部分、网站名称、网页、新媒体账号名称、应用程序名称或者图标等；

（四）其他足以引人误认为是他人商品或者与他人存在特定联系的混淆行为。

擅自将他人注册商标、未注册的驰名商标作为企业名称中的字号使用，或者将他人商品名称、企业名称（包括简称、字号等）、注册商标、未注册的驰名商标等设置为搜索关键词，引人误认为是他人商品或者与他人存在特定联系的，属于前款规定的混淆行为。

经营者不得帮助他人实施混淆行为。

《反不正当竞争法》第9条　经营者不得对其商品的性能、功能、质量、销售状况、用户评价、曾获荣誉等作虚假或者引人误解的商业宣传，欺骗、误导消费者和其他经营者。

经营者不得通过组织虚假交易、虚假评价等方式，帮助其他经营者进行虚假或者引人误解的商业宣传。

《反不正当竞争法》第 10 条　经营者不得实施下列侵犯商业秘密的行为：

（一）以盗窃、贿赂、欺诈、胁迫、电子侵入或者其他不正当手段获取权利人的商业秘密；

（二）披露、使用或者允许他人使用以前项手段获取的权利人的商业秘密；

（三）违反保密义务或者违反权利人有关保守商业秘密的要求，披露、使用或者允许他人使用其所掌握的商业秘密；

（四）教唆、引诱、帮助他人违反保密义务或者违反权利人有关保守商业秘密的要求，获取、披露、使用或者允许他人使用权利人的商业秘密。

经营者以外的其他自然人、法人和非法人组织实施前款所列违法行为的，视为侵犯商业秘密。

第三人明知或者应知商业秘密权利人的员工、前员工或者其他单位、个人实施本条第一款所列违法行为，仍获取、披露、使用或者允许他人使用该商业秘密的，视为侵犯商业秘密。

本法所称的商业秘密，是指不为公众所知悉、具有商业价值并经权利人采取相应保密措施的技术信息、经营信息等商业信息。

《反不正当竞争法》第 12 条　经营者不得编造、传播或者指使他人编造、传播虚假信息或者误导性信息，损害其他经营者的商业信誉、商品声誉。

《反不正当竞争法》第 13 条　经营者利用网络从事生产经营活动，应当遵守本法的各项规定。

经营者不得利用数据和算法、技术、平台规则等，通过影响用户选择或者其他方式，实施下列妨碍、破坏其他经营者合法提供的网络产品或者服务正常运行的行为：

（一）未经其他经营者同意，在其合法提供的网络产品或者服务中，插入链接、强制进行目标跳转；

（二）误导、欺骗、强迫用户修改、关闭、卸载其他经营者合法提供的网络产品或者服务；

（三）恶意对其他经营者合法提供的网络产品或者服务实施不兼容；

（四）其他妨碍、破坏其他经营者合法提供的网络产品或者服务正常运行的行为。

经营者不得以欺诈、胁迫、避开或者破坏技术管理措施等不正当方式，获取、使用其他经营者合法持有的数据，损害其他经营者的合法权益，扰乱市场竞争秩序。

经营者不得滥用平台规则，直接或者指使他人对其他经营者实施虚假交易、虚假评价或者恶意退货等行为，损害其他经营者的合法权益，扰乱市场竞争秩序。

《反不正当竞争法》第 28 条　经营者违反本法第十二条规定损害其他经营者商业信誉、商品声誉的，由监督检查部门责令停止违法行为、消除影响，处十万元以上一百万元以下的罚款；情节严重的，处一百万元以上五百万元以下的罚款。

《电子商务法》第 39 条　电子商务平台经营者应当建立健全信用评价制度，公示信用评价规则，为消费者提供对平台内销售的商品或者提供的服务进行评价的途径。

电子商务平台经营者不得删除消费者对其平台内销售的商品或者提供的服务的评价。

任务4　网络广告的法律规制

◇ 案例 4-3

利用朋友圈发布虚假广告[1]

2018 年 6 月至 12 月，姜某某等人通过微信朋友圈发布"富迪小分子肽"产品广告，宣称该产品可以治疗癌症、痛风、前列腺炎等多种疾病。该产品实为普通食品，不具有任何治疗疾病功能。2018 年 12 月 17 日，海口市市场监督管理局对姜某某等人进行立案调查，并于 2019 年 7 月 17 日作出行政处罚决定，依据《广告法》第 58 条第 1 款第 2 项，对姜某某等人分别罚款 10 万元、15 万元。姜某某等人不服，向海口市人民政府申请行政复议。2019 年 11 月 12 日，海口市人民政府作出复议决定，维持上述处罚决定。姜某某等人仍不服，诉至人民法院，请求撤销涉案处罚决定及复议决定。

请分析：

本案中，姜某某等人通过自己微信朋友圈发布产品信息，并未实际支出广告费的行为是否构成发布虚假广告？

一、网络广告的概念和特征

（一）网络广告的概念

广告，作为商品经营者与服务提供者支付费用，借由多元化媒介与创意形式，直接或间接推介其商品与服务的商业信息传播手段，其本质是一种价值交换的信息传递方式。广告的演进与媒体技术的飞跃紧密相连，昔日，广告主要依靠如电视、报刊以及户外招牌等，通过付费策略巧妙利用这些媒介，将广告主的意图精准送达至公众视野。这一过程，虽媒介形态各异，却无损广告作为信息传播核心价值的本质。然而，时代在发展，科技浪潮翻涌不息，互联网的横空出世，为广告业开辟了一片全新的蓝海。网络广告，作为这一时代背景下应运而生的广告新形态，不仅丰富了广告的传播渠道，更以其独特的魅力重塑了广告行业的面貌。

网络广告，虽然在《广告法》出台之后产生，但仍然属于《广告法》的调整范畴，受到《广告法》的规制。网络广告以数字代码为基石，融合前沿的计算机网络技术与多媒体艺术的精髓，精心编织而成。通过网络这一舞台，网络广告实现了跨越时空的发布与传播，让广告信息以更加生动的方式触达每一位潜在消费者，同时引领广告行业步入了一个更加智能、高效的全新时代。

（二）网络广告的特征

相较于传统的平面广告、电子媒体广告等经典形式，网络广告凭借其独特的魅力与优势，在广告领域中独树一帜。它不仅打破了地域与时间的限制，实现了广告信息的即时、精准传播，还凭借丰富的创意形式、高度的互动性以及强大的数据分析能力，深刻影响着消费者的认知与购买决策。这些显著特征，不仅赋予了网络广告前所未有的市场竞争力，更为广告行业带来了前所未有的变革与机遇。

1. 卓越的表现性。网络广告巧妙地融合数字技术，以动态或静态的图形、图标、文字、动

---

[1]《姜某某等人诉海口市市场监督管理局、海口市人民政府行政处罚及行政复议案》，载 https://www.pkulaw.com/pfnl/08df102e7c10f206bb18650690bddf8e0efc4c90cf6ea30dbdfb.html? keyword =% EF% BC% 882020% EF% BC% 89E7% 90% BC01%E8%A1%8C%E7%BB%88283&way=listView#anchor-documentno，最后访问日期：2025 年 7 月 20 日。

画及多媒体等多元数字元素，在网页上编织出一幅幅引人入胜的视觉盛宴，为网页浏览者带来强烈的感官冲击与独特的审美体验。

2. 可链接性。依托于超文本链接技术，网络广告赋予了用户前所未有的交互体验。只需轻轻一点，即可穿越至广告背后的广阔世界——主页乃至相关网页，这种即时链接的能力，是传统广告形式所无法企及的。

3. 强制性。网络广告在追求高效触达的同时，也面临着"强制性"的争议。许多广告未经收件人许可，便可能悄然入驻电子邮箱或网站界面，这种无差别的推送方式，虽提升了曝光率，却也容易引发浏览者的反感与抵触。

4. 可精准统计性。要评估广告效果，主要依托受众数据。相较于传统广告模糊的受众统计，网络广告通过互联网技术，能够精确追踪广告信息的接收与反馈情况，包括受众的点击、浏览深度乃至后续行为，为广告主和媒体提供了宝贵的市场洞察，助力精准营销，优化传播策略。

5. 覆盖广泛性。网络广告打破了地域与时间的桎梏，只要有网络连接，全球范围内的受众皆可轻松触及。这不仅超越了户外广告的地域限制，也超越了电视广告的时段束缚，让广告传播更加自由、灵活，实现了全天候、全球化的覆盖。

6. 深度互动的参与感。在网络广告的世界里，受众不再是信息的被动接受者，而是积极的探索者与参与者。他们可以主动询问广告详情，与广告主进行实时互动，这种双向交流不仅加深了受众对广告内容的理解，也增强了广告的说服力与影响力，提升了广告的整体效果。

7. 精准定向的投放策略。作为网络广告的核心优势之一，定向性让广告投放变得更加精准高效。通过数据分析与算法优化，网络广告能够精准识别并触达目标受众群体，实现从大众传播到个体沟通的跨越，极大地提升了广告信息的有效到达率与转化率，为企业营销带来了前所未有的机遇与挑战。

二、电子商务中网络广告的法律治理

（一）网络广告中常见的法律问题

近年来，互联网以惊人的速度蓬勃发展，然而，伴随着其繁荣而来的，是网络广告领域在实践中逐渐凸显的一系列复杂问题，其中不乏对社会造成深远负面影响的案例。这些问题主要聚焦于以下几个方面：

1. 关于主体身份的界定。在传统广告领域，广告活动的主体主要是广告主、广告经营者与广告发布者，其角色定位清晰，界限分明，这一架构在《广告法》第2条中得到了明确阐述："本法所称广告主，是指为推销商品或者服务，自行或者委托他人设计、制作、发布广告的自然人、法人或者其他组织。本法所称广告经营者，是指接受委托提供广告设计、制作、代理服务的自然人、法人或者其他组织。本法所称广告发布者，是指为广告主或者广告主委托的广告经营者发布广告的自然人、法人或者其他组织。"然而，随着网络广告的兴起，这一传统界限遭遇了前所未有的挑战。网络技术的普及与便捷性，使得广告的制作、经营与发布门槛大幅降低，任何拥有网络使用权的主体，几乎都能轻松实现广告的自主创作与发布。这一变化尤为显著地体现在企业自我宣传的场景中，当企业在其官方网站或社交媒体平台上自主设计、制作并发布广告时，其身份便自然而然地融合了广告主、广告经营者与广告发布者的多重角色。此现象不仅颠覆了传统广告行业对于主体身份的严格划分与监管模式，如设立条件、许可审批流程及信息发布标准等，还潜在地加剧了网络广告环境的复杂性，同时也为不法分子提供了可乘之机。例如，利用身份界定的模糊地带进行广告欺诈、传播非法内容等违法活动，从而威胁到网络广告市场的健康发展与消费者的合法权益。因此，如何在新时代背景下，重新审视并有效界定网络广告主体的法律身份，成为了一个亟待解决的重要问题。

2. 网络广告骚扰。在浩瀚的信息海洋中，用户在自由探索所需内容时，频繁且不合时宜弹出的网络广告如同不速之客，对用户的浏览体验构成了严重骚扰。更为严重的是，这些广告往往成为网络病毒的温床，潜藏着巨大的安全隐患，威胁着用户的网络安全与数据保护。当前，网络广告骚扰的主要表现形式包括泛滥成灾的垃圾电子邮件广告和无处不在的插播式广告。电子邮件，这一便捷的通讯工具，因其发送成本低廉，不幸成为部分不法广告商利用群发垃圾邮件牟利的重灾区。用户的邮箱因此被海量无用信息充斥，不仅妨碍了重要邮件的接收，还可能导致信息误判、错失商机等连锁反应，用户不得不耗费宝贵时间进行筛选与清理，工作与生活效率大打折扣。尤为令人反感的是，部分广告主为了追求广告的高曝光率，不惜采用强制性技术手段，剥夺用户自主选择权，形成了所谓的"强迫式广告"。这类广告包括但不限：访问网页时突然弹出的广告窗口、遮挡视线的插播广告、以及顽固地占据页面角落、自动播放的动画与视频广告。它们不仅打断了用户的正常浏览节奏，甚至通过技术手段迫使用户不得不观看其广告内容，极大地损害了网络生态的和谐与用户的合法权益。

3. 虚假广告。虚假广告，其核心在于广告内容不真实或极具误导性。虚假广告的表现形式多样，一是直接夸大其词，广告所描绘的商品或服务品质远超其实际水准；二是巧妙设局，利用模糊或双关的语言诱导受众产生错误联想，进而影响其消费决策，这类广告如同迷雾，掩盖了商品的真实面貌。长期以来，虚假广告如同市场经济中的毒瘤，不仅深刻侵蚀了消费者对广告的信任基石，更严重扰乱了公平竞争的市场秩序，阻碍了健康市场环境的构建。《广告法》第3条明确了广告的真实性与合法性原则："广告应当真实、合法，以健康的表现形式表达广告内容，符合社会主义精神文明建设和弘扬中华民族优秀传统文化的要求。"而第4条更是直指虚假广告的要害："广告不得含有虚假或者引人误解的内容，不得欺骗、误导消费者。广告主应当对广告内容的真实性负责。"然而，在网络这片虚拟而又广阔的天地里，虚假广告却似乎找到了避风港。由于网络环境的复杂性与匿名性，加之当前审查监管机制的不完善，虚假广告在网络上肆意蔓延，成为一大公害。当消费者满怀期待地点击广告链接，试图深入了解产品详情时，却往往发现商家的真实意图与广告所传的信息大相径庭，此时，那些精心编织的广告语就涉嫌虚假广告。因此，加强网络广告的审查与监管，严厉打击虚假广告行为，已成为维护市场秩序、保护消费者权益的当务之急。

4. 网络广告对个人信息安全的侵犯。个人信息，作为界定个体身份与特性的私密数据，依法受到保护。未经授权任何人不得非法侵犯、滥用或公开。然而，在互联网中，个人信息安全的防线正遭受前所未有的冲击。为了精准锁定潜在客户群体，实现广告效益的最大化，广告主与广告媒体之间形成了紧密的合作关系，共同编织着一张以个人信息为基石的精准营销网络。在这一过程中，个人信息成为了竞相争夺的宝贵资源，其安全性也因此陷入了重重危机。技术漏洞与人为疏忽的交织，让个人信息的安全防护变得愈发脆弱。尤为令人担忧的是，一些网站在用户毫不知情的情况下，悄然记录着他们的浏览轨迹与搜索历史，这种不合理的信息收集行为，无异于在用户私人领域内肆意践踏。更有甚者，将这些敏感信息作为商品进行交易，出售给广告业务经营者，以实现广告的精准推送。这一系列操作，不仅严重违背了用户的信息自主权，更是对个人隐私权的公然侵犯。面对这一严峻形势，我国《电子商务法》第18条第1款明确规定："电子商务经营者根据消费者的兴趣爱好、消费习惯等特征向其提供商品或者服务的搜索结果的，应当同时向该消费者提供不针对其个人特征的选项，尊重和平等保护消费者合法权益。"同时，对于发送广告的行为，也要求严格遵守《广告法》的相关规定，为网络广告行业树立明确的法律底线。

（二）网络广告的法律规制

1. 电子商务中的广告内容。广告的核心使命在于向广大社会公众精准传递商品信息，而互联网的迅猛发展无疑使得广告的社会影响力空前增强，覆盖领域也愈发广泛。鉴于此，相关行政主管部门肩负起更为重大的责任，必须对广告内容的真实性、合法性及适当性实施严苛而全面的监管。《广告法》第3条明确指出了广告活动应遵循的基本原则："广告应当真实、合法，以健康的表现形式表达广告内容，符合社会主义精神文明建设和弘扬中华民族优秀传统文化的要求。"

第一，广告必须严格规避任何违法违规内容的出现，包括但不限于：直接或间接使用国旗、国歌、国徽等国家象征及军旗、军歌、军徽等军事元素；不得假借国家机关及其工作人员的名义或形象进行宣传；严禁使用"国家级""最高级""最佳"等绝对化用语；同时，必须维护国家尊严与利益，严守国家秘密，不得扰乱社会秩序，损害公共利益或人身、财产安全，侵犯个人隐私，更不可违背社会公序良俗，涉及淫秽、色情、赌博、迷信、恐怖、暴力等不良内容；此外，广告还应尊重各民族、种族、宗教及性别平等，不得含有歧视性内容；对于环境、自然资源及文化遗产的保护亦需秉持谨慎态度，严格遵守法律法规设定的其他禁止性规定。

第二，广告信息必须真实准确。凡广告内容涉及需行政许可的事项，必须确保与行政许可内容完全吻合。引用数据、统计资料、调查结果等佐证材料时，必须确保其真实无误，并清晰标注来源；若此类材料存在适用范围及有效期限，亦需明确标注。对于涉及专利产品或方法的广告，必须清晰标注专利号及专利种类，严禁利用未获授权的专利申请或已失效的专利进行广告宣传。

第三，广告的传播方式要适当。广告需具备明确的可识别性，以便消费者轻松区分其与普通信息。大众传媒在发布广告时，不得以新闻报道之名行广告之实；发布的广告应显著标注"广告"字样，与其他信息清晰区分，避免误导消费者。广播电台、电视台等媒介在播放广告时，还需严格遵守国家相关部门关于时长、方式的具体规定，并对广告时长进行显著提示，确保广告活动的有序进行。

2. 电子商务中的违法广告。在电子商务中，部分不法商家受利益驱使，为追求宣传效果的极致，不惜铤而走险，在广告活动中涉足违规违法的边缘地带，其中最为猖獗的现象莫过于虚假广告的泛滥与广告领域内不正当竞争行为的盛行。这些行为不仅侵害了消费者的合法权益，也扰乱了市场秩序，损害了公平竞争的商业环境。为此，《广告法》第28条明确界定了虚假广告："广告以虚假或者引人误解的内容欺骗、误导消费者的，构成虚假广告。广告有下列情形之一的，为虚假广告：（一）商品或者服务不存在的；（二）商品的性能、功能、产地、用途、质量、规格、成分、价格、生产者、有效期限、销售状况、曾获荣誉等信息，或者服务的内容、提供者、形式、质量、价格、销售状况、曾获荣誉等信息，以及与商品或者服务有关的允诺等信息与实际情况不符，对购买行为有实质性影响的；（三）使用虚构、伪造或者无法验证的科研成果、统计资料、调查结果、文摘、引用语等信息作证明材料的；（四）虚构使用商品或者接受服务的效果的；（五）以虚假或者引人误解的内容欺骗、误导消费者的其他情形。"另外，《电子商务法》第17条也明确规定："电子商务经营者应当全面、真实、准确、及时地披露商品或者服务信息，保障消费者的知情权和选择权。电子商务经营者不得以虚构交易、编造用户评价等方式进行虚假或者引人误解的商业宣传，欺骗、误导消费者。"针对不正当竞争广告，《反不正当竞争法》第 9 条也作出了清晰的法律界定,其中明确规定:"经营者不得对其商品的性能、功能、质量、销售状况、用户评价、曾获荣誉等作虚假或者引人误解的商业宣传,欺骗、误导消费者和其他经营者。经营者不得通过组织虚假交易、虚假评价等方式,帮助其他经营者进行虚假或者引人误解的商业宣传。"这一规定不仅彰显了法律对于维护市场诚信与消费者权益的坚定立场,也为打击电子商务领域的不正当竞争行为提供了强有力的法律武器。

发布虚假广告,无论其载体如何,均构成违法行为,依法应承担相应的法律责任,网络空间亦非法外之地,网络虚假广告的法律责任主要包括:行政责任、民事责任与刑事责任。在我国《广告法》的框架下,针对虚假广告行为的行政法律责任,主要体现为行政处罚措施,旨在通过行政手段迅速纠正违法行为,恢复市场秩序。行政责任,是对违反行政法律法规的单位或个人所实施的法律制裁,其形式涵盖行政处分与行政处罚。在虚假广告案例中,行政处罚具体表现为责令立即停止发布、公开更正以消除不良影响、处以罚款乃至没收广告费用等严厉措施。尤为值得关注的是,对于发布虚假广告的行为人,市场监督管理部门将依法责令其停止发布,并要求在特定范围内消除影响,同时,还将面临广告费用 3 倍以上 5 倍以下的高额罚款。我国《广告法》中关于虚假广告的法律责任规定,在网络环境中同样具有强大的适用性和约束力。该法第 56 条第 1 款明确指出:"违反本法规定,发布虚假广告,欺骗、误导消费者,使购买商品或者接受服务的消费者的合法权益受到损害的,由广告主依法承担民事责任。广告经营者、广告发布者不能提供广告主的真实名称、地址和有效联系方式的,消费者可以要求广告经营者、广告发布者先行赔偿。"此外,《电子商务法》第 85 条也针对电子商务领域的虚假宣传等不正当竞争行为设立了明确的处罚条款:"电子商务经营者违反本法规定,销售的商品或者提供的服务不符合保障人身、财产安全的要求,实施虚假或者引人误解的商业宣传等不正当竞争行为,滥用市场支配地位,或者实施侵犯知识产权、侵害消费者权益等行为的,依照有关法律的规定处罚。"

法条链接:

《广告法》第 2 条 在中华人民共和国境内,商品经营者或者服务提供者通过一定媒介和形式直接或者间接地介绍自己所推销的商品或者服务的商业广告活动,适用本法。

本法所称广告主,是指为推销商品或者服务,自行或者委托他人设计、制作、发布广告的自然人、法人或者其他组织。

本法所称广告经营者,是指接受委托提供广告设计、制作、代理服务的自然人、法人或者其他组织。

本法所称广告发布者,是指为广告主或者广告主委托的广告经营者发布广告的自然人、法人或者其他组织。

本法所称广告代言人,是指广告主以外的,在广告中以自己的名义或者形象对商品、服务作推荐、证明的自然人、法人或者其他组织。

《广告法》第 3 条 广告应当真实、合法,以健康的表现形式表达广告内容,符合社会主义精神文明建设和弘扬中华民族优秀传统文化的要求。

《广告法》第 4 条 广告不得含有虚假或者引人误解的内容,不得欺骗、误导消费者。

广告主应当对广告内容的真实性负责。

《广告法》第 56 条 违反本法规定,发布虚假广告,欺骗、误导消费者,使购买商品或者接受服务的消费者的合法权益受到损害的,由广告主依法承担民事责任。广告经营者、广告发布者不能提供广告主的真实名称、地址和有效联系方式的，消费者可以要求广告经营者、广告发布者先行赔偿。

关系消费者生命健康的商品或者服务的虚假广告，造成消费者损害的，其广告经营者、广告发布者、广告代言人应当与广告主承担连带责任。

前款规定以外的商品或者服务的虚假广告，造成消费者损害的，其广告经营者、广告发布者、广告代言人，明知或者应知广告虚假仍设计、制作、代理、发布或者作推荐、证明的，应当与广告主承担连带责任。

《电子商务法》第18条　电子商务经营者根据消费者的兴趣爱好、消费习惯等特征向其提供商品或者服务的搜索结果的，应当同时向该消费者提供不针对其个人特征的选项，尊重和平等保护消费者合法权益。

电子商务经营者向消费者发送广告的，应当遵守《中华人民共和国广告法》的有关规定。

◇ 前沿在线：

带货网红因犯虚假广告罪获刑[1]

近日，四川凉山州昭觉县人民法院对"凉山孟阳""凉山阿泽"案一审宣判，8人因虚假广告罪被判刑。其中，公司负责人唐某被判刑1年2个月，罚金10万元；网红阿西某某（"凉山孟阳"）被判刑11个月，罚金8万元；网红阿的某某（"凉山阿泽"）被判刑9个月，罚金4万元；以上人员非法所得均予以没收。此前，"凉山孟阳"团队直播带货假冒大凉山农特产品超3000万元，非法牟利超1000万元。据悉，"凉山孟阳"是四川大凉山最早走红的网红之一，在某短视频平台曾拥有386万粉丝。

近年来，直播带货成了热门，在一些具有影响力的网红直播带货下，很多商品销量大增，给商家带来了可观的收益。但应看到，网红带货不是将商品推销出去就万事大吉，不能靠忽悠消费者来谋取利益。直播带货应对消费者权益负责，对产品的质量以及广告宣传负责，否则就可能面临民事赔偿责任乃至刑事责任。

直播带货通常是指主播通过直播平台推荐产品并给出购买链接，推荐观看者购买的行为。根据有关法律规定，这些主播显然不能只是"带货"而已，虽然明星直播带货与传统的明星通过电视广告代言有所区别，但不能因此否定其在推荐商品过程中的地位和应承担的法律责任。网红或明星直播带货的行为完全符合替商家宣传商品并因此获利的要件，属于代言人或推荐人。更何况，一些网红并不局限于推荐引流和带货，而是在低价购入产品后利用自身的影响力进行销售，以获取更大的收益。但无论是推荐商品还是直接销售商品，这些带货网红均应对商品质量负责，不能只享受网红带来的流量和收益，而在带货商品的质量出现问题的时候撇清关系。如果相关商品存在虚假宣传、欺诈销售的话，相关方可能承担退一赔三且不低于500元的赔偿；如果系不符合安全标准的食品，则会面临退一赔十且不低于1000元的赔偿。进而言之，要是商品质量存在严重问题，且带货网红明知商品质量存在问题的话，更有可能涉嫌犯罪，构成销售有毒有害食品罪、销售不符合安全标准的食品罪、销售伪劣产品罪、虚假广告罪。最为典型的例子就是，知名网红郭某某就因其带货销售的减肥糖中添加了禁用成分西布曲明，被人民法院以销售

---

〔1〕《带货网红因虚假广告罪获刑敲响了警钟》，载 https://finance.sina.cn/2024-03-20/detail-inanxnpu3594623.d.html，最后访问日期：2025年4月5日。

有毒、有害食品罪判处有期徒刑 2 年 6 个月，并处罚金 20 万元。

具体到这次凉山网红所涉及的事件来说，唐某等人先是注册公司，雇佣人员，通过话术、剧本等摆拍贫困悲惨身世短视频、打造虚假人设，包装孵化旗下"凉山孟阳""凉山阿泽"等网红主播，然后以"助农"为噱头，低价购入非凉山农副产品，贴上"大凉山"商品属性，直播带货销售假冒大凉山原生态农特产品。这些依靠扮惨卖惨吸引流量，同时虚构商品属性的网红带货，既损害了一些地方的形象，也欺骗了消费者，伤害了社会信任。其所谓的助农根本没有让贫困地区的居民得到任何好处，这种带货与其说是助农，不如说是以卖惨来博得同理心的"黑心"生意。

互联网经济下，一些网红影响较大，带货较多，获利丰厚，但其理当认识到影响越大，责任越大的道理。本着诚实守信的原则直播带货，而非肆意欺骗消费者，污名化弱势群体。这些毫无底线的带货网红因出格行为被判处刑罚，再次给其他网红敲响了警钟——拿消费者的信任当儿戏，欺骗、捉弄消费者，必将为自己的行为付出代价。

项目小结

本项目主要从电子商务合同、互联网不正当竞争以及网络广告的法律规制三个方面带大家认识了电子商务合同的成立、效力、履行与违约责任，分析了电子商务市场交易中的互联网不正当竞争以及虚假广告等问题，明确了网络广告的法律规制以及网络市场秩序维护。本项目学习旨在让学生掌握电子商务合同的相关知识，分辨互联网不正当竞争，提高自我防范意识。

趁热打铁

一、选择题

1. 下列选项不是要约与要约邀请的区别是（　　）。

A. 性质不同　　　　　　　　　　B. 时间不同

C. 当事人的主观愿望不同　　　　D. 生效时间不同

2. 电子商务合同是指平等民事主体之间通过电子信息网络，以（　　）形式达成的设立、变更、终止民事权利义务关系的电子协议。

A. 数据电文　　　　B. 电报　　　　C. 电子邮件　　　　D. 传真

3. 电子商务合同承诺生效的条件不包含（　　）。

A. 承诺必须是由受要约人做出

B. 承诺必须向要约人做出

C. 承诺的最核心要素是保持承诺内容和要约内容的一致性

D. 承诺的做出及回复可以在一定范围内超出要约有效期

4. （多选）互联网不正当竞争的类型包括（　　）。

A. 混淆行为　　　　B. 虚假宣传行为　　　　C. 不正当有奖销售　　　　D. 侵犯商业秘密

5. （多选）下列属于非法商业广告的是（　　）。

A. 某奶茶广告语："最好的茶叶来自最好的茶园。"

B. 某胶囊广告语："中医治疗癫痫的一朵奇葩。"

C. 某房地产集团广告语："某某公馆，中国顶级豪宅。"

D. 某药品广告语："军工产品，5 年以内的中风偏瘫 6 盒见效。"

二、简答题

1. 简述电子商务合同的概念、特征和分类。

2. 要约的法律效力如何判定？

3. 电子商务合同的生效要件有哪些？

4. 现实生活中存在哪些网络不正当竞争？

5. 为什么说"刷单"行为对电子商务环境构成了极大破坏？

6. 如何建立和完善电子商务信用评价体系，营造有效的电子商务诚信环境？

三、案例分析题

2020 年 10 月，北京友盟公司诉杭州维奇公司和杭州快推公司替 App"刷单"，称其"刷单"行为严重影响了自己数据平台的准确性，破坏了正常经营，属于严重侵权，索赔 100 万元。2021 年，一名淘宝店店主为了打击竞争对手，雇人疯狂购买对方产品，恶意"刷单"1500 多次，最终触发淘宝自动处罚机制，造成对手损失 19 万余元。涉案淘宝店店主等人被以涉嫌破坏生产经营罪起诉。

请分析：

1. 结合案例分析"刷单"行为的法律性质。

2. 我国目前对"刷单"行为的规定有哪些？应如何处罚？

3. 试分析"刷单"行为屡禁不止的原因。

▲ **实训任务四** ——**法网恢恢 君子爱财，取之有道**

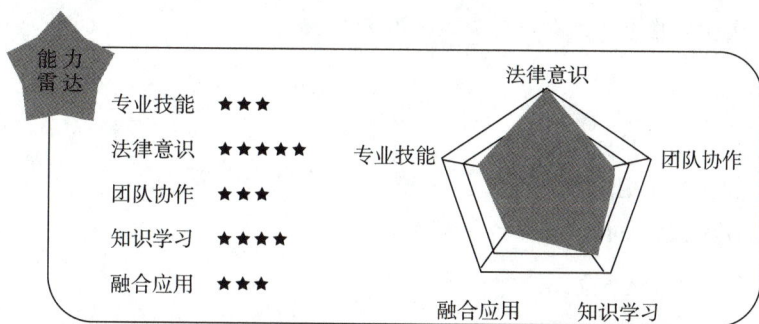

项目要求：1. 学员分组进行项目实施，每个小组由 3~5 人组成。

2. 学员需要参与理论学习和实践操作，完成相关任务和项目。

3. 学员需要积极合作、共同解决问题，并按要求提交项目成果。

项目内容：电子商务合同纠纷案例分析与演绎。

1. 选择一个电子商务合同纠纷典型法律案例，对该案例进行法律分析，具体分析内容包括：案情概述，明确合同法律关系、责任主体，能够准确运用法条分析案件。需形成法律意见书、起诉状等法律文书。

2. 结合电子商务业务流程与法律实务，运用本节所学知识进行案例分析，对案例发生的情境场景与行为动线进行实际演绎，并对案例中的责任归属与判定结果进行司法模拟。

项目评价：1. 各小组之间互评与教师点评，占 60%。

2. 能力雷达综合赋分：能力项分数×各项星标权重，占 40%。

最终，两项评价标准的加权得分为本组在该项目中的综合分数。

项目成果：1. 各小组的案例分析法律意见书、起诉状、答辩状等相关法律文书。

2. 各小组情景演绎的脚本设计与分工内容。

项目五　电子支付法律实务

——电子支付

在当今数字化时代，电子支付已深度融入人们的经济生活，成为商业交易不可或缺的环节。电子支付是指单位、个人直接或授权他人通过电子终端发出支付指令，实现货币支付与资金转移的行为。从网上购物时的快捷支付，到移动应用中的扫码付款，电子支付以其高效、便捷的特性重塑了传统支付模式。

随着电子支付的广泛普及与快速发展，一系列复杂且关键的法律问题也随之而生。在电子支付的交易流程中，各方主体的权利义务界定至关重要。消费者在享受电子支付便利的同时，其个人信息与资金安全面临风险，如支付数据泄露可能导致资金被盗刷，法律需明确支付机构对消费者信息安全的保障责任以及消费者在遭遇风险时的救济途径。电子支付服务提供者之间的竞争也需法律规范，防止不正当竞争行为破坏市场秩序。

知识目标：

- 掌握网上银行知识与风险控制。
- 熟知电子签名与认证。
- 了解第三方支付的法律风险与监管制度。

能力目标：

- 识别网上银行风险及责任划分。
- 判断电子签名的法律效力。
- 审查第三方支付合规性并维权。

课程思政：

- 树立电子支付领域法治观念。
- 强化职业道德，维护行业秩序。
- 激发创新精神与社会责任感。

思维导图:

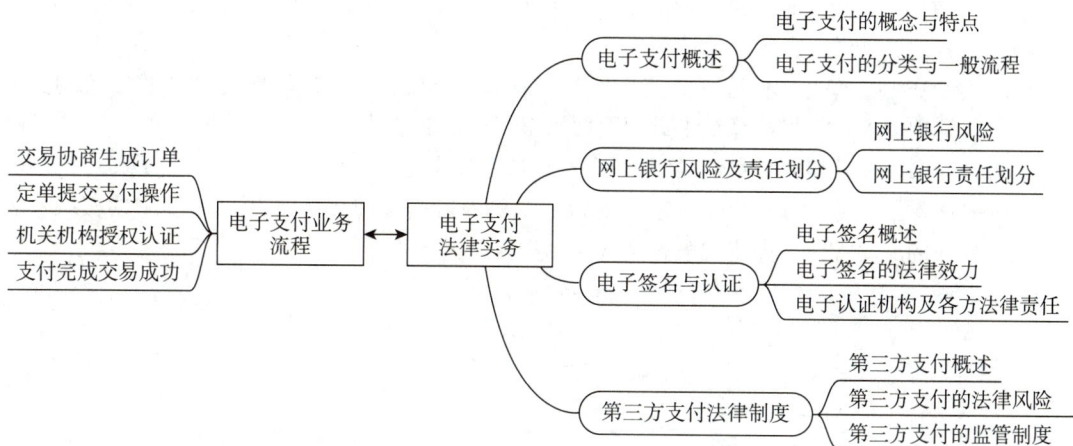

任务1　电子支付概述

随着信息技术的快速发展,电子支付已经成为人们生活中不可或缺的一部分。电子支付是指利用电子技术实现交易过程的一种支付方式,是开展电子商务活动的资金流基础。本节将从电子支付的概念与特点、电子支付的分类与一般流程等方面进行详细阐述。

一、电子支付的概念与特点

(一)电子支付的概念

1. 基本概念。电子支付,简而言之,是利用电子计算机及其网络技术,通过电子数据替代传统支付工具,实现资金流转的实时支付方式。它代表了银行信用中介功能的电子化转变,特别适用于电子商务环境下的电子结算需求。随着电子商务的迅猛增长,电子支付也随之迎来了快速发展,为各类网上交易提供了便捷的电子结算途径。

目前国内电子支付市场呈现出多元化格局,主要有几大阵营:一是不依托于金融机构或大型电子商务平台的独立第三方支付企业,如快钱、易宝、拉卡拉等;二是非独立的第三方支付平台,背后一般依托着固定的电子商务网站和企业集团,如支付宝、财付通、百付宝等;三是网上银行组成的电子支付服务阵营,如中国银联的 ChinaPay 以及各个银行自己的网上银行等;四是以中国移动等电信运营商为代表的移动支付企业,如和包、翼支付、沃支付等。

电子支付与电子商务紧密相连,是电子商务过程中的核心环节,对交易双方达成目标起着关键作用。它是电子商务顺利进行的基础条件,对于解决电子商务发展中的瓶颈问题具有重要意义。没有高效、安全的电子支付系统,电子商务交易将难以完成。因此,电子支付的发展对于电子商务的进步至关重要。

2. 电子支付系统的一般模型。电子支付系统的参与者一般包括发行银行、支付者、商家、接收银行和清算中心五方。在整个电子支付系统中,各参与方都扮演着关键角色:

(1)发行银行。它负责为支付者提供有效的电子支付工具,如电子现金、电子支票以及信用卡等,这些工具使得支付过程更加便捷。

(2)支付者。支付者通过向发行银行支付款项,换取这些电子支付工具,从而能够在交易中使用它们。

（3）商家。商家是接受支付者电子支付工具的一方，提供商品或服务作为交换。

（4）接收银行。接收银行从商家那里收取电子支付工具，并验证其有效性。一旦验证通过，接收银行会将这些支付信息传递给清算中心。

（5）清算中心。作为支付流程的核心环节，清算中心接收来自发行银行和接收银行的支付信息，进行定期清算，并将清算结果返回给两家银行进行资金结算。

五者之间的业务互动与信息流动构成了电子支付系统的运作模式，确保了电子支付的顺利进行，同时确保了交易双方的权益。电子支付系统的一般模型如图5-1所示，图中的实线代表电子支付操作的流动方向，虚线代表资金或商品的流动方向。

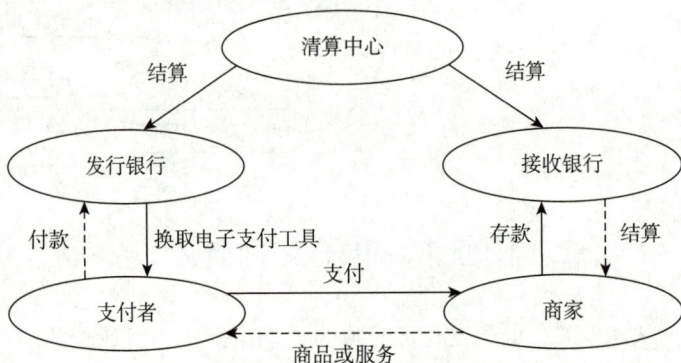

图 5-1　电子支付系统的一般模型

> **课堂讨论：** 基于电子支付的概念与电子支付系统的一般模型，试分析电子支付与传统支付相比有哪些优缺点？

（二）电子支付的特点

在电子商务中，支付过程是整个商贸活动中非常重要的一个环节。电子支付的资金流是一种业务过程，而非一种技术。但是在进行电子支付活动的过程中，会涉及很多技术问题。因此电子商务中的支付业务是电子商务中准确性、安全性要求最高的业务过程。

与传统的支付方式相比，电子支付具有以下技术特点：

1. 电子支付是采用先进的技术通过数字流转来完成信息传输的，其各种支付方式都是通过数字化的方式进行款项支付的；而传统的支付方式则是通过现金的流转、票据的转让及银行的汇兑等物理实体来完成款项支付的。

2. 电子支付的工作环境基于一个开放的系统平台（即互联网）；而传统支付则是在较为封闭的系统中运作。

3. 电子支付使用的是最先进的通信手段，如 Internet、Extranet，而传统支付使用的则是传统的通信媒介；电子支付对软、硬件设施的要求很高，一般要求有联网的微机、相关的软件及其他一些配套设施，而传统支付则没有这么高的要求。

这些技术特点构成了电子支付的技术先进性。

另外，基于技术先进性，电子支付相较于传统支付，还具备便捷性、安全性、适用性、可追溯性以及经济性等特点，改变着我们的支付方式和生活方式。

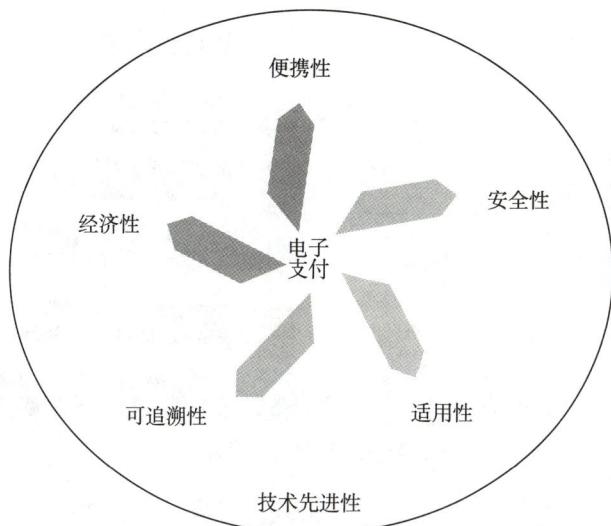

图 5-2　电子支付的特点

第一，便携性。电子支付最显著的特点之一是便捷性。传统的支付方式，如现金或银行卡，在交易过程中往往受到时间和空间的限制。而电子支付则打破了这些限制，只需通过智能手机、电脑或其他电子设备，就能在任何时间、任何地点完成支付。无论是线上购物、线下消费，还是跨境交易，电子支付都能提供快速、高效的支付体验。

第二，安全性。电子支付还具有高度的安全性。通过采用先进的加密技术和风险控制系统，电子支付平台能够确保交易数据的安全性和完整性。同时，多种身份验证和支付密码的设置，也进一步增强了支付过程的安全性。用户在使用电子支付时，无需担心资金安全问题，可以更加放心地进行交易。

第三，适用性。电子支付具有广泛的适用性。随着科技的不断发展，越来越多的商家和机构开始接受电子支付，这使得电子支付的适用范围越来越广泛。无论是大型商场、超市，还是街边小店、路边摊，甚至是公共交通、水电煤气等生活缴费，都可以使用电子支付来完成。这种广泛的适用性，使得电子支付成为现代生活中不可或缺的支付方式。

第四，可追溯性。电子支付的交易记录易于查询，方便消费者了解自己的账务情况，进行科学合理的资金管理，这是支付方式电子化本身带来的可追溯性。在此基础上，区块链技术的应用加强了电子支付的可追溯性。它使得交易记录具有不可篡改、可追溯的特性，为电子支付的安全、便捷和合规提供了有力保障。

第五，经济性。电子支付的经济性主要体现在降低交易成本、提升支付速度、减少欺诈和错误以及方便账务管理等方面。电子支付能够以低成本迅速完成交易，提高交易效率。它的实现费用远远低于传统支付手段，通常仅相当于传统支付的几十分之一，甚至几百分之一。同时，强大的安全措施和详细且可追踪的交易记录降低了风险防范和财务管理的成本。

二、电子支付的分类与一般流程

（一）电子支付的分类

电子支付的类型可以根据不同的分类标准进行划分。根据电子支付指令发起的方式，可以将电子支付分为网上支付、电话支付、移动支付、销售点终端交易、自动柜员机交易以及其他电子支付六个大类，如图 5-3 所示。

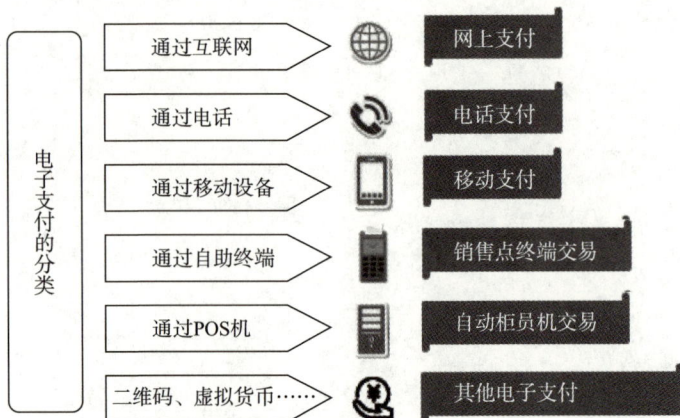

图 5-3　电子支付的分类

1. 网上支付。网上支付是电子支付的一种形式，它基于互联网，利用银行所支持的某种数字金融工具，实现了购买者和销售者之间的金融交换。网上支付涵盖了从买家到金融机构、商家之间的在线货币支付、现金流转、资金清算、查询统计等过程，为电子商务服务和其他服务提供金融支持。

2. 电话支付。电话支付是电子支付的一种线下实现形式，消费者使用固定电话、手机、小灵通或其他类似电话的终端设备，通过银行系统从个人银行账户里直接完成付款。电话支付为那些没有互联网接入或更喜欢使用电话进行交易的消费者提供了便利。

3. 移动支付。移动支付是使用移动设备（如手机、PDA、移动 PC 等）通过无线方式完成支付行为的一种新型支付方式。移动支付具有便捷性、实时性和移动性，消费者可以在任何时间、任何地点进行支付操作。

4. 销售点终端交易。又称 POS 机支付，销售点终端交易是通过在商店或餐馆等实体店铺内的 POS 机进行的支付。销售点终端交易通常涉及刷卡或接触式支付，以及现在越来越普及的非接触式支付（如 NFC 支付）。

5. 自动柜员机交易。又称 ATM 支付，自动柜员机交易是指通过银行自动柜员机进行的支付或转账操作。自动柜员机交易允许用户在不经过银行柜台的情况下进行现金存取、转账、查询等操作。

6. 其他电子支付方式。除了上述几种主要的电子支付方式外，还有其他一些方兴未艾但同样重要的电子支付方式，如二维码支付、虚拟货币支付等。这些支付方式通常具有特定的应用场景或特定的用户群体。

课堂讨论：你能够想到其他分类标准吗？说说你对电子支付的分类。

（二）电子商务支付的一般流程

电子商务支付的一般流程，如图 5-4 所示。

1. 交易协商。在在线商店中，消费者与商家就商品或服务的交易条件进行协商，这通常包括价格、数量、配送方式等。

2. 下单订单。协商完成后，消费者通过在线商店的支付系统提交订单信息，这通常包括商品详情、收货地址、支付金额等。

3. 支付网关处理。订单信息通过支付网络（如支付网关）被发送到收单机构（收单行）进行进一步处理。

4. 收单机构审核。收单机构接收到订单信息后，会对其进行审核，确保订单信息的准确性和合法性。审核通过后，收单机构会向商家发送订单确认信息。

5. 发卡银行处理。在收单机构审核通过后，发卡银行会对消费者的支付请求进行处理。发卡银行会验证消费者的账户余额、支付限额等信息，并决定是否授权该笔交易。

6. 支付确认。如果发卡银行授权该笔交易，收单机构会通过支付网关向商家发送支付确认信息，同时向消费者发送支付成功的通知，以确保双方交易支付的完成。

7. 认证中心（可选）。在某些情况下，支付流程可能涉及认证中心的参与。认证中心主要负责验证交易双方的身份，以及保护交易数据的安全性和完整性。

8. 交易完成。商家在收到支付确认信息后，会按照订单信息进行发货或提供服务。至此，整个电子支付流程完成。

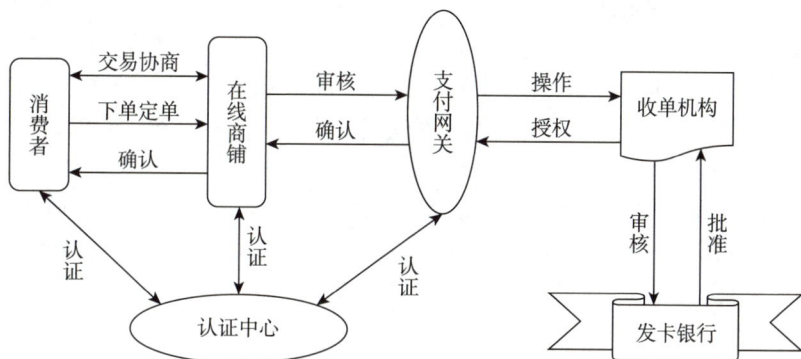

图 5-4 电子商务支付的一般流程

需要注意的是图 5-4 中所描述的是一般流程，这个流程在实际中可能因不同的电子商务平台、支付方式和国家或地区的法规差异而有所不同。

任务 2 网上银行风险及责任划分

网上银行（Internetbank or E-bank）是电子银行的一种形式。网上银行，包含两个层次的含义，一个是机构概念，指通过信息网络开办业务的银行；另一个是业务概念，指银行通过信息网络提供的金融服务，包括传统银行业务和因信息技术应用带来的新兴业务。在日常生活和工作中，人们所提及的网上银行，更多是第二层次的概念，即网上银行服务的概念。为此，网上银行严格的定义为：网上银行又称网络银行、在线银行，是指银行利用互联网技术，通过互联网向客户提供开户、销户、查询、对账、行内转账、跨行转账、信贷、网上证券、投资理财等传统服务项目。可以说，网上银行是在互联网上的虚拟银行柜台。

一、网上银行风险

（一）网上银行风险

银行本质是经营风险的企业，提供服务的过程中必须管控好各类风险，才能更好地为用户服务，近年来与网上银行相关的操作风险和客户因办理网上银行业务而造成损失的事件也频频发生。网上银行风险具有非行业性和外生性两大特点。非行业性是指风险超出传统意义上的金融风险的概念，其产生不仅依赖于市场价格的波动、经济增长的质量，而且依赖于软硬件配置和技术设备的可靠程度。外生性是指银行对技术性风险的控制和管理能力，在很大程度上取决于其计算机安全技术的先进程度以及所选择的开发商、供应商、咨询或评估公司的水平，而不像传统银行风险那样，仅取决于银行自身的管理水平和内控能力。

（二）网上银行风险控制

2020年2月，《网上银行系统信息安全通用规范》公布并施行。其核心内容如下：

1. 客户端安全。客户端安全包括客户端程序安全和客户端环境安全两部分。客户端程序安全中，要求对其开发框架和技术路线进行严格的论证，建设基于应用功能设计及安全需求，建设应用安全基线标准，以确保程序的自身安全性。对于应用程序普遍存在的破解、篡改等各类安全风险，需要提供应用加固技术手段。严格控制源代码安全，对应用程序进行源代码安全加固。客户端环境安全中，主要要求了程序在使用过程中的运行环境安全，包括可信输入能力、可信输出能力、可信通信能力、可信存储能力和可信计算能力。

2. 专用安全机制。网上银行系统在使用密码算法时应符合国家密码主管部门的要求，在支付敏感信息加密及传输、数字证书签名及验签等环节宜支持并优先使用SM系列密码算法。

文件证书应严格控制申请、颁发和更新流程，避免对个人网银客户的同一业务颁发多个有效证书。文件证书的发放宜使用离线或专线方式，确需通过公众网络发放的，应提供一次性链接下载。

动态口令的长度不应少于6位。对于基于时间机制的动态口令令牌，应设置此时间窗口最大不超过动态口令的理论生存期前后60秒。

对短信验证码要进行加密处理，确保短信验证码的机密性和完整性。开通短信验证码时，应使用人工参与控制的可靠手段验证客户身份并登记手机号码。更改手机号码时，应对客户的身份进行有效验证。交易的关键信息应与短信验证码一起发送给客户，并提示客户确认。短信验证码应随机产生，长度不应少于6位；应具有时效性，最长不超过6分钟等。智能密码钥匙加密芯片应具备抵抗旁路攻击的能力；采集的生物特征数据不得用于除预期业务外的其他用途。

3. 通信网络安全。采用安全的通信协议，在客户端程序与服务器之间建立安全的信息传输通道，如采用SSL/TLS证书、加密密钥体系等，建立安全的信息传输通道。

4. 业务申请及开通。在业务运营安全规范中，要严格遵循和落实相关法律法规的监管要求；对通过网上银行渠道申请时，金融机构应采取包含电子签名验证在内的双因素身份认证验证客户的真实身份及银行卡交易密码，并通过验证发向可靠的预留手机号码的短信验证码等方式，核实客户身份和交易开通意愿。金融机构应充分考虑并采取有效技术措施防范网上银行资金类交易开通的安全风险。个人网银资金类交易的开通应由客户本人到柜台申请。申请时，金融机构应对其进行风险提示，验证客户的有效身份，并要求客户书面确认。企业网银开通应由本企业人员到柜台申请，金融机构应审查其申请材料的真实性、完整性和合规性。网上银行专用安全设备在暂停、终止、挂失或注销后，如需恢复、解除挂失需客户本人持有效身份证件到柜台或通过金融机构客服电话办理，金融机构应核实客户信息、网银账户信息，并对预留手机号码进行验证。

5. 业务安全交易机制。要建立完善的网上银行异常交易监控体系，以及高风险交易特点和用户行为特征等的风险评估模型，识别并及时处理异常交易，并根据风险等级实施差异化风险防控；建立并完善反欺诈规则，实时分析交易数据，根据风险高低产生报警信息，实现欺诈行为的侦测、识别、预警和记录，提高欺诈交易拦截成功率，切实提升交易安全防护能力；应通过交易行为分析、机器学习等技术不断优化风险评估模型，结合生物探针、相关客户行为分析等手段，对具备频次异常、账户非法、批量交易以及外部欺诈、身份冒用、套现、洗钱等异常情况进行有效监控，对于风险较大、可疑程度较高的交易，应采取精准识别、实时拦截等措施；风险交易监控系统应能够不断更新反欺诈规则，建立和完善风险信息库，及时从主管部门、公安机关、银行卡清算组织等获取黑名单等风险信息。

业务安全交易机制从身份认证、交易流程、交易监控三个方面提出了明确要求。

6. 外部机构业务合作。金融机构与外部机构应在合作协议中明确交易验证、信息保护、差错处理、风险赔付等方面的权利、义务和违约责任，切实保障持卡人资金安全和信息安全。

7. 客户培训及权益保护。金融机构应切实加强客户培训和风险提示，向客户详细解释本机构网上银行业务流程和安全控制措施，在网上银行新产品（业务）推出、相关业务（操作）流程变更、安全控制措施变化时，及时告知客户；应通过各种宣传渠道向大众提供正确的网上银行官方网址和呼叫中心号码，提示客户牢记金融机构官方网站地址和呼叫中心号码；应向客户印发通俗、易懂的网上银行信息安全宣传手册，在网上银行官方网站首页显著位置开设信息安全培训栏目。在显著位置或关键操作界面，宜提醒客户注意防范各类诈骗；应按照相关法律法规要求，制定网上银行系统隐私政策。

金融机构应向客户明确提示网上银行相关的安全风险和注意事项，并根据网上银行安全形势的变化，及时更新相关事项；应建立网上银行相关的侵犯客户权益行为的处置机制，开辟公众举报渠道，建立有效的问题处置机制，及时通过金融机构网站及其他可靠渠道向公众通报提示钓鱼网站、网络欺诈等重要信息；应建立与网上银行相关的客户投诉、纠纷处理及舆情应对机制，严格按照行业、机构的相关规定和要求对外发布信息，有效维护客户权益及金融机构声誉；应通过多种渠道及时公告网上银行相关的服务内容、协议、资费标准等重大调整，可能影响服务的系统重要升级或变更等重大事项。

二、网上银行责任划分

◇ 案例 5-1

段某某诉某银行分行银行卡纠纷案[1]
——银行卡被盗刷开户银行承担责任认定

原告段某某诉称：原告长期在被告处存款。2015 年 7 月 17 日至 19 日，原告银行存款被他人盗取 15 次，共盗取金额 26 454 元（2016 年 2 月返回 5000 元，实际盗取 21 454 元）。后原告取款时发现存款被盗取，原告找到被告反映，被告某银行分行承诺给原告查，但至今未果。为此，诉至人民法院要求被告赔偿原告存款共计 21 454 元并按照同期银行贷款利息付息，诉讼费用由被告承担。

某某支行辩称：原告段某某存款被盗刷属实。原告段某某的卡被盗刷 26 454 元，我方曾追回 5000 元，是原告对自己的银行卡保管不善造成的，我方不应当承担责任。

人民法院经审理查明：原告段某某在被告某某支行处办理了借记卡一张。截至 2015 年 7 月 9 日原告卡上尚有存款 47 937.85 元。从 2015 年 7 月 17 日至 2015 年 7 月 19 日，涉案借记卡发生 15 笔交易，通过中间业务后台方式、POS 交易、网上银行方式将原告卡上存款转走共计 26 454 元。2015 年 7 月 27 日原告持卡到被告处办理业务时，发现存款被盗取，并就上述交易以涉案银行卡被盗刷为由向固始县公安局刑警队报案，2015 年 8 月 24 日固始县公安局作出（2015）3802 号立案决定书，到庭审时止，案件尚未侦破。2016 年 2 月 2 日，被告通过第三方支付平台追回了 5000 元。现原、被告双方对于被盗刷的现金赔付协商未果，遂诉讼。

---

〔1〕《段某某诉某银行分行银行卡纠纷案》，载 https://www.pkulaw.com/pfnl/08df102e7c10f20610ec0e0bbc0348fcdec8dae68abd3c6bbdfb.html? keyword=%EF%BC%882016%EF%BC%89%E8%B1%AB15%E6%B0%91%E7%BB%882005&way=listView#anchor-documentno，最后访问日期：2025 年 7 月 20 日。

请分析：

1. 本案是否应适用先刑后民原则？
2. 某某支行应否对段某某承担侵权赔偿责任？

（一）银行与储户的责任划分

判断金融机构是否具有违约行为，先要对电子交易中广泛运用的私人密码的性质进行分析。利用计算机网络通信技术而完成的自动交易，是电子商务的一种方式。这种方式与传统的柜面交易方式具有显著的区别。在现有技术条件下，此种电子数据交易是通过私人密码的设置和运用并进入自动交易系统，借助动态短信验证码等方式完成交易行为的。在整个交易过程中，操作人（储户）需要先输入卡号、身份证号、查询密码、附加码等进行登录，继而在交易操作界面输入动态短信验证码、取款密码后才能完成交易。储户输入私人密码等登录的行为等于对履行合同的承诺，这是电子签名的一种方式。银行只是依据收到的操作指令和正确的密码、短信验证码对账户进行交易处理。而柜面交易则是储户将存单交给银行业务员，人工识别存单的性质和真假。同时，储户还需要填写取款单，在履行合同的承诺方式上可以采用身份证、私人密码等多种方式。作为电子交易中广泛运用的私人密码，以及预留给银行、用于接收动态短信验证码的手机号码，其具有三项基本功能：

一是表明对交易者身份的鉴别及对交易内容的确认，从而起到电子签名的功能。在通过计算机网络进行的电子商务中，电子签名的功能等同于书面签字。私人密码等正是电子签名的基本方式，即通过加密技术而设定的包括私人密码在内的电子密码等数据电文，对交易者身份及交易内容予以确认。

二是表明储户本人进行了交易行为，这就是电子交易的"不可抵赖性"。在电子交易中，信息发送者和接收者都不能对此予以否认。凡是使用私人密码等从事交易即表明本人进行了交易行为，本人不得抵赖，不得否认曾经接收或发送过某些特殊的文件或数据。

三是表明交易是在保密状态下进行的，任何第三者都不知道交易内容。私人密码由本人设置并持有，只有本人知道，除非本人泄露，他人不得知晓。手机号码由本人持有，所接收的动态短信验证码只有本人收悉。因此，能读出加密信息的只有本人。

基于这三项功能，产生了私人密码等的使用效力规则，即本人行为原则，其含义就是：只要客观上在交易中使用了私人密码，银行在操作人进行交易行为时实时发送了动态短信验证码，如无免责事由，则视为交易者本人从事了交易行为，本人对此交易应承担相应的责任。当然，这一规则仅仅适用于民事领域，而不适用于计算机犯罪等形式的刑事领域。

银行客户与银行之间存在合法有效的储蓄存款合同关系，开户银行负有保证银行账户（银行卡）内存款安全的义务。金融机构在提供电子银行服务时，因电子银行系统存在安全隐患、金融机构内部违规操作和其他非客户原因等造成损失的，金融机构应当承担相应赔偿责任。

（二）商业银行的储户保密义务

◇ 案例 5-2

王某某银行卡盗刷案[1]

10 月 9 日，原告王某某在被告中行河西支行申领中行借记卡一张。12 月 2 日晚，原告到中

---

[1]《王永胜诉中国银行股份有限公司南京河西支行储蓄存款合同纠纷案》，载 https://www.pkulaw.com/pfnl/a25051f3312b07f3ea5a94130f5a204dc75b32717e52d0b3bdfb.html？keyword＝%E7%8E%8B%E6%B0%B8%E8%83%9C%E8%AF%89%E4%B8%AD%E5%9B%BD%E9%93%B6%E8%A1%8C&way＝listView，最后访问日期：2025 年 7 月 20 日。

行某路分理处 ATM 上取款 5000 元，并查询存款余额为 463 942.2 元。12 月 5 日下午，原告在中行某路分理处准备取款时，被告知卡内余额为 2800 元。当晚原告再次查询，发现卡内又少了2000 元。原告当即向公安机关报案并将中行河西支行告上法庭。经公安侦查查明，有 3 名男子在中行某路分理处自助银行的自动门上安装了存储式读卡装置，并在取款机上安装了探头，借此获取了原告借记卡的密码及信息资料，然后复制两张伪卡在北京、江西等地取款或消费463 142.2 元。后犯罪嫌疑人之一、案外人汤某某被公安机关抓获，并被认定为信用卡诈骗罪。原告与被告就赔偿事宜未能达成一致。原告诉请判令被告支付存款 463 142.2 元及利息。中行河西支行认为储户的资金短少系犯罪行为造成，其不应承担民事责任。

请分析：

犯罪嫌疑人用假卡盗取储户存款行为的后果应该由储户承担还是由银行承担？

> **法条链接：**
> 《中华人民共和国商业银行法》第 29 条第 1 款　商业银行办理个人储蓄存款业务，应当遵循存款自愿、取款自由、存款有息、为存款人保密的原则。

犯罪嫌疑人窃取储户信息而后复制假卡盗刷储户存款，该行为并非直接侵犯储户财产所有权，而是侵犯了银行的财产所有权。银行与储户建立的储蓄合同关系合法有效，双方的债权债务关系仍然存在，银行仍应对储户承担支付责任。

原告王某某在被告中行河西支行办理了无存折借记卡，即与中行河西支行建立了储蓄合同关系。根据储蓄合同的性质，中行河西支行负有按照原告的指示，将存款支付给原告或者原告指定的代理人，并保证原告借记卡内存款安全的义务。

为存款人保密，保障存款人的合法权益不受任何单位和个人的侵犯，是商业银行的法定义务。商业银行的保密义务不仅是指银行对储户已经提供的个人信息保密，也包括为到银行办理交易的储户提供必要的安全、保密环境。对 ATM 进行日常维护、管理，为在 ATM 办理交易的储户提供必要的安全、保密环境，也是银行安全、保密义务的重要内容，这项义务应当由设置ATM 的银行承担。在案例 5-2 中，汤某某等三人通过在中行某路分理处自助银行门口刷卡处安装读卡器、在 ATM 上部安装摄像装置的方式，窃取了王某某借记卡的卡号、信息及密码，复制了假的银行卡。这说明，涉案中行某路分理处 ATM 存在重大安全漏洞。由于具备专业知识的银行工作人员对 ATM 疏于管理、维护，未能及时检查、清理，没有及时发现、拆除犯罪嫌疑人安装的读卡器及摄像装置，致使 ATM 反而成了隐藏犯罪嫌疑人作案工具的处所，给储户造成安全隐患，为犯罪嫌疑人留下可乘之机。

任务 3　电子签名与认证

电子商务平台经营者是电子商务法规范的主要对象，它最大的特点是为平台内经营者和消费者开展电子商务活动提供了一个巨大的虚拟网络市场，这个市场不仅具有一般商场所具有的商品和服务，有的平台还集合了众多的第三方中间服务商，如电子支付、快递物流等。电子商务法对电子商务行为的规范、管制以及法律责任的认定，重点是对电子商务平台经营者的规范与管制。因此，其市场准入条件在一般市场准入条件的基础上还有所不同。

◇ **案例 5-3**

刘某诉郑某某、某融资租赁分公司等机动车交通事故责任纠纷案[1]

事故车辆与刘某相撞后驾驶员逃逸，该车辆登记在某融资租赁分公司名下，实际使用人为郑某某，投保单位为某保险支公司，刘某遂诉至人民法院要求赔偿。某融资租赁分公司提供其与郑某某签署的电子商务合同等材料，但刘某及某保险支公司对其真实性不予认可。

人民法院经审理查明，某融资租赁分公司与郑某某通过信息科技有限公司经营的"e 签宝"签署了相关合同及签收单。信息科技公司具备提供电子签名服务的资质，可认定为中立第三方平台，从其服务器中直接调取打印的材料可视为原件。且某融资租赁分公司与郑某某的电子签名由有资质的电子认证机构颁发，由签字人专有及控制，并能通过哈希值校验及可信时间戳的技术手段证明电子签名及数据电文自签署之日起未被篡改，因此人民法院认定其电子签名均系可靠电子签名。最终人民法院确认某融资租赁分公司与郑某某之间成立融资租赁合同关系，郑某某承担相应责任。

请分析：

1. 可靠的电子签名认定的条件是什么？

2. 电子认证机构的职能有哪些？

一、电子签名概述

（一）电子签名的概念

《电子签名法》第 2 条第 1 款规定："本法所称电子签名，是指数据电文中以电子形式所含、所附用于识别签名人身份并表明签名人认可其中内容的数据。"电子签名是与传统的手写签名及盖章相对应的概念。在传统的商务活动中，为了保障交易安全，交易双方需要在书面合同或确认书中签字或盖章，这样做的目的是确认签名人的身份，并且确保签字或盖章的人认可文件内容。然而，当交易以电子形式开展时，传统的手写签字和盖章已无法实现，这时就必须依靠技术手段来替代。电子签名就是这种用于在电子文件中识别交易人身份、保障交易安全的电子技术手段。例如，通过数字签名技术，先对文件运算重新计算得到资料摘要，同时对收到的电子签名用发件人公布的公钥解密，若得到的文件与摘要相同，则可确认为发件人所发所签文件，这种签名技术的精确度远高于手写签名及其他电子签名，而且转化后的符号和代码便于传输和验证，是可操作性最强的一种技术手段。

（二）电子签名的特点

1. 电子签名具有依赖性。传统手写签名仅需一张纸、一支笔就能轻轻松松完成整个确认程序，而电子签名的实现则需要软件和硬件设施的双重配合，缺一不可。在电脑或其他硬件设施采集完相关数据后，再通过软件数据系统进行处理、储存、传输，其后交易对方的身份验证等也需要借助软硬件等专用设施来完成。

2. 电子签名具有多样性。如附着于电子文件的手写签名的数字化影像，包括采用生物笔迹辨别法所形成的图像；向收件人发出证实发送人身份的密码、计算机口令；采用特定生物技术识别工具，如指纹或眼虹膜透视辨别法等。

3. 电子签名具有较高的安全性。手写签名虽然具有唯一性，但仍难免出现被模仿和假冒的

---

[1] 《刘某诉郑某某、瓜子融资租赁（中国）有限公司长沙分公司等机动车交通事故责任纠纷案》，载 https://www.pkulaw.com/pfnl/08df102e7c10f20615886d6f6ff92466e8980dd0b34c08b2bdfb.html？keyword＝% E5% 88% 98% E6% 9F% 90%E8%AF%89%E9%83%91%E6%9F%90&way＝listView，最后访问日期：2025 年 7 月 20 日。

情况。而电子签名因采用手写签名加数据的分析及密码化处理程序，安全性要高于传统签名；生物识别技术因人体特征的独一无二性更不容易被假冒；数字签名技术采用公钥和私钥双重加密解密及特殊运算，在现阶段极难被破译。

二、电子签名的法律效力

《电子签名法》第14条规定："可靠的电子签名与手写签名或者盖章具有同等的法律效力。"电子签名要想具有与纸质手写签名等同的效力，其必须能被认定为"可靠的电子签名"，无论何种形式的电子签名（并不局限于某一种或几种特殊签名），只要通过综合分析比较，能被认定为"可靠的电子签名"，就可以产生相应的法律效力。"可靠的电子签名"分为法定与约定两类。

（一）法定的"可靠的电子签名"

按照《电子签名法》第13条的规定，法定的"可靠的电子签名"需满足以下条件：

第一，专有性。从客观上讲，签订数据电文时所用电子签名需属于电子签名人专有，不能跟其他人共用。电子签名具有多样性，每个人可以同时拥有多个不同的电子签名，而有的电子签名是多个使用人（如网络公司职员之间）共用，但是要想成为可靠的电子签名，必须根据该签名能够准确无误地辨认出使用人。

第二，可控性。从支配状态上来看，在用电子签名签署数据电文时其必须仅由电子签名人控制。"控制"在此应作广义的理解，电子签名人本人持有、其授权的代理人持有、其公司职员在职权范围内持有、"组合式密码"的几个持有人共同签署时均可被认定为电子签名人控制。

第三，不可改动性。从签署后的状态来看，可以通过一定的技术手段来验证电子签名、数据电文内容和形式是否发生过改动。倘若能够发现发件人的数字在签名签署后曾被他人更改，则不能成为可靠的电子签名。

（二）约定的"可靠的电子签名"

《电子签名法》第3条第1款规定了"可靠的电子签名"的约定类型，主要是为了更好地保障交易双方当事人的利益。电子签名、数据电文，当事人可以根据自己的意志约定是否使用。如果双方约定电子签名具有与手写签名相同的法律效力，则在纠纷发生时，不能仅因其采用的是电子签名形式而否定该签名的法律效力。至于其他电子签名的法律效力，则需要根据具体情况由有关机关予以认定。

三、电子认证机构及各方法律责任

在传统的纸质合同中，当事人的签名具有一定的独特性、不可否认性、高度统一性。同时，签名、盖章也起到对合同的证明作用。一般情况下，交易双方完全可以通过在纸质合同上的手写签名来判断合同的归属和真伪。由于大多数电子商务合同是在开放的网络中进行的，电子签名取代了手写签名，签名与认证相对分离，也存在主观上签署人的恶意否认与客观上签名被盗、丢失或被解密的风险，电子商务合同的安全性很难保障。为了有效地确定签名的归属，就必须建立完善的电子签名认证体系和法律制度。

（一）电子认证机构的基本含义

为了防止签字或盖章的一方提供伪造虚假或被篡改的签字或盖章。或者防止发送人以各种理由否认该签字或盖章为其本人所为，一些国家或地区采用由具有公信力的授权机关对其印章提前备案，并提供验证证明的方式。因此在整个电子交易的过程中就需要一个具有公信力的第三方制作的数字签名以证实交易当事人的身份和电子信息的真实性、完整性和不被否认性。

《电子签名法》第16条规定："电子签名需要第三方认证的，由依法设立的电子认证服务提供者提供认证服务。"这里的"电子认证服务提供者"即电子认证机构，是指为电子签名人和电子签名依赖方提供电子认证服务的第三方机构。

电子认证机构主要是为了保证用户之间在网上传递信息的安全性、真实性、可靠性、完整性和不可抵赖性，而对用户的身份真实性进行验证，负责向电子商务的各个主体颁发管理符合国内、国际安全电子交易协议标准的电子商务安全证书的权威第三方。

（二）电子认证机构的职能

1. 颁发证书。电子认证服务机构接收、验证用户（包括下级认证中心和最终用户）的电子认证证书的申请，将申请的内容进行备案，并根据申请的内容确定是否受理该证书申请。如果接受该证书申请，则需进一步确定给用户颁发何种类型的证书。新证书用电子认证服务机构的私钥签名以后，发送到目录服务器供用户下载和查询。为了保证消息的完整性，返回给用户的所有应答信息都要使用认证中心的签名。

2. 更新证书。电子认证服务机构可以定期更新所有用户的证书，或者根据用户的请求来更新用户的证书。

3. 查询证书。证书的查询可以分为两类：一是证书申请的查询，电子认证机构根据用户的查询请求返回当前用户证书申请的处理过程；二是用户证书的查询，这类查询由目录服务器来完成，目录服务器根据用户的请求返回适当的证书。

4. 作废证书。当用户的私钥由于泄密等原因造成用户证书需要申请作废时，用户需要向电子认证机构提出证书作废的请求，电子认证机构根据用户的请求确定是否将该证书作废。另外一种证书作废的情况是证书已经过了有效期，电子认证机构自动将该证书作废。电子认证机构通过维护证书作废列表（Certificate Revocation List，CRL）来完成上述功能。

5. 归档证书。证书具有一定的有效期，证书过了有效期之后就将作废，但是不能将作废的证书简单地丢弃，因为有时可能需要验证以前的某个交易过程中产生的数字签名，这时就需要查询作废的证书。基于此类考虑，电子认证机构还应当具备管理作废证书和作废私钥的功能。

（三）电子认证过程中各方法律责任

1. 电子认证机构的法律责任。

（1）电子认证服务提供者因过错给电子签名人或者电子签名依赖方造成损失承担赔偿责任。电子签名人或者电子签名依赖方因依据电子认证服务提供者提供的电子签名认证服务从事民事活动遭受损失，电子认证服务提供者不能证明自己无过错的，应承担赔偿责任。

（2）未经许可提供电子认证服务应承担的法律责任。对于未经许可提供电子认证服务的，应当承担以下行政责任：①责令停止违法行为。即由国务院信息产业主管部门责令违法行为人停止提供电子认证服务的行为。由于电子认证服务涉及民事合同有关各方的交易安全，为了使电子签名人以及电子签名依赖方免受损失，国务院信息产业主管部门一旦发现未经许可从事提供电子认证服务的行为，应当立即责令违法行为人停止违法行为。②对于有违法所得的，没收违法所得。这里讲的违法所得，是指由于非法提供电子认证服务行为而获得的全部经营收入。③违法所得 30 万元以上的，对其处以罚款。罚款，是指有行政处罚权的行政机关强制行为人承担金钱给付义务，即在一定期限内缴纳一定钱款的处罚形式。按照规定，行使行政处罚权的机关是国务院信息产业主管部门。即由国务院信息产业主管部门对违法行为人处以罚款。罚款的幅度为违法所得 1 倍以上 3 倍以下。④没有违法所得或者违法所得不足 30 万元的，处 10 万元以上 30 万元以下的罚款。

（3）电子认证服务提供者暂停或者终止电子认证服务未按规定报告的法律责任。电子认证服务提供者暂停或者终止电子认证服务，未在暂停或者终止服务 60 日前向国务院信息产业主管部门报告的，由国务院信息产业主管部门对其直接负责的主管人员处 1 万元以上 5 万元以下的罚款。

（4）电子认证服务提供者违法行为应承担的法律责任。电子认证服务提供者不遵守认证业务规则、未妥善保存与认证相关的信息，或者有其他违法行为的，由国务院信息产业主管部门责令限期改正；逾期未改正的，吊销电子认证许可证书，其直接负责的主管人员和其他直接责任人员10年内不得从事电子认证服务。吊销电子认证许可证书的，应当予以公告并通知工商行政管理部门。

2. 工作人员的法律责任。根据《电子商务法》第33条的规定，依照本法负责电子认证服务业监督管理工作的部门的工作人员，不依法履行行政许可、监督管理职责的，依法给予行政处分；构成犯罪的，依法追究刑事责任。

任务4 第三方支付法律制度

一、第三方支付概述

（一）第三方支付的概念

第三方支付即非金融机构支付，主要是指第三方支付平台，指与银行（通常是多家银行）签约，并具备一定实力和信誉保障的第三方独立机构提供的交易支持平台。

在通过第三方支付平台的交易中，买方选购商品后，使用第三方支付平台提供的方式和银行渠道进行货款支付，由第三方支付平台通知卖家货款到达、进行发货；买方检验物品后，就可以付款给卖家。此外，某些第三方支付平台还提供了一定期限内的退货服务；一些第三方支付平台提供多家银行，数十种银行卡的选择，比起传统的单一银行的网上支付方式，更丰富了网上交易的支付手段。

（二）第三方支付的业务内容

第三方支付应包括网络支付、预付卡的发行与受理、银行卡收单、中国人民银行确定的其他支付服务等类型。

网络支付，是指依托公共网络或专用网络在收付款人之间转移货币资金的行为，包括货币汇兑、互联网支付、移动电话支付、固定电话支付、数字电视支付等。

预付卡的发行与受理，是指以营利为目的发行的、在发行机构之外购买商品或服务的预付价值，包括采取磁条、芯片等技术以卡片、密码等形式发行的预付卡。

银行卡收单，是指通过销售点，即POS终端等为银行卡特约商户代收货币资金的行为。

> **课堂讨论**：请思考并讨论你曾使用过哪些第三方支付？在使用过程中是否遇到过或遇到过哪些法律风险？

二、第三方支付的法律风险

（一）主体资格与经营范围风险

第三方支付平台虽类似虚拟商业银行，但不具有银行主体资格，却从事着与资金支付结算相关业务，突破了现有特许经营限制，可能面临超范围经营等法律问题。

（二）资金安全风险

1. 沉淀资金流动性及归属风险。沉淀资金规模大，第三方支付机构是否有权使用存在争议，若使用不善造成损失难以定性和赔付；同时，沉淀资金产生的孳息归属也不明确，在法律规定和平台协议约定上存在冲突。

2. 虚拟账户资金安全风险。虚拟账户中的资金存储和流转依赖网络技术，若遭遇网络攻击、技术故障等，可能导致资金被盗取、挪用、丢失等情况，损害用户利益。

（三）交易安全风险

1. 网络欺诈风险。网络的虚拟性使交易双方身份和交易信息真实性难以核实，易出现虚假交易、卖家不发货或买家恶意拒付等欺诈行为，第三方支付平台可能需承担一定的连带责任。

2. 信息安全风险。支付渠道参数、用户个人信息等若被泄露，会给用户带来资金损失和隐私侵犯风险，大规模数据泄密事件还可能引发系统性风险，影响整个支付行业的信任度。

（四）洗钱与信用卡套现风险

1. 洗钱风险。第三方支付交易的隐蔽性和便捷性，使不法分子易利用平台进行资金的非法转移、清洗，将非法资金混入正常交易流，难以追踪资金真实来源和去向。

2. 信用卡套现风险：通过虚构交易，利用第三方支付平台将信用卡额度转化为现金，违反信用卡使用规定，扰乱金融秩序，给银行等金融机构带来风险。

三、第三方支付的监管制度

（一）机构准入与运营监管

1. 牌照许可制度。设立非银行支付机构，必须经中国人民银行批准，获取支付业务许可，且机构名称中需标明"支付"字样。未经批准，任何单位和个人不得从事或变相从事支付业务，也不得在名称和经营范围中使用"支付"字样。支付业务许可被注销后，同样禁止继续使用。例如，若一家企业未获许可却开展类似支付业务的，就属于违规行为。

2. 设立条件。需满足《中华人民共和国公司法》的规定，同时具备符合要求的注册资本（最低限额为人民币 1 亿元且为实缴货币资本，央行可根据业务类型、经营地域范围和业务规模等提高限额）；主要股东、实际控制人财务状况和诚信记录良好，近 3 年无重大违法违规记录，股权结构清晰透明；拟任董事、监事和高级管理人员熟悉相关法律法规，有履职所需经营管理能力，近 3 年无重大违法违规记录；有合规的经营场所、安全保障措施以及业务系统、设施和技术；有健全的公司治理结构、内部控制和风险管理制度、退出预案以及用户权益保障机制等其他审慎性条件。

3. 变更与终止。非银行支付机构办理变更名称、注册资本、业务类型、经营地域范围、跨省变更住所、变更主要股东或实际控制人、变更董事监事或高级管理人员、合并或分立等事项，都要经中国人民银行批准。申请变更名称、注册资本的，央行应在受理申请 1 个月内决定是否批准；其他事项则在 3 个月内决定。若拟终止支付业务，需向央行申请注销支付业务许可，按规定制定保障用户资金和信息安全的方案并公告，解散的还需依法清算，接受央行监督，办理注销手续后再向市场监督管理部门办理变更或注销登记。

（二）业务活动监管

1. 业务范围限定。非银行支付业务分为储值账户运营和支付交易处理两种类型（单用途预付卡业务除外），支付机构应按支付业务许可证载明的业务类型和经营地域范围开展业务，未经批准不得从事其他需批准的业务。

2. 业务合规要求。要建立健全并落实合规、内控、业务、风险管理制度、突发事件应急预案以及用户权益保障机制；具备必要且独立的业务系统、设施和技术，按强制性国家标准及相关网络、数据安全管理要求，确保支付业务处理及时、准确，业务连续、安全、可溯源，业务系统及其备份应存放在境内；境内交易的支付服务，需在境内完成交易处理、资金结算和数据存储，跨境交易则要遵守跨境支付、跨境人民币业务、外汇管理以及数据跨境流动的有关规定。

3. 用户协议规范。与用户签订支付服务协议，按公平原则拟定条款，并在显著位置公示。协议要明确双方权利义务、支付业务流程、电子支付指令传输路径、资金结算、纠纷处理原则以及违约责任等，不得包含排除、限制竞争以及不合理地免除或者减轻自身责任、加重用户责任、限制或者排除用户主要权利等内容，对影响用户决策的条款要合理提示并说明。

（三）资金监管

1. 备付金管理。客户备付金需全额交存至央行指定的备付金存管银行，或通过清算机构存放，支付机构不得挪用、占用、借用客户备付金，也不得将其用于担保或抵押。

2. 资金安全保障。建立完备的风险防控体系，对资金流动进行实时监控，防范洗钱、套现、欺诈等违法违规行为，保障用户资金安全。

（四）监督检查与处罚

1. 监管主体与职责。中国人民银行依法对非银行支付机构实施监督管理，其分支机构根据授权履行职责。监管部门有权对支付机构进行现场检查、非现场监管，要求其报送相关资料，进行调查询问等。

2. 违规处罚措施。对于违反监管规定的非银行支付机构，监管部门会采取责令限期改正、警告、罚款、暂停业务、吊销支付业务许可证等处罚措施，对相关责任人也会给予警告、罚款等处罚，构成犯罪的，依法追究刑事责任。

项目小结

本项目围绕电子支付法律实务，介绍三大关键任务。剖析网上银行技术与操作风险，以及安全技术应用等风控手段，明确银行与储户的责任划分及商业银行的储户保密义务；阐述电子签名概念、特点、法律效力，介绍电子认证机构的基本含义、职能与电子认证过程中各方法律责任，保障电子交易安全；讲解第三方支付的概念与业务内容，分析主体资格与经营范围、资金安全等风险，介绍包括机构准入、业务活动、资金监管及监督检查与处罚的监管制度。通过对本项目的学习，学习者应能够准确掌握网上银行、电子签名与认证以及第三方支付的法律知识，明确各方在电子支付活动中的权利与义务，了解风险防范措施和监管要求，从而在电子商务等活动中合法地开展电子支付业务，为保障电子支付的安全与稳定提供有力支持。电子支付法律实务的学习对于规范电子支付行为、优化电子支付环境、促进电子商务健康发展具有重要意义。

趁热打铁

一、选择题

1. 网上银行面临的风险中，因黑客攻击导致系统瘫痪属于（　　）。

A. 操作风险　　　　　　B. 技术风险　　　　　　C. 信用风险　　　　　　D. 市场风险

2. 下列哪项不属于法定的"可靠的电子签名"条件（　　）。

A. 电子签名制作数据用于电子签名时，属于电子签名人专有

B. 签署时电子签名制作数据仅由电子签名人控制

C. 签署后对电子签名的任何改动能够被发现

D. 电子签名必须经过第三方认证机构认证

3. 第三方支付机构若挪用客户备付金，违反了（　　）。

A. 机构准入与运营监管要求　　　　　　　　B. 业务活动监管要求

C. 资金监管要求　　　　　　　　　　　　　D. 监督检查与处罚要求

4. 电子认证机构的主要职能不包括（　　　）。

A. 颁发数字证书　　　　B. 验证用户身份　　　C. 提供资金结算服务　D. 管理数字证书

5. 商业银行对储户的保密义务主要体现在（　　　）。

A. 不得向任何单位和个人透露储户信息

B. 除法律另有规定外，不得向任何单位和个人透露储户信息

C. 仅对储户的存款金额保密

D. 仅对储户的账户密码保密

二、简答题

1. 简述网上银行风险控制的主要措施。

2. 电子签名与传统签名相比，具有哪些特点？

3. 请列举第三方支付的主要业务内容。

4. 简述电子认证机构在电子交易中的作用。

三、案例分析题

据央行网站公布的行政处罚信息显示，2022 年 12 月 30 日，央行对支付宝（中国）网络技术有限公司（以下简称支付宝）作出了行政处罚决定。具体内容如下：

因支付宝存在"未按规定履行客户身份识别义务""未按规定报送可疑交易报告""未按规定履行客户资料和交易记录保存义务""侵犯金融消费者个人信息安全"等四项违法违规行为，央行对其予以警告，并处以罚款合计71.23 亿元。

因支付宝存在"未按规定履行客户身份识别义务""未按规定报送可疑交易报告""未按规定履行客户资料和交易记录保存义务"等三项违法违规行为，央行对其时任总经理胡某某予以警告，并处以罚款合计30 万元。

因支付宝存在"侵犯金融消费者个人信息安全"的违法违规行为，央行对其时任副总经理李某予以警告，并处以罚款合计30 万元。

请分析：

1. 支付宝的这些违规行为分别对应第三方支付的哪些法律风险？

2. 结合第三方支付的监管制度，分析央行此次处罚的依据是什么？

3. 从该案例中，第三方支付机构应吸取哪些教训以避免类似违规情况再次发生？

▲　实训任务五　——一诺千金　内诚于心，外信于人

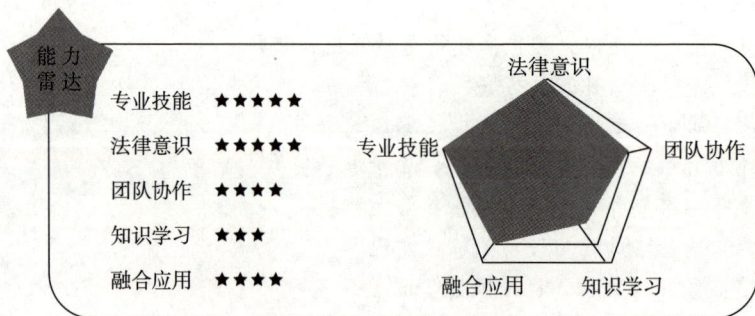

能力雷达

专业技能　★★★★★
法律意识　★★★★★
团队协作　★★★★
知识学习　★★★
融合应用　★★★★

案情经过：

2005 年 1 月，杨某某结交了女生韩某。同一年 8 月 27 日，韩某发信息给杨某某，向他借钱应急，短信讲到："我需要 5000 元，刚回北京做了眼睛手术，不能出门，你汇往我卡上。"杨某

某随后将钱汇给了韩某。一个多礼拜后，杨某某再度接到韩某的短消息，又出借韩某 6000 元。因全是短信往来，2 次汇钱杨先生也没有索取借条。自此，因韩某一直没提及借款的事，并且再度向杨某某借款，杨某某提高了警惕，因此向韩某追讨。但一直索取无果，因此提起诉讼至北京市海淀区人民法院，要求韩某偿还其 11 000 块钱，并递交了金融机构存款单 2 张。但韩某却称这是杨某某偿还之前欠她的借款。

在开庭审理中，杨某某在向人民法院递交的证据中，除出示了金融机构存款单 2 张外，还递交了自己使用的手机号为"1391166××××"的东芝移动手机一部，在其中记录了一部分短信息。后经审判长核查，杨某某出示的发送信息的手机号拨通后接通者是韩某自己。而韩某自己也认可，自己从去年七八月刚开始使用这一手机号。

人民法院经案件审理认为，根据 2005 年 4 月 1 日起施行的《电子签名法》中的要求，经人民法院对杨某某出示的移动手机短信内容转化为、存储、传递数据电文方式的可信性；维持内容一致性；方式的可信性；用于辨别发货人方式的可信性开展核查，能够评定该移动手机短信息作为证据的真实有效性。依据证据标准的有关要求，音频录影及数据信息电文能够作为证据应用，但数据信息电文应立即作为评定客观事实的证据，还需有其他书面形式证据证明。

杨某某出示的根据韩某应用账号推送的移动手机短信息中注明的账款来往额度、时间与中国建设银行本人业务流程凭中反映的杨某某给韩某汇钱的额度、时间相符合，且移动手机短信息中亦注明了韩某还款借款的意思表示，2 份证据中间互相证实，能够证明韩某向杨某某借款的客观事实。由此，杨某某所出示的手机短信息能够评定为真实可信的证据，证实真相，人民法院对于此事给予听取意见，对杨某某关于韩某还款借款的诉请给予适用。

项目要求：1. 全班学生分为 3 个小组，第一组为原告杨某某，第二组为被告韩某，第三组为法官、书记员和陪审员。

2. 各小组需厘清案件法律关系与分析法律责任承担，写作相关法律文件。

3. 学员需要积极合作、共同解决问题，并按要求提交项目成果。

项目内容：1. 第一组准备原告杨某某的模拟短信，制作银行汇款单和存单 2 张，撰写起诉状。

2. 第二组提交韩某的答辩状，陈述不还款的理由。

3. 第三组简要陈述证据审查的过程，并书写判决书。

4. 各小组间进行模拟法庭辩论。

项目评价：1. 教师通过观察学生模拟法庭进行情况进行点评，占 60%。

2. 能力雷达综合赋分：能力项分数×各项星标权重，占 40%。

最终，两项评价标准的加权得分为本组在该项目中的综合分数。

项目成果：1. 各小组的法律文书。

2. 各小组的模拟法庭表现情况。

项目六　快递物流与交付法律实务
——快递物流与交付

《2021年邮政业发展统计公报》显示，快递服务企业在2021年完成业务量1083.0亿件，同比增长29.9%，完成快递业务收入10 332.3亿元，同比增长17.5%，占全行业收入比例达到81.7%。快递服务行业在我国一直呈发展态势，快递服务的运作方式在10年间也发生着日新月异的变化，从同城服务到全球服务，快递物流在悄然间融入我们的生产生活，快递物流行业的服务人员通过电子化揽件、智能化仓储、信息化分拣、数字化运输、精准化配送等方式一步步将商品送到我们的手中，"足不出户购全球"已成为人们的日常。随着现代快递物流业务数量急速增长，业务范围逐渐扩大，隐藏在快递物流服务背后的诸多法律问题也逐渐暴露出来。因此，商家需要了解物流运输过程中存在的各种法律问题，规避法律风险，有效维护自身的合法权益。

知识目标：
- 理解快递服务的概念与分类。
- 了解快递物流中常见法律问题。
- 掌握快递物流运输的责任承担。

能力目标：
- 能够运用所学知识分析快递服务合同法律关系。
- 能够规避物流服务过程中的法律风险，提高自我防范意识。

课程思政：
- 树立诚信意识，增强法治观念、社会责任意识。
- 树立自愿、平等、协商的观念，尊重意思自治。
- 提高法律维权意识。

思维导图：

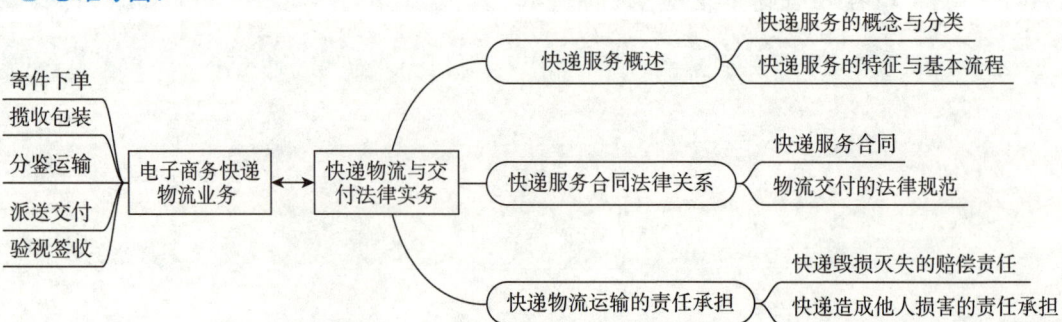

任务1 快递服务概述

在电子商务依托于互联网等电子方式进行的交易中，买卖双方并不发生现实的接触，实物商品的物理转移交付需要借助快递服务组织等第三方来完成。因此，快递服务构成电子商务必不可少的线下履约环节，了解快递服务对于处理电子商务交易纠纷具有重要意义。

一、快递服务的概念与分类

（一）快递服务的概念

交付实物商品是电子商务合同重要的履行方式之一，实践中当事人通常选择采用快递服务的方式进行物流交付。快递服务，是指快递服务组织在承诺时限内快速完成的寄递服务以及相关的增值服务。其中，寄递服务构成了快递服务概念的核心含义，即以物品为客体对象，旨在实现空间位置的快速变动，主要由收寄、分拣、运输、投递四个环节构成。

自1980年我国现代快递服务业诞生之始，快递服务凭借着物流、商流、信息流三流合一的发展优势，已经成为国民经济中现代服务业的重要组成部分。作为现代服务业的一种，快递服务具有服务的基本属性。

1. 快递服务不涉及所寄递商品的所有权转移。快递服务虽然是由快递服务组织为服务接受者生产的，但他们之间实际上没有交换任何东西，即没有发生所有权的移转。快递服务组织提供服务面对的是已经完成所有权转移的商品。

2. 快递服务的生产和消费同时发生。快递服务本身是一项有着寄递功能和作用的服务，其实际生产过程，完成交付的过程和实际接受的过程，完成消费的过程在时空上是相伴的。因此，快递服务的生产者和消费者关系甚为紧密，势必有着强烈的相互作用和影响。

3. 快递服务是无形的。与有形的商品不同，快递服务本质上是一个过程，快递服务履行后，无法还原或返，容易引发确定债务内容的困难、客观判断服务品质的困难。同时，服务的异质性使得行业内容的标准化难以形成。

（二）快递服务的分类

依据不同的标准，可将快递服务从不同的维度进行分类。

1. 根据服务的内容不同，快递服务可以分为快递基础服务和快递增值服务。快递基础服务就是指寄递服务，即实现物品空间位置的快速变动。因此，在提供基础服务的过程中，快递服务组织须保证快件的及时安全送达，不得出现毁损、灭失、短少、延误的现象，这是提供者的主给付义务。快递增值服务，是指在完成快递基础服务之上，根据用户需求提供的各种延伸业务服务。快递增值服务存在的目标在于扩展快递服务的适用范围和领域，为当事人灵活便捷地实现自身利益提供多样选择。我国快递增值服务主要包括签单返回、收件人付费、代收货款等服务项目。

2. 根据服务地域范围的不同，快递服务可以分为区域快递服务、国内快递服务、国际快递服务。区域快递服务是指快递服务组织在某一省、自治区、直辖市范围内提供的快递服务。国内快递服务是指快递服务组织在全国范围提供的省际快递服务。国际快递服务是指快递服务组织提供的两个或两个以上国家（地区）之间的快递服务。一般指跨境电子商务中的快递服务。

3. 根据服务对象和目的的不同，快递服务可以分为电子商务快递服务、商务快递服务和个人快递服务。电子商务快递服务，是指快递服务组织为进行电子商务活动的企业用户提供快递服务，用于满足消费者需求。但其并不是由电子商务平台直接提供的快递服务，这类服务的提供者仍然是快递服务组织，只是服务的对象和目的与电子商务有关。为了实现电子商务的线下履约，电子商务企业委托快递服务组织将通过电子商务模式交易的实物商品寄递至购买者手中。商务快递服务，是快递服务组织为企事业单位用户提供的快递服务。此类服务完成的是企事业单位用户之间的物品转移，满足工商业用途，以时效件、专业件、标准件为主要服务内容。个人快递服务，是快递服务组织为个人用户提供的快递服务，主要完成私人目的的快递服务，各大快递企业均提供此类服务。

> **课堂讨论：** 从快递的服务属性思考，快递服务在法律上可能存在哪些方面的问题？

二、快递服务的特征与基本流程

（一）快递服务的特征

快递服务是一种个性化的服务，是出租车而非公交车，在客户要求停车时停车，具有自身时代化、异质化的特征。

1. 时效性。快递服务的时效性，是指快递服务组织应当在承诺时限内快速完成快递服务的提供。快递服务的功能就是要将某一物品在一定期限内运送至指定地址，且上述期限需符合快递服务高速运转的生命周期。快递时限的计算时间从快件揽收时起至快件第一次投递时止。

2. 全网性。快递服务的全网性，是指快递服务依赖系统的寄递网络运行。寄递网络是快递服务的关键经营资源。寄递网络由若干个面向用户、负责快件集散的网点以及连通这些网点的网络，按照一定的原则和方式组织起来，在控制系统的作用下，遵循一定的运行规则传递快件。这种全网性主要体现在三个方面：①快递服务覆盖的地域范围广，由业务网点及寄递覆盖面，形成贯穿一体的网络；②快件寄递完善的运输网络，包括干线运输网络和末端的收寄网络、投递网络，涵盖全流程节点；③快递业务共享、互联、统一的信息系统，进行指挥调度和财务结算。最终实现一个完整的快递服务过程。

3. 便利性。快递服务的便利性，是指快递服务组织在提供快递服务时应以便民、利民为服务宗旨。快递服务本质上属于市场服务，但是其同时具有准公共服务的属性。快递服务组织开展经营活动应当以服务民生为宗旨，在设置服务场所、安排服务时间、提供服务种类上充分考虑民众的实际需要，提供"门到门"的便利服务。对此，法律强制规定，快递服务要包含末端投递服务的环节，被称作是快递服务的"最后一公里"。

4. 安全性。快递服务的安全性，是指任何单位或者个人不得利用快递服务从事危害国家安全、社会公共利益、他人合法权益的活动。广义的安全性包括寄递安全、信息安全和从业人员安全等，狭义的安全性仅指寄递安全，是指快递服务组织在提供寄递服务的过程中，通过落实国家各项安全生产制度，采取人防、物防和技防等方式，保障快件在寄递各环节的安全的活动。快递服务具有准公共服务属性，快递服务使用的普遍化、寄递网络设施的公共化都对快递服务的安全性提出了更高的要求。

（二）快递服务的基本流程

在快递服务概念中提到，快递服务主要包括收寄、分拣、运输、投递四个环节。收寄，是快递服务组织从寄件人处收取快件的过程。分拣，是快递服务组织按照寄递地址信息对快件进行分类的过程。运输，是快递服务组织运用各种交通方式将快件从分拣中心运至目的地的过程。投递，是快递服务组织将已经到达目的地的快件送交收件人的过程。

在具体的业务操作中，会结合实际的运作条件具体化为四大基本环节——收寄，处理，运输，派送。快递服务的基本流程如图6-1所示。

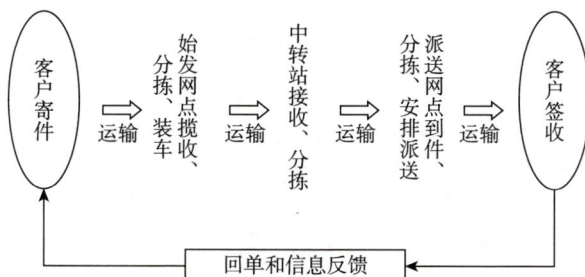

图 6-1　快递服务的基本流程

1. 快递收寄。获得订单后完成从客户处收取快件和收寄信息的过程。

2. 快递处理。包括快件接收、分拣、封发三个主要环节。

3. 快递运输。包括从寄方揽件至始发网点、始发网点至中转站、中转站至派送网点、派送网点至收方之间的全链条运输。

4. 快递派送。业务员按运单信息，上门将快件递交收件人并获得签收信息的过程，是最后环节。

> **课堂讨论：** 参考自身网购经历，请对现代快递的特征与问题进行探讨并分享。

任务 2　快递服务合同法律关系

◇ 案例 6-1

周某诉某速运公司快递服务合同纠纷案[1]

周某于 2022 年 3 月底以 32 800 元的价格网购一只和田玉手镯，试戴后发现不合适，遂于 2022 年 4 月 6 日通过某速运公司将手镯寄回在新疆乌鲁木齐的卖方。某速运公司的揽收人员在收件前对手镯进行查验，确认无损坏后拍照上传系统并打包寄送。2022 年 4 月 17 日，卖家在某速运公司快递送达人员的见证下开封验货，发现手镯被划损，有明显裂痕，故不同意退货退款，该快递被寄回，现存放在该公司寄件区仓库。涉案手镯属于玉制品，损坏后无法修复。沟通过程中，某速运公司提出寄送涉案手镯的打包盒外观完好，不属于快递运输过程中发生损毁的情形，且该手镯并未保价，即使在快递运输过程中发生损毁，最高只能按照运费的 7 倍赔偿。《电子运单契约条款》5.1 写明："因本公司原因造成托寄物损毁、灭失的，结合您是否保价对应的标准进行赔偿，该赔偿不包括您基于货物可能获得的收益、利润、实际用途、商业机会、商业价值等任何间接损失。"（该内容为红色加粗字体）5.3.1 写明："1）当您寄递非生鲜件托寄物，在运输环节发生灭失、破损、短少的，公司在 7 倍运费限额内向您赔偿托寄物的实际损失，双方另有约定的除外。如您认为该赔偿标准不足以弥补您的损失，应根据托寄物的实际价值进行保价。如您未保价，视为托寄物价值不超过 1000 元。"（该内容为红色加粗字体）以上内容周某于 2022 年 4 月 6 日 17 时 50 分 10 秒阅读前述条款，并点击了"同意本条款，下次不用提醒我"的按键。

---

[1]《周某诉某甲速运公司快递服务合同纠纷案》，载 https：//www.pkulaw.com/pfnl/08df102e7c10f2069647132439 d2c30a6c18800ff2b96908bdfb.html？keyword=%EF%BC%882022%EF%BC%89E7%B2%A40105%E6%B0%91%E5%889D11797%E5%8F%B7&way=listView#anchor-documentno，最后访问日期：2025 年 7 月 21 日。

但周某认为，保价条款属于限制消费者主要权利的格式条款，应认定无效，某速运公司无权据此免责。包装盒外观完好，但运输所用时间明显长于通常标准，仅在中转中心即逗留 7 天，不排除有人在快递寄出后打开包装盒，损毁手镯后再重新包装派送，且只有某速运公司及员工有时间及条件如此操作，故某速运公司应承担全部责任，后周某起诉至人民法院，请求判令某速运公司赔偿手镯损失 32 800 元。

请分析：

1. 本案中《电子运单契约条款》的保价条款是否有效？

2. 周某未保价，是否能够要求某速运公司赔偿手镯损失？

伴随着电子商务经济的进一步发展，依托网络平台产生的经济新业态电子商务行业迅速崛起。快递行业也凭借自身在电子商务行业中的重要纽带作用，一跃成为我国经济发展中的一匹黑马。快递物流作为实现电子商务的重要组成部分，我们在享受方便快捷物流服务的同时也应当明晰物流服务过程中可能存在的一系列法律问题。

一、快递服务合同

（一）快递服务合同的概念与特征

快递服务即快速收寄、运输、投递单独封装的、具有标识的快件或其他不需储存的物品，按承诺时限递送到收件人或指定地点、并获得签收的寄递服务。

快递服务包括收寄、运输、投递以及签收等环节。快递服务合同可定义为寄件人与快递公司订立的，在承诺时效内将快件投递给收件人的契约。快递服务合同法律性质上属于提供劳务或服务的运输合同，并且为货物运输合同。

快递服务合同相较其他合同更加讲究时效性、便捷性、价格等特殊性。快递服务合同具有以下特征：

1. 合同的客体是运送行为。快递服务合同的标的是承运人的运送行为，而不是被运送的货物，货物仅是运送行为的对象。

2. 诺成、双务、有偿合同。快递服务合同通常只要双方当事人之间达成合意，即告成立，无须以交付运送货物为成立要件。即快递服务合同自寄件人与快递服务公司工作人员双方签字或盖章时生效。快递服务公司有义务为托运人运送物品，同时有权获得报酬；托运人有义务支付运费或票款，同时有权要求快递服务公司完成运送行为。

3. 快递服务合同多包含格式条款，合同条款由快递服务公司事先拟定，托运人仅有就此条款表示同意与否的权利。

4. 快递服务合同均涉及第三人。当托运人指定的收货人并非自己时，合同就涉及第三人。第三人虽不是合同的当事人，但却是合同的利害关系人，因而享有相应的权利，如验货权与提货权。

5. 快递服务合同均以完成一定行为为履行要件。承运人须将货物交付收货人才算履行完毕，即快递服务公司须将快递物品交付收件人才算履行完毕。

（二）快递服务合同当事人的权利和义务

实践中，快递服务公司作为快递物流服务提供者从事运送货物等服务，其本质与货物运输合同没有区别。因此，把快递服务公司与商家之间的关系界定为运输合同关系，商家作为托运人，快递服务公司为承运人，买方为收货人。

1. 托运人的主要权利和义务。

（1）任意变更、解除合同权。根据《民法典》第 829 条的规定，在承运人将货物交付收货人之前，托运人可以要求承运人中止运输、返还货物、变更到达地或者将货物交给其他收货人，但是应当赔偿承运人因此受到的损失。

（2）支付运输费用义务。支付运费是托运人的基本义务。根据《民法典》第836条的规定，托运人或者收货人不支付运费、保管费或者其他费用的，承运人对相应的运输货物享有留置权，但是当事人另有约定的除外。

（3）交付快件、如实填写快递面单义务。寄件人交寄物品时应如实提供姓名、地址和联系电话，以及寄递物品的名称、性质和数量。

（4）托运危险物品的妥善包装、安全警示等义务。

2. 承运人的主要权利和义务。

（1）收取运费的权利。货运合同属于有偿合同，承运人有权收取托运人的运费。

（2）安全运送物品义务。承运人要按照双方约定的时间、地点，安全无损地将物品运抵目的地。如因承运人的原因错运到货地点或逾期运到的，承运人应承担违约责任；如出现物品损坏或丢失，应承担赔偿责任。

（3）及时通知收货人接收货物。货物运输到达后，承运人知道收货人的，应当及时通知收货人当面查验并接收货物。收货人逾期领取货物的，承运人可以收取保管费；收货人不明或无正当理由拒绝受领的，承运人可以提存。

（4）使用绿色环保包装材料对托运的物品进行妥善包装义务。

（5）建立快递运单及电子数据管理制度，及时更新物流信息使收货人可以随时跟踪货物信息，妥善保管用户个人信息等电子数据义务。

3. 收货人的主要权利和义务。

当托运人与收货人不是同一人时，托运人的部分义务便依托运人与收货人的约定而转移于收货人。

（1）领取货物的权利。在承运人把货物运到约定地点后，收件人享有向快递公司请求交付货物的权利。

（2）当场检验货物的权利。收货人提货时可以按照约定的期限当面查验货物。

（3）变更收货人和收货地点的权利。必要时，收货人有权向承运人提出变更收货人和收货地点的要求。

（4）支付运费、保管费等义务。在收到收货通知后，收货人应按时签领货物，缴清应付费用。超过规定时间提货时，应向承运人交付保管费用。

课堂讨论： 回顾自己的网购经历，谈一谈你在领取快递时是否做到了上述要求？快递服务公司是否履行了相应的法定义务？

法条链接：

《民法典》第809条　运输合同是承运人将旅客或者货物从起运地点运输到约定地点，旅客、托运人或者收货人支付票款或者运输费用的合同。

《民法典》第829条　在承运人将货物交付收货人之前，托运人可以要求承运人中止运输、返还货物、变更到达地或者将货物交给其他收货人，但是应当赔偿承运人因此受到的损失。

《民法典》第830条　货物运输到达后，承运人知道收货人的，应当及时通知收货人，收货人应当及时提货。收货人逾期提货的，应当向承运人支付保管费等费用。

《电子商务法》第52条第3款　快递物流服务提供者应当按照规定使用环保包装材料，实现包装材料的减量化和再利用。

《快递暂行条例》第26条　经营快递业务的企业应当将快件投递到约定的收件地址、收件人或者收件人指定的代收人，并告知收件人或者代收人当面验收。收件人或者代收人有权当面验收。

《快递暂行条例》第23条第1款　寄件人交寄快件，应当如实提供以下事项：

（一）寄件人姓名、地址、联系电话；

（二）收件人姓名（名称）、地址、联系电话；

（三）寄递物品的名称、性质、数量。

（三）快递服务合同中的保价服务及格式条款

1. 保价服务。快递服务合同中的保价服务是快递服务公司为了重复使用而预先制定的合同条款，内容未经合同另一方当事人协商。快递服务合同中的保价服务针对的是选择某快递公司且为快件保价的寄件人，对象是不特定的多数人；保价条款内容相对固定，寄件人不得与制定者协商改变，只能选择接受或不接受。保价条款是快递服务合同的重要组成部分，也是快递服务公司预先拟定的格式条款。

2. 格式条款。根据《民法典》第496条第1款的规定，格式条款是当事人为了重复使用而预先拟定，并在订立合同时未与对方协商的条款。格式条款旨在节约交易成本、提高交易效率，其存在以下特点：

第一，预先拟定性。格式条款由一方主体未经对方同意或者未进行磋商预先制定，是否在双方当事人之间发生效力由另一方当事人全部接受或者不接受格式条款内容决定。

第二，交易对象不特定性。格式条款的制定者往往是一些企业或者机构，交易对象是社会大众。

第三，内容稳定性。格式条款在一定时间内是固定的，内容不轻易变更，一经确定则同时约束交易双方。

第四，条款内容能够重复使用。格式条款并非针对某一具体交易制定，而是出于重复使用目的制定，旨在降低交易成本。

3. 效力判定。快递服务合同中保价条款是否有效主要的判断点在于，快递服务公司是否在寄件人签订运单时尽到合理的提示和说明义务，对于物品的损毁、丢失，快递服务公司不存在故意或重大过失，同时该条款还应当符合公平的原则，满足以上三个条件该保价条款有效。

《民法典》第496条第2款规定："采用格式条款订立合同的，提供格式条款的一方应当遵循公平原则确定当事人之间的权利和义务，并采取合理的方式提示对方注意免除或者减轻其责任等与对方有重大利害关系的条款，按照对方的要求，对该条款予以说明。提供格式条款的一方未履行提示或者说明义务，致使对方没有注意或者理解与其有重大利害关系的条款的，对方可以主张该条款不成为合同的内容。"故快递服务公司对保价条款中具有免责因素的约定负有提示和说明的义务。快递服务公司应该使用合适的方式告知寄件人，免除或者减轻其责任和与寄件人有重大利害关系的条款，并予以充分说明。虽然《民法典》中并未明确细化格式条款提示和说明义务的履行方式，但是生活中，大多数寄件人都会采用小程序、网上下单的形式来填写寄件信息，此时，针对排除和限制寄件人主要权利、免除和减轻自己责任、加重对方责任的条款，在提示的方式上，快递服务公司可以在物流运单上用特殊字体、加粗文字、下划线等对保价条款作出显著标识；同时公司可派专人在订立合同之前或签订合同时用通俗易懂的方式重点提示保价赔偿等规则，尽可能明确表达。

即使快递服务公司对保价条款尽到了合理的提示义务，但如果其在运输途中对货物的毁损、灭失存在故意和重大过失，该保价条款也会归为无效。然而在实践当中，难点在于寄件人对于快递物流公司是否存在过错难以举证，为了保障双务合同中各方当事人利益均衡，应当明确此时由快递物流公司承担举证责任，证明其在运输途中已尽到了合理的管理义务，合理分配双方当事人的举证义务。

综上，保价服务作为解决寄件人与快递服务公司就物品毁损、灭失时的特殊约定，其属于快递服务公司预先拟定的格式条款。因此在认定该条款是否有效时，应当充分借鉴合同成立规则及合同生效规则。另外，还需要综合考虑到市场主体各方利益的均衡，应当借助公平原则对个案中的具体条款进行审视。因此，实践中如采用纸质邮寄单，快递服务公司要提醒相对人仔细阅读，并在条款页签字；如采用线上下单，一定要设计足以提醒相对人注意的形式，必须勾选同意框等；而作为寄件人，对于网络交易弹出的协议页面，必须认真阅读后再勾选"同意"框，避免忽略涉及自身利益的重要条款。

法条链接：

《民法典》第 496 条　格式条款是当事人为了重复使用而预先拟定，并在订立合同时未与对方协商的条款。

采用格式条款订立合同的，提供格式条款的一方应当遵循公平原则确定当事人之间的权利和义务，并采取合理的方式提示对方注意免除或者减轻其责任等与对方有重大利害关系的条款，按照对方的要求，对该条款予以说明。提供格式条款的一方未履行提示或者说明义务，致使对方没有注意或者理解与其有重大利害关系的条款的，对方可以主张该条款不成为合同的内容。

《最高人民法院关于审理网络消费纠纷案件适用法律若干问题的规定（一）》第 1 条　电子商务经营者提供的格式条款有以下内容的，人民法院应当依法认定无效：

（一）收货人签收商品即视为认可商品质量符合约定；

（二）电子商务平台经营者依法应承担的责任一概由平台内经营者承担；

（三）电子商务经营者享有单方解释权或者最终解释权；

（四）排除或者限制消费者依法投诉、举报、请求调解、申请仲裁、提起诉讼的权利；

（五）其他排除或者限制消费者权利、减轻或者免除电子商务经营者责任、加重消费者责任等对消费者不公平、不合理的内容。

《快递暂行条例》第 22 条　经营快递业务的企业在寄件人填写快递运单前，应当提醒其阅读快递服务合同条款、遵守禁止寄递和限制寄递物品的有关规定，告知相关保价规则和保险服务项目。

寄件人交寄贵重物品的，应当事先声明；经营快递业务的企业可以要求寄件人对贵重物品予以保价。

二、物流交付的法律规范

◇ 案例 6-2

陈某诉某物流公司快递服务合同纠纷案〔1〕

陈某系南京某经营部员工。2021 年 3 月 15 日，陈某通过某物流公司寄送快递：货物为苹果手机两台（11 170 元每台）及配件，货物重量为 1250 克，保价金额 12 000 元，收件人为黄某。该货物于 2021 年 3 月 18 日送达至辽宁省营口市收件人处，收件人发现邮件较轻，经收件人与物流工作人员共同现场开箱验收，发现邮件中缺少手机两台，其他配件完好。上述邮件出现丢失情况后，收件人进行退件处理。2021 年 4 月 24 日，南京某经营部向购买人支付两台苹果手机的赔偿款 22 340 元。因涉案寄件的保价金额为 12 000 元，某物流公司已向陈某赔付 12 000 元，剩余款项未赔付。后陈某将物流公司诉至人民法院。

请分析：

1. 本案中，某快递公司应采用何种交付方式？某快递公司是否已经履行了快递服务合同？

2. 快递丢失，陈某能否要求某快递公司承担实际损失的赔偿责任？

（一）快递物流交付的方式

现如今，网购已经成为绝大多数人的主流购物方式，采用快递物流方式邮寄送达商品也成为网购最便捷的送达手段。一般情况下，快递需要收件人亲自签收或找他人代收。但现实生活中，许多消费者表示在签收快递的过程中，有过快递被放家门口、收发室的情况，更有消费者表示，某些快递员为了追求送货效率，在事先未告知的情况下擅自将快递放至家门口，显然这种"不告而放"的情形会经常导致快递丢失。当然，也存在消费者为图便捷主动要求快递配送员将快递放置于家门口或驿站的情形。看似简单的交付方式，实则直接决定了快递服务合同能否实际履行。

《快递暂行条例》第 26 条规定："经营快递业务的企业应当规范操作，防止造成快件损毁。法律法规对食品、药品等特定物品的运输有特殊规定的，寄件人、经营快递业务的企业应当遵守相关规定。"快递物流服务提供者应当严格按照约定的收件地址和收件人进行包裹投递，除非收件人同意，不得交由他人代收，不得要求收件人到指定地点收取包裹。《电子商务法》第 52 条第 2 款也明确规定："快递物流服务提供者为电子商务提供快递物流服务，应当遵守法律、行政法规，并应当符合承诺的服务规范和时限。快递物流服务提供者在交付商品时，应当提示收货人当面查验；交由他人代收的，应当经收货人同意。"由此可见，收件人或者是他人指定的代收人有权利要求快递服务公司送货上门并且当面验收，如果快递服务公司想把快递放到智能快递柜或者其他代收点，那么首先需要征得收件人的同意，如果收件人不同意，则必须将商品送货上门。

那么现实生活中，对于快递员"不告而放"的情形，即快递服务公司并未告知收件人或代收人当面验收，应视为快递服务公司未将商品送达收件人。根据《民法典》第 832 条的规定，承运人对运输过程中货物的毁损、灭失承担赔偿责任。但是，承运人证明货物的毁损、灭失是因

---

〔1〕《江苏省南京市中级人民法院发布 10 起 2022 年度消费者权益保护典型案例之二：陈某诉某物流公司快递服务合同纠纷案——快递经营者因故意或重大过失导致货物毁损灭失的，无权引用保价条款免责》，载 https://www.pkulaw.com/pfnl/08df102e7c10f2069efd4c1c529818e03ff4b96cdaa49f99bdfb.html? keyword =% E9% 99% 88% E6% 9F% 90%E8%AF%89%E6%9F%90%E7%89%A9%E6%B5%81%E5%85%AC%E5%8F%B8&way = listView，最后访问日期：2025 年 7 月 22 日。

不可抗力、货物本身的自然性质或者合理损耗以及托运人、收货人的过错造成的，不承担赔偿责任。故此种情况下快件丢失，应由快递服务公司承担赔偿责任。如果是收件人主动要求或同意快递员将快件放置于家门口进而丢失的，应视为快递服务公司已经履行运输义务，商家也已经完成交付义务，因此快件丢失的损失只能由收件人自行承担。

> **课堂讨论：** 回顾自己的网购经历，谈一谈你日常生活中会使用哪种方式签收快递呢？是否遇到过快递员"不告而放"的情况？

（二）物流方式交付商品的时间及风险负担

1. 交付时间的认定。采用快递物流方式交付商品的，收货人的签收时间为交付时间。如果收货人没有签收到货物，商家不能以其已经发货为由，称商品已经完成交付。在签订合同时，双方可以就交付方式、交付时间进行约定。

2. 风险负担。我国立法上采用交付主义模式作为买卖合同的风险负担规划，标的物的风险转移时间以出卖人完成交付为依据。合同标的为交付商品且采用快递物流方式交付的，收货人签收时间为交付时间。故没有特殊约定的情况下，快递在签收之前，商品发生毁损灭失的，其风险由商家承担；包裹签收完成意味着标的物交付完成，商品损毁、灭失的风险也随之由商家转移到买受人身上；即使7天无理由退货期间，由于交付已经完成，买受人应当承担标的物毁损灭失的风险。

《民法典》第832条规定："承运人对运输过程中货物的毁损、灭失承担赔偿责任。但是，承运人证明货物的毁损、灭失是因不可抗力、货物本身的自然性质或者合理损耗以及托运人、收货人的过错造成的，不承担赔偿责任。"由此可知，快递服务公司在承运期间内因不可抗力等不可归责于双方当事人的原因致使货物毁损的，由托运人或收货人（即买卖合同之出卖人或买受人）承担货物风险，快递服务公司不承担标的物灭失的风险，只承担运费风险。

> **课堂讨论：** 网购商品快递送达，商品在快递途中签收之前毁损的，风险由谁承担？

法条链接：

《电子商务法》第52条第1、2款　电子商务当事人可以约定采用快递物流方式交付商品。

快递物流服务提供者为电子商务提供快递物流服务，应当遵守法律、行政法规，并应当符合承诺的服务规范和时限。快递物流服务提供者在交付商品时，应当提示收货人当面查验；交由他人代收的，应当经收货人同意。

《快递暂行条例》第26条　经营快递业务的企业应当将快件投递到约定的收件地址、收件人或者收件人指定的代收人，并告知收件人或者代收人当面验收。收件人或者代收人有权当面验收。

《民法典》第512条　通过互联网等信息网络订立的电子合同的标的为交付商品并采用快递物流方式交付的，收货人的签收时间为交付时间。电子合同的标的为提供服务的，生成的电子凭证或者实物凭证中载明的时间为提供服务时间；前述凭证没有载明时间或者载明时间与实际提供服务时间不一致的，以实际提供服务的时间为准。

电子合同的标的物为采用在线传输方式交付的，合同标的物进入对方当事人指定的特定系统且能够检索识别的时间为交付时间。

电子合同当事人对交付商品或者提供服务的方式、时间另有约定的，按照其约定。

《民法典》第 604 条　标的物毁损、灭失的风险，在标的物交付之前由出卖人承担，交付之后由买受人承担，但是法律另有规定或者当事人另有约定的除外。

《电子商务法》第 51 条　合同标的为交付商品并采用快递物流方式交付的，收货人签收时间为交付时间。合同标的为提供服务的，生成的电子凭证或者实物凭证中载明的时间为交付时间；前述凭证没有载明时间或者载明时间与实际提供服务时间不一致的，实际提供服务的时间为交付时间。

合同标的为采用在线传输方式交付的，合同标的进入对方当事人指定的特定系统并且能够检索识别的时间为交付时间。

合同当事人对交付方式、交付时间另有约定的，从其约定。

《民法典》第 832 条　承运人对运输过程中货物的毁损、灭失承担赔偿责任。但是，承运人证明货物的毁损、灭失是因不可抗力、货物本身的自然性质或者合理损耗以及托运人、收货人的过错造成的，不承担赔偿责任。

《民法典》第 835 条　货物在运输过程中因不可抗力灭失，未收取运费的，承运人不得请求支付运费；已经收取运费的，托运人可以请求返还。法律另有规定的，依照其规定。

任务 3　快递物流运输的责任承担

◇ 案例 6-3

罗某诉某快递公司损毁货物案[1]

2022 年 7 月 31 日，罗某委托某快递公司运输掐丝唐卡，某快递公司向罗某出具运输单。运输单载明：标准快递。名称：唐卡，保价：20 000 元，保费 80 元，已验视。收件人陈某，寄件人罗某，付款方式：到付 240 元。2022 年 8 月 4 日，快递寄达收件人陈某，但陈某看到快递外包装已破损，拆开包装后发现唐卡已完全损坏，故以货物损毁为由拒收，快递被退回给罗某。罗某因此起诉某快递公司，要求其按照保价赔偿货物损失 20 000 元。

请分析：

1. 此案例中，某快递公司是否应该就货物毁损承担法律责任？

2. 若某快递公司应承担货物损毁责任，赔偿金额应如何计算？

快递物流运输是指将物品从一个地点转移到另一个地点的过程，包括装载、运输、卸载等环节。作为电子商务活动交付环节的核心功能要素，快递物流运输发挥着极其重要的作用。伴随着"互联网+"的深度发展，电子商务行业迅速崛起，网购也成为人们日常生活购物的主要方式，快递业务量也随之快速增长；然而，因快递物流运输而产生的法律纠纷也日益增多。一旦在运输过程中发生货物毁损、灭失或者因快递原因造成他人损害的情况，我们又该如何寻求法律救济，谁应当承担相应的赔偿责任呢？

---

〔1〕《快递毁损灭失后如何维权？》，载 http://www.xnwbw.com/html/2024-08/01/content_308781.htm，最后访问日期：2025 年 7 月 22 日。

一、快递毁损灭失的赔偿责任

（一）快递物流常见的法律问题

实践中，快递物流常见的法律问题包括：野蛮分拣、快递延误、快递内件不符、快递损毁、快递丢失五大类。其中，快递损毁和快递丢失对于交易的影响程度较深，也最容易产生法律纠纷。

1. 野蛮分拣。分拣是将物品按品种、出入库先后顺序进行分门别类地堆放的作业，是完善送货、支持送货的准备性工作，是物流运输中的重要环节。目前，野蛮分拣已成为影响快递服务质量与发展的一大痛点。继 2012 年申通快递被指暴力分拣被相关部门约谈后，2013 年 3 月，顺丰速运、韵达快递、圆通速递又被央视曝光分拣不合规。

对此，我国《快递暂行条例》第 25 条第 1 款作出了规定："经营快递业务的企业应当规范操作，防止造成快件损毁。"《快递市场管理办法》第 26 条第 8 项规定："经营快递业务的企业应当建立服务质量管理制度和业务操作规范，保障服务质量，并符合下列要求：……（八）保障快件安全，防止快件丢失、损毁、内件短少，不得抛扔、踩踏快件；"从立法上进一步明确了快递服务企业的义务与操作规范。

2. 快递延误。快递延误一般指快递因未能在规定时间内完成投递和派送，导致货物未能按时抵达收货人手中的情况。按照快递运输流程的节点，可将快递延误的原因划分为：首次投递未在要求时限内完成，中转运输未在要求时限内完成，末端配送未在要求时限内完成。对于每个节点快递服务的时限，国家邮政局公布的《〈快递服务〉邮政行业标准》第 4.4 条规定："快递服务时限指快递服务组织从收寄开始，到第一次投递的时间间隔。除了与顾客有特殊约定（如偏远地区）外，服务时限应满足以下要求：a）同城快递服务时限不超过 24 小时；b）国内异地快递服务时限不超过 72 小时。"通过对同城和异地两种投递范围的时限限制，由点及线，完成对整个运输过程的时限要求。该标准同时对彻底延误时限进行了规定，即从快递服务组织承诺的服务时限到达之时算起，到顾客可以将快件视为丢失的时间间隔。

根据快递服务的类型，彻底延误时限主要包括：①同城快件为 3 个日历天；②国内异地快件为 7 个日历天；③港澳快件为 7 个日历天；④台湾快件为 10 个日历天；⑤国际快件为 10 个日历天。一旦超过上述时限则构成快递延误。

3. 快递内件不符。快递内件不符，即指收到的物品与先前约定的内容不相符合。一般分为快递内容物与单据记录品名不符和快递内容物数量、重量不符两类。《消费者权益保护法》第 23 条第 2 款规定："经营者以广告、产品说明、实物样品或者其他方式表明商品或者服务的质量状况的，应当保证其提供的商品或者服务的实际质量与表明的质量状况相符。"一旦出现快递内件不符的情况可以分情况进行处理：①内件品名与寄件人填写品名不符，按照完全损毁赔偿；②内件品名相同，数量和重量不符，按照部分损毁赔偿。

在现实网购活动中，货品与实物不符的可以直接要求商家退换货，由商家承担运输等必要费用。如果商家提供商品或服务存在欺诈行为，消费者有权要求赔偿。赔偿的具体金额为消费者购买商品的价款或接受服务的费用的 3 倍；如果这个金额不足 500 元，那么赔偿金额应为 500 元。因此，消费者在网购过程中发现发货的商品与实际收到的商品不符可以要求退一赔三。作为消费者，遇到货不对板的问题时，可以先与商家进行协商；协商不成的话可以申请平台客服介入处理；也可以向消费者协会投诉反映情况；或者提请仲裁或者向人民法院提起诉讼。

4. 快递损毁。快递损毁指在快递运输的过程中，故意或过失而导致的快递损坏毁灭，异于或完全失去其应有价值，从而形成侵害权益的事实。虽然 2011 年国家邮政局公布的《快递业务操作指导规范》对收递、分拣、运输、投递、快递营业场所设施设备作了详细规定，但操作不规范现象屡禁不止。以分拣环节为例，快递经过中转站运往下一级配送中心需要进行分拣作业，有的快递企业为提高效率，出现随意堆放、猛拉、拖拽、抛掷快件等操作，这种野蛮分拣容易造成快件毁损。其次，在正常作业情况下，由于作业所带来的负荷也是原因之一，以运输环节为例，受到配载车辆、运输道路、气候、快递堆放方式等影响，当包装不完备或是快递本身属于易损毁物品时，容易造成毁损。

一般快递损毁赔偿应主要包括：①完全损毁，指快递价值完全丧失，参照快递丢失赔偿原则；②部分损毁，指快递价值部分丧失，依据快递丧失价值占总价值的比例，按照快递丢失赔偿额度的相同比例进行赔偿。

5. 快递丢失。快递丢失是在网购快递中较为常见的现象，即因为运输或仓储时的保管不当导致快递货物丢失，无从追溯的情况。当快递全部丢失致使合同目的不能实现时，快递企业构成根本违约。一般多发生在快递中转环节、投递环节等阶段；同时，快递被盗也是快递丢失的原因之一。由于快递服务作业参与主体多、参与环节复杂、涉及范围广、快递从业人员素质参差不齐，快递丢失还在伴随着快递服务的整个阶段。

> **课堂讨论：** 在日常网购和收寄快递时你是否遇到过上述问题？你是如何维护自身的合法权益？

（二）快递毁损灭失的赔偿原则及免责事由

在运输途中由于各种原因造成快递损毁灭失的，导致合同目的不能实现时，则构成根本违约，快递服务公司理应承担相应的赔偿责任，消费者可以根据《民法典》第582条的规定主张损害赔偿。关于赔偿问题，一般可以通过事前签订的保价条款进行约定，而在实际操作过程中，很多运输合同中并没有对保价或赔偿内容作出约定。基于现实情况，我国《快递暂行条例》第28条规定："快件延误、丢失、损毁或者内件短少的，对保价的快件，应当按照经营快递业务的企业与寄件人约定的保价规则确定赔偿责任；对未保价的快件，依照民事法律的有关规定确定赔偿责任。国家鼓励保险公司开发快件损失赔偿责任险种，鼓励经营快递业务的企业投保。"

1. 保价运输情况下货物受损的赔偿。保价运输即托运人在办理托运货物的手续时或者与承运人签订合同时，向承运人要求进行保价运输，声明货物的价格，并支付保价费。实际上是当事人之间对货物受损赔偿额的一种约定。一般情况下，保价额相当于货物的价值。

托运人办理保价运输的，承运人应当按照实际损失进行赔偿，但最高不得超过保价额。实际损失低于保价额的，按照实际损失进行赔偿。保价制度有利于纠纷的解决，维护消费者的利益及快递服务企业自身的发展。

我国专门法中对承运人的赔偿责任范围基本上都作了规定，例如，《中华人民共和国铁路法》第17条第1款对货物的保价运输作出了规定："铁路运输企业应当对承运的货物、包裹、行李自接受承运时起到交付时止发生的灭失、短少、变质、污染或者损坏，承担赔偿责任：（一）托运人或者旅客根据自愿申请办理保价运输的，按照实际损失赔偿，但最高不超过保价额。（二）未按保价运输承运的，按照实际损失赔偿，但最高不超过国务院铁路主管部门规定的赔偿限额；如果损失是由于铁路运输企业的故意或者重大过失造成的，不适用赔偿限额的规定，按照实际损失赔偿。"《中华人民共和国海商法》第56条第1款规定："承运人对货物的灭失或者损坏的赔偿限额，按照货物件数或者其他货运单位数计算，每件或者每个其他货运单位为666.67

计算单位，或者按照货物毛重计算，每公斤为 2 计算单位，以二者中赔偿限额较高的为准。但是，托运人在货物装运前已经申报其性质和价值，并在提单中载明的，或者承运人与托运人已经另行约定高于本条规定的赔偿限额的除外。"又如，《中华人民共和国民用航空法》第 128 条规定："国内航空运输承运人的赔偿责任限额由国务院民用航空主管部门制定，报国务院批准后公布执行。旅客或者托运人在交运托运行李或者货物时，特别声明在目的地点交付时的利益，并在必要时支付附加费的，除承运人证明旅客或者托运人声明的金额高于托运行李或者货物在目的地点交付时的实际利益外，承运人应当在声明金额范围内承担责任；本法第一百二十九条的其他规定，除赔偿责任限额外，适用于国内航空运输。"第 129 条第 1 款第 2 项规定："国际航空运输承运人的赔偿责任限额按照下列规定执行：……（二）对托运行李或者货物的赔偿责任限额，每公斤为 17 计算单位。旅客或者托运人在交运托运行李或者货物时，特别声明在目的地点交付时的利益，并在必要时支付附加费的，除承运人证明旅客或者托运人声明的金额高于托运行李或者货物在目的地点交付时的实际利益外，承运人应当在声明金额范围内承担责任。"

2. 未保价运输情况下的赔偿。

（1）如果当事人对货物的毁损、灭失的赔偿额，没有约定或者约定不明确，可以采取以下补救措施：一是进行补充协议的签订。即当事人可以另行订立补充协议，对货物毁损、灭失的赔偿额或计算方法等补充做出明确约定；二是若无法达成补充协议，可以通过合同的相关条款或者根据交易习惯确定。

（2）按照到达地的市场价格计算赔偿。若依据《民法典》第 510 条的规定仍不能确定计算方法与赔偿金额，按照交付或者应当交付时货物到达地的市场价格计算。以交付时或者应当交付时货物到达地的市场价格来计算货物的赔偿额，目的在于使托运人或者收货人获得假如货物安全及时到达并按合同交付时所获得的利益，有利于保护托运人或者收货人的利益。

货物的价格应该是该货物交付或者应当交付时货物到达地的与合同约定相应市场的价格。如果货物在到达地非常稀缺，未形成市场价格，可以根据货物的评估价格或者依据成本加乘一定的利润率，根据具体情况酌定该货物价格。

3. 快递毁损灭失的免责事由。在有些情况下，快递发生毁损灭失并不是由于承运人未保护好货物而发生，例如，因恶劣的天气导致道路变形而导致的列车脱轨，货物毁损灭失，这种情况下让承运人承担全部责任，难免有失公平。因此为保护承运人的合法权益，平衡双方法益，《民法典》第 832 条规定了承运人的免责事由："承运人对运输过程中货物的毁损、灭失承担赔偿责任。但是，承运人证明货物的毁损、灭失是因不可抗力、货物本身的自然性质或者合理损耗以及托运人、收货人的过错造成的，不承担赔偿责任。"

> **课堂讨论：**在曾经的网购经历中，你是否遇到过快递毁损灭失的情况？你是如何处理的，是否获得了相应赔偿？

综上，我国《民法典》、《中华人民共和国邮政法》（以下简称《邮政法》）、《快递暂行条例》等法律法规对快递在运输过程中毁损灭失问题进行了规定。在判定快递毁损灭失的责任与赔偿内容时，应当依据保价协议、补充协议、货物市场价格等条款和规则。必要时，可参考当事人的交易习惯等约定内容。在实践中，当邮寄快递价值较高的物品时，建议对物品进行保价。提前签订保价协议有助于规避寄件物品损毁灭失的法律风险，同时也可以提高事后争议解决的效率。除此之外，邮寄物品时，我们还应该注意留存运输单据等证据材料，以便在货损理赔时作为证据申请对货物进行价值评估，维护我们的合法权益。

法条链接：

《消费者权益保护法》第 44 条 消费者通过网络交易平台购买商品或者接受服务，其合法权益受到损害的，可以向销售者或者服务者要求赔偿。网络交易平台提供者不能提供销售者或者服务者的真实名称、地址和有效联系方式的，消费者也可以向网络交易平台提供者要求赔偿；网络交易平台提供者作出更有利于消费者的承诺的，应当履行承诺。网络交易平台提供者赔偿后，有权向销售者或者服务者追偿。

网络交易平台提供者明知或者应知销售者或者服务者利用其平台侵害消费者合法权益，未采取必要措施的，依法与该销售者或者服务者承担连带责任。

《民法典》第 832 条 承运人对运输过程中货物的毁损、灭失承担赔偿责任。但是，承运人证明货物的毁损、灭失是因不可抗力、货物本身的自然性质或者合理损耗以及托运人、收货人的过错造成的，不承担赔偿责任。

《民法典》第 833 条 货物的毁损、灭失的赔偿额，当事人有约定的，按照其约定；没有约定或者约定不明确，依据本法第五百一十条的规定仍不能确定的，按照交付或者应当交付时货物到达地的市场价格计算。法律、行政法规对赔偿额的计算方法和赔偿限额另有规定的，依照其规定。

《中华人民共和国铁路法》第 17 条第 1 款 铁路运输企业应当对承运的货物、包裹、行李自接受承运时起到交付时止发生的灭失、短少、变质、污染或者损坏，承担赔偿责任：

（一）托运人或者旅客根据自愿申请办理保价运输的，按照实际损失赔偿，但最高不超过保价额。

（二）未按保价运输承运的，按照实际损失赔偿，但最高不超过国务院铁路主管部门规定的赔偿限额；如果损失是由于铁路运输企业的故意或者重大过失造成的，不适用赔偿限额的规定，按照实际损失赔偿。

《邮政法》第 47 条 邮政企业对给据邮件的损失依照下列规定赔偿：

（一）保价的给据邮件丢失或者全部损毁的，按照保价额赔偿；部分损毁或者内件短少的，按照保价额与邮件全部价值的比例对邮件的实际损失予以赔偿。

（二）未保价的给据邮件丢失、损毁或者内件短少的，按照实际损失赔偿，但最高赔偿额不超过所收取资费的三倍；挂号信件丢失、损毁的，按照所收取资费的三倍予以赔偿。

邮政企业应当在营业场所的告示中和提供给用户的给据邮件单据上，以足以引起用户注意的方式载明前款规定。

邮政企业因故意或者重大过失造成给据邮件损失，或者未履行前款规定义务的，无权援用本条第一款的规定限制赔偿责任。

《消费者权益保护法》第 23 条第 1 款、第 2 款 经营者应当保证在正常使用商品或者接受服务的情况下其提供的商品或者服务应当具有的质量、性能、用途和有效期限；但消费者在购买该商品或者接受该服务前已经知道其存在瑕疵，且存在该瑕疵不违反法律强制性规定的除外。

经营者以广告、产品说明、实物样品或者其他方式表明商品或者服务的质量状况的，应当保证其提供的商品或者服务的实际质量与表明的质量状况相符。

《消费者权益保护法》第 24 条 经营者提供的商品或者服务不符合质量要求的，消费者可以依照国家规定、当事人约定退货，或者要求经营者履行更换、修理等义务。没有国家规定和当事人约定的，消费者可以自收到商品之日起七日内退货；七日后符合法定解除合同条件的，消费者可以及时退货，不符合法定解除合同条件的，可以要求经营者履行更换、修理等义务。

依照前款规定进行退货、更换、修理的，经营者应当承担运输等必要费用。

《快递暂行条例》第 28 条第 1 款　快件延误、丢失、损毁或者内件短少的，对保价的快件，应当按照经营快递业务的企业与寄件人约定的保价规则确定赔偿责任；对未保价的快件，依照民事法律的有关规定确定赔偿责任。

二、快递造成他人损害的责任承担

◇ 案例 6-4

山东"夺命快递"案[1]

山东广饶化工三厂职工缪某某有一个美满的家庭，妻子燕子（化名）温柔体贴、女儿珊珊（化名）聪明伶俐。2022 年 11 月 24 日晚，缪某某在家上网，珊珊看中了一双儿童皮鞋，缪某某点击购买并付款。29 日上午，快递员给缪某某打电话，说他网购的鞋子到了。缪某某拿着鞋子回家，打开包装，顿时一股怪味弥漫整个客厅。发现怪味是鞋面上沾着的机油状黏稠液体发出的，他就用卫生纸把黏液擦掉，把鞋子晾到阳台上，接着就咳嗽起来。这时燕子回来了，一拿鞋子顿觉头晕、恶心。缪某某说："这鞋子不能要，退货！"接着，珊珊回来了，看见妈妈呕吐、爸爸咳嗽，好奇地去阳台拿起鞋子，妈妈喊："快放下！"珊珊放下鞋子就大声咳嗽起来。随后，三人陆续去往医院。最终，缪某某经抢救无效死亡，圆通潍坊转运中心连续出现员工中毒现象。该事件被称为"夺命快递"事件，经媒体报道引起广泛社会影响。

原来，湖北省荆门市熊兴化工厂是一家生产危险化学品氟乙酸甲酯的专业工厂。氟乙酸甲酯的运输，需要由取得《危险货物道路运输许可证》的企业使用危险化学品专用运输车进行，运费较高。为了节省运费，化工厂找了规模小、效益差的湖北省沙洋县圆通快递公司，多次为他寄递氟乙酸甲酯。2022 年 11 月 26 日，化工厂又把 25 公斤氟乙酸甲酯装进塑料桶拉去，发往潍坊鸣冉化工有限公司。收货员明知是危险化学品而收寄。同日，缪某某网购的皮鞋由湖北武汉圆通速递收货点收寄，两邮件在武汉圆通快递有限公司相遇，由同一辆货车运送到圆通潍坊转运中心。虽然运输中员工已发现泄漏污染问题，但圆通快递转运中心仅安排员工通过目视方法挑选被污染快件，没有采取任何技术措施，被污染的快件未被全部拣出。29 日上午，缪某某收取被污染快件后发生中毒事故。

请分析：

1. 本案中缪某某的人身伤害损失应该由谁来赔偿？

2. 本案中寄件人一方是否应当承担法律责任？若应当，应承担何种法律责任？

（一）我国危险化学品运输管理规定

《危险化学品安全管理条例》第 64 条第 1 款规定："托运人不得在托运的普通货物中夹带危险化学品，不得将危险化学品匿报或者谎报为普通货物托运。"如托运人不向承运人说明所托运的危险化学品的种类、数量、危险特性以及发生危险情况的应急处置措施，或者未按照国家有关规定对所托运的危险化学品妥善包装并在外包装上设置相应标志的，由交通运输主管部门责令改正，处 5 万元以上 10 万元以下的罚款；拒不改正的，责令停产停业整顿；构成犯罪的，依法

---

[1] 《山东"夺命快递"致 1 死 9 中毒案宣判 4 人获罪（图）》，载 https://news.cnr.cn/native/gd/20151112/t20151112_520484492.shtml，最后访问日期：2025 年 4 月 6 日。

追究刑事责任。

自 2024 年 3 月 1 日起施行的《快递市场管理办法》第 5 条规定："用户使用快递服务应当遵守法律、行政法规以及国务院和国务院有关部门关于禁止寄递或者限制寄递物品的规定，真实、准确地向经营快递业务的企业提供使用快递服务所必需的信息。"第 32 条规定："经营快递业务的企业应当遵守收寄验视、实名收寄、安全检查和禁止寄递物品管理制度。任何单位或者个人不得利用快递服务从事危害国家安全、社会公共利益、他人合法权益的活动。"

根据《道路危险货物运输管理规定》第 27 条第 1 款的规定，危险货物托运人应当委托具有道路危险货物运输资质的企业承运。第 60 条规定："违反本规定，道路危险化学品运输托运人有下列行为之一的，由交通运输主管部门责令改正，处 10 万元以上 20 万元以下的罚款，有违法所得的，没收违法所得；拒不改正的，责令停产停业整顿；构成犯罪的，依法追究刑事责任：（一）委托未依法取得危险货物道路运输许可的企业承运危险化学品的；（二）在托运的普通货物中夹带危险化学品，或者将危险化学品谎报或者匿报为普通货物托运的。"

《邮政法》第 75 条规定："邮政企业、快递企业不建立或者不执行收件验视制度，或者违反法律、行政法规以及国务院和国务院有关部门关于禁止寄递或者限制寄递物品的规定收寄邮件、快件的，对邮政企业直接负责的主管人员和其他直接责任人员给予处分；对快递企业，邮政管理部门可以责令停业整顿直至吊销其快递业务经营许可证。用户在邮件、快件中夹带禁止寄递或者限制寄递的物品，尚不构成犯罪的，依法给予治安管理处罚。有前两款规定的违法行为，造成人身伤害或者财产损失的，依法承担赔偿责任。邮政企业、快递企业经营国际寄递业务，以及用户交寄国际邮递物品，违反《中华人民共和国海关法》及其他有关法律、行政法规的规定的，依照有关法律、行政法规的规定处罚。"

寄递物品一般有两道安全"闸门"，一是快递员在收件时的人工查验，二是揽收后负责网点的仪器检查。但在实践中，部分快递公司为了扩大市场规模，大力增加加盟商户，出于节约成本的考量，在许多时候，快递的收寄检验制度并没有很好地贯彻执行，带来安全隐患。

> **课堂讨论**：谈一谈生活中你是否收寄过危险快递？

（二）快递侵权的责任主体及免责事由

1. 责任主体。快递运输中的法律纠纷一般涉及三方主体，寄件人（商家）、承运人（快递公司）和收件人（消费者）。通常，收件人由于处于快递链的下游，多为权益受损方；而寄件人、承运人则占据快递寄递行为的主导地位。根据造成侵权的具体行为可作侵权责任主体的责任判定。

快递公司在履约过程中如果出现一些侵权行为，则需要承担侵权损害赔偿责任，包括环境污染侵权风险、因交通事故而产生的侵权风险以及因快递致他人人身损害等情况。环境污染风险主要出现在海上运输中，包括原油泄漏、有毒有害物品运输中产生的泄漏等。交通事故侵权一般发生在快递公司工作人员履行职责的过程中，这种情况也要由快递公司承担赔偿责任。快递公司造成消费者损害的，一般由快递公司作为侵权主体对受害人承担侵权责任。行为人因过错侵害他人民事权益造成损害的，应当承担侵权责任。侵权行为危及他人人身、财产安全的，被侵权人有权请求侵权人承担停止侵害、排除妨碍、消除危险等侵权责任。

2. 免责事由。侵权法上的免责事由，又称免责条件或者抗辩事由，是指违反法律规定的义务而致人损害者依法可以不承担（完全免除）或者减轻（部分免除）民事责任的事由。具体包括：①被侵权人对损害的发生也有过错的，可以减轻侵权人的责任。②损害是因受害人故意造成的，行为人不承担责任。③损害是因第三人造成的，第三人承担侵权责任。④因不可抗力造成他人损害的，不承担责任。法律另有规定的，依照其规定。⑤因正当防卫造成他人损害的，不承担责任。正当防卫超过必要的限度，造成不应有的损害的，正当防卫人应承担适当的责任。⑥因紧急避险造成损害的，由引起险情发生的人承担责任。如果危险是由自然原因引起的，紧急避险人不承担责任或者给予适当补偿。紧急避险采取措施不当或者超过必要的限度，造成不应有的损害的，紧急避险人应当承担适当的责任。在快递侵权过程中，出现上述几种情形时，快递服务公司可以不承担或者减轻民事赔偿责任。

综上所述，因快递运输而造成的侵权行为，需要根据具体的案例情形、损害程度、过错方以及免责事由等多方面来判定责任和赔偿的归属。

◇ 前沿在线：

快递新规实行，将"最后一公里"的选择权还给消费者[1]

快递应当"送货上门"，还是应当未经消费者同意放在快递驿站，这个看似简单的问题，如何解决？没有任何通知，快递直接被放在快递驿站，甚至直接被签收；被擅自放快递柜的快递超时还要多付保管费；快递不仅不送货上门，快递驿站还以直接退货威胁消费者……以上这些问题，都是老百姓在收快递时遇到的"坑"。

近年来，我国快递业发展韧性持续增强。2023年，我国快递业务量实现了从"年均百亿"到"月均百亿"的跨越。国家邮政局监测数据显示，2023年我国快递年业务量首次突破1200亿件大关，再创历史新高。

随着快递行业高质量发展的步伐加快，解决快递末端的问题成为推动行业高质量发展应有之义。

老百姓对于解决快递配送"最后一公里"问题的呼声高居不下。一直以来，未经允许，擅自将收件人的快递放在快递柜或快递驿站的情况并不鲜见。在一些地区，往往几家快递网点综合在一个快递驿站，驿站一定程度上处于"垄断"地位，不仅不提供送货上门的服务，有时消费者多次拨打电话，也是一周后才送货上门，有的消费者打电话投诉，相关人员才会选择送货上门。

在农村，快递配送"最后一公里"的问题更为突出。在一些地区，快递很难配送到村里，大多是配送到镇上的快递驿站，村民很少接到快递员的询问电话，一般都是直接被通知去快递驿站取快递，有的村民取快递要去几公里甚至10多公里之外。

值得关注的是，乡镇快递网点不足，催生了"拖车费"。一些不在配送范围内的村镇，居民去自提快递，要交1~2元"拖车费"，偏远地区收3元。收或不收"拖车费"，对不少乡镇经营快递寄存点的人来说，是一个生存问题。他们拉这些快递回来，需要付出人力、车费等成本。

针对这些问题，2024年3月1日，《快递市场管理办法》正式施行。其中第28条第3款规定："……不得擅自将快件投递到智能快件箱、快递服务站等快递末端服务设施。"第26条第8项规定："（八）……不得抛扔、踩踏快件；"第26条第9项规定："（九）除因不可抗力因素外，按照约定在承诺的时限内将快件投递到收件地址、收件人；"……以上措施，都是在保护消费者合法权益。

---

[1] 赵丽梅、张均斌：《将快递"最后一公里"的选择权还给消费者》，载《中国青年报》2024年2月27日，第5版。

在《快递市场管理办法》的实际操作中，快递"送货上门"仅靠一个部门很难做到，而是需要一套系统的解决方案。多部门建立一种联动机制，不仅是从快递公司本身入手，不妨更早地从电子商务这一环节切入，让消费者在购买产品时，可以自主选择快递品牌，选择送达的位置——家里、驿站或快递柜等，但每一样，快递公司都需要明码标价，把选择权交给消费者。

法条链接：

《快递市场管理办法》第5条　用户使用快递服务应当遵守法律、行政法规以及国务院和国务院有关部门关于禁止寄递或者限制寄递物品的规定，真实、准确地向经营快递业务的企业提供使用快递服务所必需的信息。

《邮政法》第75条第1、2、3款　邮政企业、快递企业不建立或者不执行收件验视制度，或者违反法律、行政法规以及国务院和国务院有关部门关于禁止寄递或者限制寄递物品的规定收寄邮件、快件的，对邮政企业直接负责的主管人员和其他直接责任人员给予处分；对快递企业，邮政管理部门可以责令停业整顿直至吊销其快递业务经营许可证。

用户在邮件、快件中夹带禁止寄递或者限制寄递的物品，尚不构成犯罪的，依法给予治安管理处罚。

有前两款规定的违法行为，造成人身伤害或者财产损失的，依法承担赔偿责任。

《民法典》第1165条　行为人因过错侵害他人民事权益造成损害的，应当承担侵权责任。

依照法律规定推定行为人有过错，其不能证明自己没有过错的，应当承担侵权责任。

《民法典》第1166条　行为人造成他人民事权益损害，不论行为人有无过错，法律规定应当承担侵权责任的，依照其规定。

《民法典》第1167条　侵权行为危及他人人身、财产安全的，被侵权人有权请求侵权人承担停止侵害、排除妨碍、消除危险等侵权责任。

《民法典》第1173条　被侵权人对同一损害的发生或者扩大有过错的，可以减轻侵权人的责任。

《民法典》第1174条　损害是因受害人故意造成的，行为人不承担责任。

《民法典》第1175条　损害是因第三人造成的，第三人应当承担侵权责任。

《民法典》第181条　因正当防卫造成损害的，不承担民事责任。

正当防卫超过必要的限度，造成不应有的损害的，正当防卫人应当承担适当的民事责任。

《民法典》第182条　因紧急避险造成损害的，由引起险情发生的人承担民事责任。

危险由自然原因引起的，紧急避险人不承担民事责任，可以给予适当补偿。

紧急避险采取措施不当或者超过必要的限度，造成不应有的损害的，紧急避险人应当承担适当的民事责任。

《消费者权益保护法》第55条第1款　经营者提供商品或者服务有欺诈行为的，应当按照消费者的要求增加赔偿其受到的损失，增加赔偿的金额为消费者购买商品的价款或者接受服务的费用的三倍；增加赔偿的金额不足五百元的，为五百元。法律另有规定的，依照其规定。

项目小结

本项目从快递服务合同和物流运输责任两个方面带大家认识了快递物流业务过程中常见的法律问题以及责任承担方式，分析了快递服务合同的法律关系，明确了应如何规避物流服务过程中的各种法律风险，提高法律维权意识。

趁热打铁

一、选择题

1. 小美从网上购买了价值 58 元的卫衣一件，发货显示由拖雷快递公司运输，三天后，物流显示已签收，但小美并未收到卫衣，经咨询快递公司，卫衣运输途中丢失，快递员擅自点击签收。卫衣丢失的责任应该由（　　）承担。

A. 网店卖家　　　　B. 拖雷快递公司　　　　C. 小美　　　　D. 快递员

2. 快递服务合同的标的是（　　）。

A. 快递服务企业　　B. 运输的货物　　　　C. 物流设施　　　D. 劳务

3. 对需要运输的标的物，若未约定交付地或约定不明确的，自卖方将标的物交付给第一承运人起，风险由（　　）承担。

A. 买卖双方均需　　B. 买方　　　　　　C. 卖方　　　　　D. 不一定

4. （多选）如果货物的灭失或损害是由下列（　　）原因所致，则承运人对该货物灭失或损害不负赔偿责任。

A. 由于托运人的疏忽或过失

B. 由于委托方或其他代理人在装卸、仓储或其他作业过程中的过失

C. 由于货物的自然特性或潜在缺陷

D. 由于货物的包装不牢固、标识不清

5. （多选）关于承运人的义务说法正确的是（　　）。

A. 及时运送货物

B. 保证货物运输的安全，对承运的货物妥善处理

C. 货物运抵到站后，及时通知收货人领取货物，并将货物交付收货人

D. 要按照约定支付运费

二、简答题

1. 快递服务合同有哪几个方面的特征？
2. 简述快递服务合同当事人的权利和义务。
3. 简述快递物流交付的方式和交付时间的认定。
4. 简述快递侵权的责任主体及免责事由。
5. 简述快递物流过程中快递毁损灭失的赔偿原则。

三、案例分析题

2022 年 9 月，某茶叶公司通过某快递公司向上海某超市交寄了一批茶叶。快递单记载：该批茶叶共 6 件 300 千克。某茶叶公司在"理解并同意运单条款"一栏签字确认。

但在实际到达上海某超市时只有 5 件 250 千克。后来某快递公司查明茶叶短少的原因是在仓库里被盗走一件。在协商赔偿问题时，快递公司认为在快递单上记载有：重要物品务必保价，未

保价物品按快递资费 5 倍赔偿，最高不超过 500 元。同意赔偿某茶叶公司 500 元。某茶叶公司诉至人民法院，要求某快递公司赔偿实际损失 15 000 元。

请分析：

某快递公司是否应按照丢失茶叶货物的实际损失赔偿？为什么？

▲ 实训任务六 ——运移时易　惩其未犯，防其未然

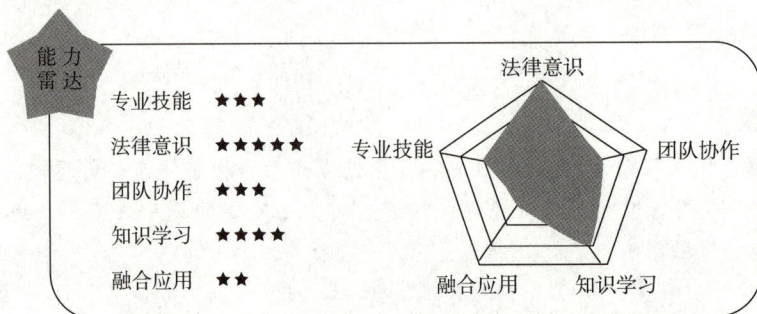

能力雷达

专业技能	★★★
法律意识	★★★★★
团队协作	★★★
知识学习	★★★★
融合应用	★★

项目要求： 1. 学员分组进行项目实施，每个小组由 3~5 人组成。

2. 学员需要参与理论学习和实践操作，完成相关任务和项目。

3. 学员需要积极合作、共同解决问题，并按要求提交项目成果。

项目内容： 物流快递案例分析与演绎。

1. 选择一个物流运输领域典型的法律案例，对该案例进行法律分析，具体分析内容包括：案情概述，明确法律关系、责任主体，能够准确运用法条分析案件。需形成法律意见书、起诉状等法律文书。

2. 结合电子商务业务流程与法律实务，运用本节所学知识进行案例分析，对案例发生的情境场景与行为动线进行实际演绎，并对案例中的责任归属与判定结果进行司法模拟。

项目评价： 1. 各小组之间互评与教师点评，占 60%。

2. 能力雷达综合赋分：能力项分数×各项星标权重，占 40%。

最终，两项评价标准的加权得分为本组在该项目中的综合分数。

项目成果： 1. 各小组的案例分析法律意见书、起诉状、答辩状等相关法律文书。

2. 各小组情景演绎的脚本设计与分工内容。

项目七 电子商务权益保护法律实务

——权益与保护

随着电子商务交易规模的不断攀升，电子商务法在维护市场秩序、保障各方权益方面扮演着日益重要的角色，特别是在知识产权保护、消费者权益维护及产品质量监管等领域。本章聚焦于电子商务权益保护这一核心议题，通过审视当前电子商务领域频发的侵权现象，深入细致地探讨了知识产权保护策略、消费者权益保护措施以及电子商务产品质量责任的法律规制框架。旨在通过系统学习，增强学生的法律意识与自我维权能力。

知识目标：

- 掌握域名的法律保护。
- 掌握网络商标权的法律保护、网络著作权的法律保护。
- 掌握电子商务消费者的界定标准。
- 掌握电子商务消费者的权利及电子商务经营者的义务。
- 掌握生产者和销售者的产品质量义务。

能力目标：

- 能够有效识别网络知识产权侵权，规避法律风险。
- 能够预防侵害电子商务消费者的法律风险。
- 能够运用《产品质量法》维护自身合法权益。

课程思政：

- 增强网络法治意识和自我维权意识。
- 树立诚信经营的理念。
- 具有维护公平竞争的市场经济秩序的意识。

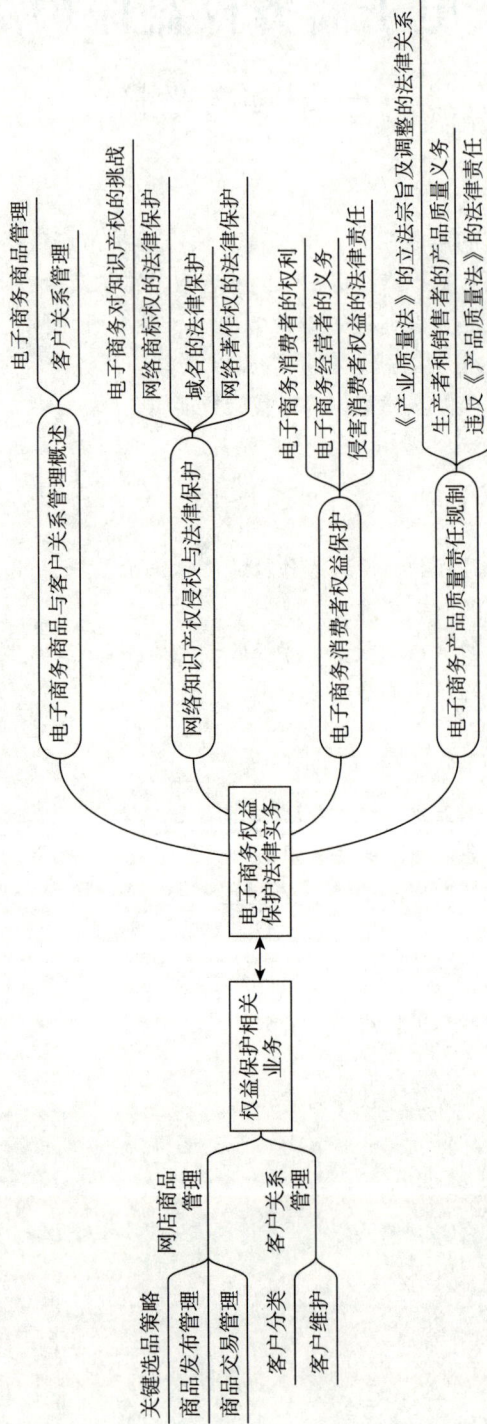

思维导图:

电子商务商品管理
客户关系管理
┤电子商务商品与客户关系管理概述

电子商务对知识产权的挑战
网络商标权的法律保护
域名的法律保护
网络著作权的法律保护
┤网络知识产权侵权与法律保护

电子商务消费者的权利
电子商务经营者的义务
侵害消费者权益的法律责任
┤电子商务消费者权益保护

《产业质量法》的立法宗旨及调整的法律关系
生产者和销售者的产品质量义务
违反《产品质量法》的法律责任
┤电子商务产品质量责任规制

电子商务权益保护法律实务

权益保护相关业务

关键选品策略
商品发布管理
商品交易管理
┤网店商品管理

客户分类
客户维护
┤客户关系管理

任务 1　电子商务商品与客户关系管理概述

电子商务商品管理不仅关乎产品的展示、销售以及库存管理，更涉及如何通过精准的市场分析和产品定位，确保商品在激烈的竞争中脱颖而出。客户关系管理则侧重于企业与客户之间的互动与沟通，提供个性化服务以及建立长期稳定的关系，电子商务商品与客户关系管理紧密结合，共同构成了企业成功的关键因素。

一、电子商务商品管理

商品是买家与卖家之间达成交易的关键纽带，它与网店的经营销售状况直接相关，不仅影响着消费者的购买决策，还与商家的利润和口碑密切相关，恰当的商品选择对于网店的经营管理起着举足轻重的作用。

（一）关键选品策略

电子商务网店经营商品的选择影响着网店运营作用的发挥效果，选择合适的商品是成功的关键。开店选品的策略既受客观因素影响，比如资金投入、市场环境、供应链稳定性以及法律法规等的约束；也受到如商家兴趣专长、营销策略定位、个人敏感度等主观因素的影响。

> **课堂讨论**：如果你有机会开一个网店，你会选择销售哪类或哪些商品呢？

在进行网店选品时可以考虑的选品策略如图 7-1 所示，主要包括：

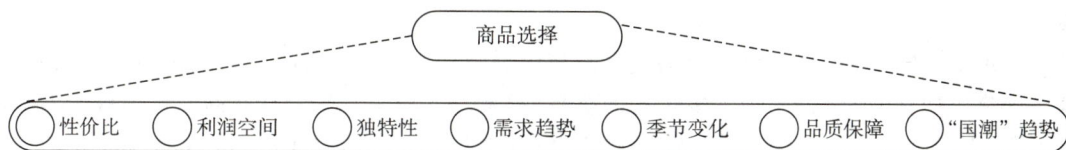

图 7-1　选品策略

1. 追求高性价比。顾客选择网购时，往往看重方便与实惠。因此，高性价比的商品更具吸引力。通过打折促销和无忧退换政策，不仅能保障顾客权益，还能提升顾客对网店的信任度，促进回头率。

2. 确保利润空间。商品选择需要考虑利润空间，以确保业务的可持续发展。高利润率的商品能为卖家带来更多收益。在选择时，可以关注价值高、质量好、款式新颖的商品，它们在市场上往往更具竞争力。

3. 强调独特性。商品的独特性是其吸引顾客的关键。卖家应深入了解商品特性，挖掘与竞争对手的差异点。通过强调商品的独特卖点，如面料、设计、功能等，吸引顾客的注意力。

4. 注重需求趋势。选品需紧跟市场趋势和顾客需求。在核心销售日，如"双 11"、品牌日等，应提前准备符合活动主题的商品。同时，关注顾客需求变化，及时调整商品品类，以满足顾客需求。

5. 顺应季节变化。季节变化会影响顾客购买习惯。选择应季商品，如夏季的空调小风扇、凉席，冬季的保温杯、羽绒服等，能有效提升销量。根据市场趋势和顾客使用习惯，挑选最具销售潜力的商品。

6. 重视品质保障。品质是商品的生命线。选择品质有保障的商品，不仅能提升顾客满意度，还能树立网店良好形象。卖家应对所选商品进行深入了解与分析，确保所选商品质量过硬。

7. 紧跟"国潮"趋势。近年来，"国潮"消费趋势明显，涉及多个领域。选择具有"国潮"元素的商品，如国产老品牌焕新、新品牌崛起等，能吸引更多顾客的关注。这些商品凭借过硬的产品质量与丰富的文化底蕴，在国内外市场都具有较大潜力。

（二）商品发布管理

选品完成后，就可以在电子商务平台注册并开通网店。网店能够成功运营的一项重要操作是在网店中发布商品。商品是网店交易的核心，在何时发布、以何种形式发布、如何描述展示商品的信息等因素都会影响所发布商品的销售状况。在网店发布商品时，有五点注意事项。

1. 类目选择要恰当。类目定位是发布商品的首要环节，需根据商品特征选择匹配的分类。类目选择不当会影响商品曝光，导致流量下降。平台对错放类目行为有严格规定，违规商品将被下架处理，严重者将面临店铺扣分等处罚措施。因此，发布商品时应当明确经营商品在平台所在类目，不确定的可参考同品类商品分类划分。

2. 图片质量要控制。图片质量是吸引用户点击的重要因素。商品主图需达到 800 * 800 像素的标准尺寸，确保清晰度和细节展示。新手卖家常见的操作是直接盗取热销商品图片使用，这显然是错误的。正确的做法应当是采用原创图片或取得授权的供应商图片。同时，在进行自主创作时要注意素材图片的版权问题，避免侵权风险。

3. 商品信息要完整准确。商品信息是指商品通过平台展示并传递给消费者的描述性内容。一般商品信息包括商品的标题、属性、描述等相关内容。在发布商品时，需要将商品的材质、型号、性能、规格、功能等参数以及质保期限、售后服务、生产厂家、注意事项等信息通过信息录入实现准确的传递和展现。完整准确的信息有助于提升商品转化率，为消费者提供清晰的购买参考。

4. 不要重复铺货。重复铺货指的是在发布商品时，为了提高商品被系统检测到的概率或其他目的，对于同一件商品进行多次发布操作。需要注意的是，平台具有商家行为检测机制，若出现重复铺货的行为，会导致店铺运营受到影响。因此，网店发布商品时应避免重复铺货，只发布一次，这样才可以保证网店的稳定性和信誉度，避免因为重复铺货而导致的下架和其他负面影响。发布商品时，应当通过商品规格设置来满足不同需求，保持店铺商品结构的清晰度。

5. 商品发布要合规。卖家需要注意在进行商品发布时，不要发布非约定产品，即未经平台许可或平台禁止发布的相关商品。这是因为平台规定未经许可的商品不能上架，一旦违规，可能会导致店铺被封，影响卖家店铺的正常运营。因此，卖家需要了解平台规则，遵守平台要求，确保商品发布合规。一般平台严禁发布的商品类型包括但不限于：未经授权的品牌商品、违反法律法规的商品以及平台特定类目限制商品。发布前需仔细阅读平台规则，确保商品符合准入要求。

（三）商品交易管理

卖家在电子商务平台完成商品发布后，仍需要进行后续的商品交易管理。科学高效地进行商品交易管理，有利于增加销售额、提高顾客满意度、树立良好的品牌形象，具体包括的内容有商品的上下架、以及商品信息管理等内容。

1. 商品上下架。以"千牛卖家工作台"为例，进行商品上架操作的具体步骤为：使用卖家账号登录"千牛卖家中心"，进入商家工作台，点击"商品"模块，在"商品管理"-"我的宝贝"中选择"仓库中的宝贝"，可查看目前存储于仓库中的商品信息。选择预上架的商品，点击"立即上架"或"定时上架"，即可上架所选商品，如图 7-2 所示。

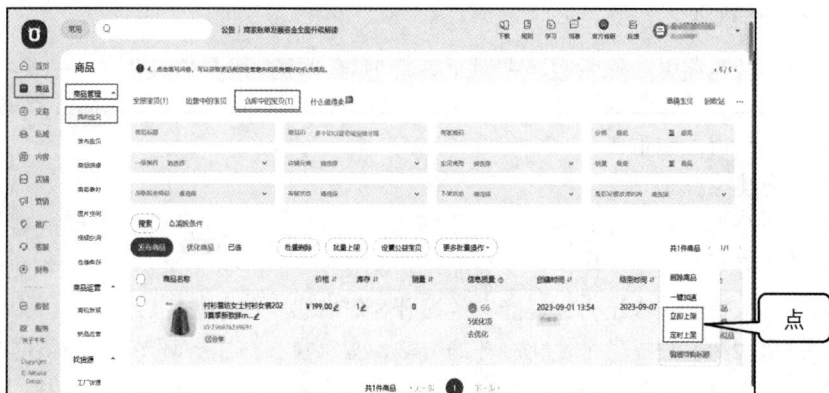

图 7-2 商品"上架"操作

商品下架则在"出售中的宝贝"页面可查看目前店铺正在上架销售的所有商品，选择预下架处理的商品，点击"立即下架"超链接，即可完成该商品的下架操作，如图 7-3 所示。

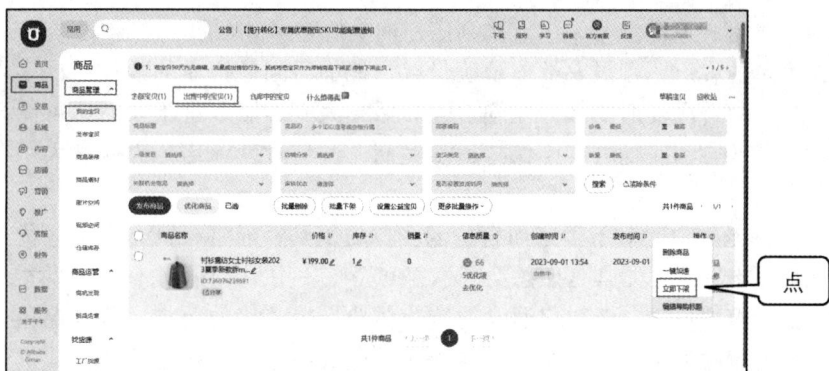

图 7-3 商品"下架"操作

2. 商品信息管理。商品的信息不是一成不变的，卖家后续需要根据商品的具体变化及客户的购买需求，进行商品信息的描述和更改。在"千牛商家工作台"中，同样可以修改商品信息。

如图 7-4 所示，登录"千牛商家工作台"，在左侧"商品"模块中点击"商品管理""我的宝贝"，点击"出售中的宝贝"或"仓库中的宝贝"超链接，找到预进行信息修改的商品，点击"编辑商品"，即弹出"商品发布"界面，在该界面即可对店铺正在上架或处于待上架的仓库中的商品进行信息的编辑和修改。

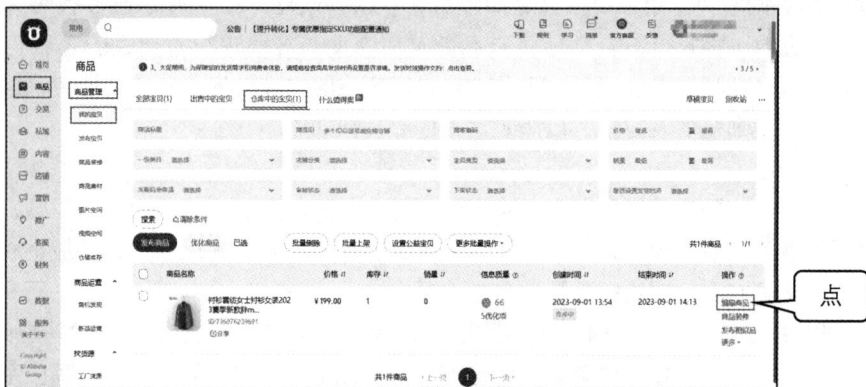

图 7-4 商品"编辑信息"操作

二、客户关系管理

在电子商务运营实践中，客服团队通常需要同时应对多位用户的咨询需求，特别是在大型店铺中，单个客服人员可能面临同时处理十余个对话窗口的情况。面对如此高并发的服务场景，采用分类服务策略显得尤为重要。

（一）客户分类

通过建立客户分类机制，针对不同群体提供差异化服务，尤其是对复购用户实施专属维护方案，能够显著提升服务效率，优化资源分配，实现服务效能的最大化。这种精细化的服务模式不仅能够缓解客服人员的工作压力，还能有效提升客户满意度和忠诚度。

为了有效地落实为客户提供个性化服务的策略，卖家在客户服务环节可以对客户进行分类，需要着重关注4类客户，即首次询单的客户、复购率高的老客户、设有标签的客户、高频率应答的客户。

> **课堂讨论**：为什么要对客户进行分类，四类客户有什么区别？

1. 首次询单的客户。通常来说，首次到店铺询单的客户对客服回应速度的期望是最高的，所以对于首次询单的客户，客服人员应该确保客户能够得到最快速的响应。许多卖家采用自动回复功能能确保客户首次咨询能及时响应。但若后续人工客服跟进不及时，可能导致客户心理落差。因此，首次自动回复内容应保持适度克制，避免过度承诺，为后续人工服务留出缓冲空间。

2. 复购率高的老客户。对于卖家而言，老客户的复购率通常较高，客服应优先处理老客户的咨询。然而，老客户，尤其是熟悉会员权益的客户，往往对服务有更高期待，若处理不当，反而容易造成客户流失。老客户通常对购物体验有更严格的要求，若其期望未能被及时识别并满足，容易产生失望情绪。此时，客服人员应灵活应对，通过其他方式提升客户满意度。例如，可以赠送小礼物、提供包邮服务等，以此弥补客户的心理落差，创造超出预期的购物体验。

3. 设有标签的客户。设有标签的客户是指通过特定标识进行分类的客户群体，例如，标注为"高意向客户""需二次跟进客户"或"未付款订单客户"等，以便客服人员实施精准跟进。客服人员需秉持"每个标签都有其意义"的服务理念，确保不遗漏任何一位设有标签的客户。通过这种方式，可以有效减少潜在客户流失，提升客户转化率，从而优化整体服务质量。

4. 高频率应答的客户。当客户在客服回复后5秒内甚至立即回应时，通常表明其正处于专注的沟通状态。此时，客户会不自觉地将自己的响应速度与客服进行对比，若客服也能快速回复，客户会认为自己在享受专属服务。因此，客户对客服的响应效率抱有较高期待，这就要求客服人员必须高度重视回复的及时性，以满足客户的心理预期。

（二）客户维护

老客户是指对卖家的商品或服务有一定了解，并对品牌、产品或店铺产生信任感，具有持续购买意愿和行为的消费者。为了提升网店运营效率，卖家需要充分利用数据，以最小成本实现最大收益，而维护老客户是实现这一目标的有效途径之一。

1. 客户档案的建立与管理。网店客户的购物行为各异，有的对特定商品感兴趣并咨询过，有的曾购买过商品，还有的则是频繁购物的忠实客户。无论客户类型如何，卖家都应系统收集客户信息，为后续维护奠定基础。以下是两种常见的客户信息管理方法：

（1）利用 Excel 表格创建客户档案。卖家可以把所有分散的客户信息都整理到 Excel 表格中进行集中的管理与维护，需要整理的信息主要包括客户的姓名、性别、电话、地址、来源、购买时间、购买商品等。如表 7-1 所示：

表 7-1　网店客户信息登记表

姓名	性别	电话	地址	来源	购买时间	购买商品

对于老客户的备注应该更加完善，可以从姓名、性别、民族、年龄、邮箱、地址、电话、购买商品的规格（如服装的尺码）、消费金额、工作状况、家庭状况、性格、个人消费习惯、日常娱乐爱好、生活习惯、喜欢的服务方式、对促销信息的接受情况等方面进行完善。

（2）用微信标签功能创建客户档案。许多卖家通过包裹内的二维码或返现活动等方式引导客户添加微信，或通过分享商品相关资料吸引客户关注。利用微信的标签功能，卖家可以高效分类管理客户信息。微信标签功能，如图 7-5 所示，相当于一个小型会员分类系统，帮助卖家将客户按特定标准分类。例如，将客户每月消费达到几次以上作为一个标签，或者根据客户的主要需求、是否为特殊体质等作为标签区分，如图 7-6 所示。

图 7-5　微信标签功能　　　　图 7-6　标签区分

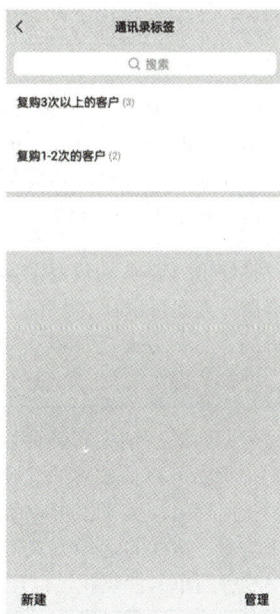

2. 购物过程中的客户关怀。购物过程中通常包含多个关键环节，如订单催付、发货通知以及包裹签收等。在客户购物的不同阶段，卖家可以通过差异化的客户关怀策略，让客户感受到服务的细致与诚意。尽管部分卖家受限于资金或人力，难以全面覆盖未付款提醒、发货通知以及物流到达提醒等服务，但仍建议优先关注已咨询或下单但未付款的客户群体，因为这类客户的转化直接关系到订单成交率。此外，包裹签收后的提醒也至关重要，它不仅能够提升客户的满意度，还能有效提高客户的评价率，从而为店铺带来更多正面反馈。卖家要做到的客户关怀列表如表 7-2 所示：

表 7-2　卖家要做到的客户关怀列表

提醒类型	处理原则	范例
未付款提醒	一方面是为了尽快促成交易的实现，另一方面也是对客户的一种贴心提醒。需要注意的是，提醒时不要表现出催促买家付款的意思。	感谢您在本店下单，如果您在下午 6 点之前付款，我们今天就能帮您把货发出去！
付款关怀	在客户付款后，卖家要在第一时间给予适当的回应，一方面可以使客户放心，另一方面也可以展现店铺良好的服务态度和专业的服务水准，让客户对店铺的商品和服务更有信心。	亲爱的××（收件人姓名），感谢您购买我们的商品！我们会尽快为您安排发货，让您尽早拿到商品！
发货提醒	卖家在发货后向客户做出发货提醒，这样一方面便于客户查看物流相关情况，另一方面可以给客户留下一个好印象。另外，在做发货提醒时，卖家还可以通过良好的态度引导客户给商品留下好评。	亲爱的××（收件人姓名），您在本店购买的商品已发货，您可以随时根据订单号（备注订单号）查看物流信息！
到达提醒	当商品到达客户所在的城市时，卖家及时提醒客户关注商品的到达状况，能给客户留下贴心的印象，便于店铺拉拢回头客。	亲爱的××（收件人姓名），您的商品已经到达您所在城市，即将安排派送，请您注意查收哦！
签收提醒	客户签收商品后，卖家可以向客户发送签收提醒，这样做不仅能表示对客户的关心，更重要的是能对客户产生一定的引导作用，让他们在对店铺和商品形成一个良好印象的前提下，做出有利于店铺的评价。	亲爱的××（收件人姓名），商品已送到，请注意签收哦！如果满意，别忘了给五分好评哦！
评价感谢关怀	对给出好评且评价内容质量较好的客户，卖家要及时表示感谢，这样做一方面可以让客户认为此次购物体验是非常愉快和值得的，另一方面还可以进一步宣传店铺，让客户印象深刻，增加其再次购物的可能性。	感谢您的评价，您的评价是我们的动力，希望您能向您的朋友推荐本店。当然，我们更期待您再次光临小店哦！
客户回访	在完成交易后，如果店铺中有新品上架，或者店铺中有新的优惠活动，卖家可以通知客户，邀请其来店浏览。有时甚至不需要任何理由，卖家也可以像老朋友一样提醒客户经常回店来看看。这样的宣传方式容易让人们产生淡淡的温情，有时这种简单的温暖就足以让人留恋。	您已经很长时间没来本店看看了，现在购物赠送精美小礼品哦，欢迎您再次光临！

任务 2　网络知识产权侵权与法律保护

◇ 案例 7-1

全国首例认定直播带货场景下的直播平台为电子商务平台侵害商标权案[1]

某贸易公司通过授权获得"AGATHA"等两枚商标的独占许可使用权。某工艺品公司未经授权，通过其在抖音直播平台（以下简称抖音平台）的账号进行直播并销售带有涉案商标标识的两款手提包。某贸易公司认为某工艺品公司该行为侵害了其商标权；某科技公司作为抖音平台运营商，未尽合理注意义务，应共同承担法律责任。故请求判令二被告共同赔偿经济损失 30 万元以及合理开支 10 598 元。

海淀区人民法院经审理，一审判决某工艺品公司赔偿某贸易公司经济损失 30 万元及合理开支 10 598 元。

请分析：

1. 某工艺品公司是否构成商标侵权？

2. 抖音平台运营商是否需要承担连带赔偿责任？

一、电子商务对知识产权的挑战

在互联网环境下，信息的存储和转载变得极为容易，导致知识产权的复制和侵权行为频发。电子商务平台上，商品信息的数字化使得复制成本极低，商家或个体可能未经授权就使用他人的创意、设计或专利产品，从而引发知识产权纠纷。传统的知识产权保护法律在面对电子商务这一新兴领域时，存在一定的滞后性。随着电子商务的快速发展，新的商业模式和交易方式不断涌现，而法律往往难以迅速适应这些变化。因此，在电子商务中，知识产权的确权和保护面临着诸多法律上的挑战。

据相关数据显示，近年来全球网络知识产权侵权案件数量呈逐年上升趋势，其中仅电子商务平台上的假冒伪劣商品投诉量就占据相当比例。例如，某知名电子商务平台在 2023 年收到的知识产权侵权投诉中，涉及商标侵权的占比高达 40%，著作权侵权占比 30%，域名纠纷及其他侵权行为占比 30%。这些数据背后，反映出电子商务环境下知识产权保护面临的严峻形势。

（一）商标侵权

商标侵权是指行为人未经商标权人许可，在相同或类似商品上使用与其注册商标相同或近似的商标，或者其他干涉、妨碍商标权人使用其注册商标，损害商标权人合法权益的其他行为。商标侵权是电子商务领域知识产权侵权的主要形式，包括未经商标注册人的许可，在同一种商品或者类似商品上使用与其注册商标相同或者相近似的商标的；销售侵犯注册商标专用权的商品的；伪造、擅自制造他人注册商标标识或者销售伪造、擅自制造的注册商标标识的；未经商标注册人同意，更换其注册商标并将该更换商标的商品又投入市场的。

1. 使用相同或近似商标。《中华人民共和国商标法》（以下简称《商标法》）第 67 条第 1 款规定："未经商标注册人许可，在同一种商品上使用与其注册商标相同的商标，构成犯罪的，

---

〔1〕《全国首例认定直播带货场景下的直播平台为电商平台侵害商标权案 | 典案发布》，载 https://bjhdfy.bjcourt. gov. cn/article/detail/2023/04/id/7268240. shtml，最后访问日期：2025 年 4 月 6 日。

除赔偿被侵权人的损失外，依法追究刑事责任。"未经商标注册人许可，在同一种商品上使用与其注册商标相同或近似的商标，容易导致混淆的，构成侵权。在电子商务中，这通常表现为销售假冒注册商标的商品或使用与知名品牌相似的商标来误导消费者。这种行为不仅侵犯了商标权人的注册商标专用权，还可能损害消费者的合法权益。

2. 销售侵权商品。销售侵犯注册商标专用权的商品，同样构成侵权。这在电子商务中尤为普遍，如销售假冒伪劣商品或侵犯他人商标权的仿制品。这种行为不仅侵犯了商标权人的合法权益，还可能对消费者的健康和安全造成威胁。

3. 伪造或擅自制造商标标识。伪造、擅自制造他人注册商标标识或销售这些标识的行为也是违法的。在电子商务中，这可能表现为制造并销售假冒的商标标签、包装等。这种行为不仅侵犯了商标权人的注册商标专用权，还可能破坏市场秩序和公平竞争环境。

（二）著作权侵权

著作权侵权是指一种违反著作权法侵害著作权人享有的著作人身权、著作财产权的行为。如未经著作权人同意，擅自以发行、复制、出租、展览、广播、表演等形式利用版权人的作品或传播作品，或者使用作品而不支付版权费等。在电子商务中，著作权侵权的表现有多种形式：

1. 未经许可擅自使用。未经著作权人许可，发表其作品的行为构成侵权。在电子商务平台上，这通常表现为未经著作权人同意，将其作品（如文字、图片、音视频等）上传至网店或网站进行展示或销售。例如，商家可能会直接复制他人的产品描述、图片或设计，并以自己的名义进行展示或销售，这种行为侵犯了原创作者的著作权。

2. 转载侵权。转载他人已发表的作品时，未标明作者姓名或未向著作权人支付使用费，同样构成侵权。这在电子商务中尤为常见，如未经授权转载他人的产品评测、使用教程等。这种行为不仅侵犯了著作权人的复制权、发行权和信息网络传播权，还可能误导消费者，损害著作权人的商业利益。

3. 链接侵权。通过内链或纵深链技术，直接利用其他网站的页面内容，可能构成对被链接网站著作权的侵犯。这种行为在电子商务中可能表现为未经授权使用其他网站的商品图片或描述来引导用户，从而获取不正当的商业利益。

（三）专利侵权

专利侵权是指未经专利权人许可，也没有法定的抗辩或免责事由，而以生产经营为目的实施了专利权保护范围内的有效专利的违法行为。在电子商务环境中，专利侵权主要表现为以下几种形式：

1. 未经授权制造、销售和使用专利产品。这是最常见的专利侵权行为，即卖家在未经专利权人许可的情况下，制造、销售或使用其专利产品。

2. 侵犯专利申请权和专利权。在专利申请过程中或专利授权后，未经申请人或专利权人许可，实施其发明创造的行为也构成专利侵权。

3. 假冒他人专利。即故意以欺骗手段冒充他人专利产品或专利方法的行为。

（四）品牌侵权

品牌作为拥有者的一种无形资产，其重要性不言而喻。品牌的载体是用于和其他竞争者的产品或劳务相区分的名称、术语、象征、记号或者设计及其组合，增值的源泉来自消费者心智中形成的关于其载体的印象。品牌侵权是指未经品牌所有者许可，擅自使用其品牌名称、术语、象征、记号或设计等行为，导致消费者产生混淆，从而损害品牌所有者的合法权益。

如仿造他人品牌的外观、包装、标识等，使消费者误以为是该知名品牌的产品；擅自使用他人的企业名称或姓名，引人误认为是他人的商品；或通过虚假宣传、贬低竞争对手等手段，损害品牌所有者的声誉和形象等。

> **课堂讨论：** 结合生活实际，谈一谈电子商务领域的发展对知识产权保护还带来了哪些挑战？

二、网络商标权的法律保护

商标权，亦即商标专用权，是指由商标主管机关根据法律规定，赋予商标所有者的一项专有权利，使其注册商标受到国家法律的严格保护。作为商标注册人，他们依法享有对注册商标的全面控制权，这涵盖了独家使用权、获取收益权、处置权、申请续展权，以及阻止他人非法侵害的权利。随着电子商务领域的蓬勃发展，网络商标侵权现象日益增多。数据显示，2022年中国市场监管部门查处网络商标侵权案件达2.7万件，同比增长31%。

（一）网络商标侵权的表现形式

网络商标侵权的表现形式多种多样，主要包括以下几种：

1. 恶意伪造、制造或销售伪造的注册商标标识。

（1）伪造商标标识。未经商标权人许可，擅自制造与他人注册商标相同的商标标识。这种行为不仅损害了商标权人的利益，还误导了消费者。例如，侵权者通过非法手段复制知名品牌的商标标识，用于销售假冒商品。

（2）销售伪造商标标识。明知是伪造的商标标识，仍进行销售。这种行为属于明知故犯，严重侵犯了商标权人的合法权益。例如，一些电子商务平台上的商家销售假冒名牌商品，误导消费者购买。

（3）超范围制造商标标识。超出商标权人授权的范围，擅自制造商标标识。这种行为同样侵犯了商标权人的合法权益。例如，某商家未经授权，擅自制造并销售某知名品牌的商标标识。

2. 未经授权在相同或类似商品上使用相同或类似商标。

（1）在相同商品上使用相同商标。未经商标权人许可，在相同商品上使用与他人注册商标相同的商标。这种行为直接侵犯了商标权人的专用权。例如，某商家在销售的商品上直接使用他人品牌的商标。

（2）在相同商品上使用类似商标。在相同商品上使用与他人注册商标类似的商标，足以引起消费者混淆。这种行为同样侵犯了商标权人的合法权益。例如，某商家使用与某知名品牌相似的商标，误导消费者。

（3）在类似商品上使用相同或类似商标。在与他人注册商标核定使用的商品类似的其他商品上，使用相同或类似的商标。这种行为也属于侵权行为。例如，华润三九医药股份有限公司诉河南望望食品产业有限公司侵害商标权纠纷案中，被告在拼多多平台上以拼单形式售卖商标上含有"三九饮品"字样的商品，误导消费者，构成商标侵权。

3. 恶意销售假冒注册商标的商品。

（1）明知是假冒注册商标的商品仍销售。明知是假冒注册商标的商品，仍进行销售。这种行为属于明知故犯，严重侵犯了商标权人的合法权益。

（2）应知是假冒注册商标的商品仍销售。应当知道是假冒注册商标的商品，仍进行销售。这种行为同样侵犯了商标权人的合法权益。例如，拼多多平台上曾出现多起商家销售假冒注册商标的商品的行为，平台通过技术手段和人工审核，对侵权店铺进行了处理。

4. 其他侵权行为。

（1）域名抢注与混淆。将他人注册商标的文字、字母等注册为域名，用于商业活动。这种行为不仅侵犯了商标权人的合法权益，还误导了消费者。例如，某商家将某知名品牌的名称注册为域名，吸引消费者访问，从而获取不正当利益。

（2）网页上使用他人注册商标。在网页上使用他人注册商标的文字、图形或图像，作为网页的一部分或链接标志，足以引起消费者混淆。这种行为同样侵犯了商标权人的合法权益。

（3）为侵权行为提供帮助。为侵权行为提供仓储、运输、藏匿等便利条件，帮助侵权行为人实施侵权行为。这种行为也属于侵权行为。

（二）平台经营者的共同侵权责任

电子商务平台作为网络交易的重要场所，在商标侵权监管中承担着不可推卸的责任。平台上的商家众多，商品种类繁杂，交易活动频繁，这使得商标侵权行为更容易在平台上滋生和蔓延。因此，电子商务平台必须充分认识到自身的责任和义务，积极采取有效措施，加强对平台内商家和商品的监管，从源头上遏制商标侵权行为的发生。

1. 平台经营者的责任认定。

（1）"红旗原则"下的责任认定。"红旗原则"是指当网络服务提供者知道或者应当知道网络用户利用网络服务侵害信息网络传播权时，应当采取删除、屏蔽、断开链接等必要措施。如果平台经营者对明显的侵权行为视而不见，或者明知存在侵权行为而未采取必要措施，可能需要承担共同侵权责任。

（2）"通知-删除规则"下的责任认定。"通知-删除规则"是指当知识产权权利人发现其权利受到侵害时，可以通知网络服务提供者采取删除、屏蔽、断开链接等必要措施。网络服务提供者接到通知后未及时采取必要措施的，对损害的扩大部分与该网络用户承担连带责任

2. 平台经营者的免责情形。

（1）已尽到合理注意义务。如果平台经营者已经尽到了合理的注意义务，例如，对平台内经营者进行了必要的资质审核，对侵权行为进行了及时处理，可以主张免责。

（2）及时采取必要措施。如果平台经营者在接到权利人的通知后，及时采取了删除、屏蔽、断开链接等必要措施，可以主张免责。

> **课堂讨论：**结合司法实践，谈一谈电子商务平台还可以采取哪些措施遏制商标侵权行为？

法条链接：

《商标法》第67条第1款　未经商标注册人许可，在同一种商品上使用与其注册商标相同的商标，构成犯罪的，除赔偿被侵权人的损失外，依法追究刑事责任。

《电子商务法》第42条　知识产权权利人认为其知识产权受到侵害的，有权通知电子商务平台经营者采取删除、屏蔽、断开链接、终止交易和服务等必要措施。通知应当包括构成侵权的初步证据。

电子商务平台经营者接到通知后，应当及时采取必要措施，并将该通知转送平台内经营者；未及时采取必要措施的，对损害的扩大部分与平台内经营者承担连带责任。

因通知错误造成平台内经营者损害的，依法承担民事责任。恶意发出错误通知，造成平台内经营者损失的，加倍承担赔偿责任。

《电子商务法》第45条　电子商务平台经营者知道或者应当知道平台内经营者侵犯知识产权的，应当采取删除、屏蔽、断开链接、终止交易和服务等必要措施；未采取必要措施的，与侵权人承担连带责任。

《民法典》第1195条第1、2款　网络用户利用网络服务实施侵权行为的，权利人有权通知网络服务提供者采取删除、屏蔽、断开链接等必要措施。通知应当包括构成侵权的初步证据及权利人的真实身份信息。

网络服务提供者接到通知后，应当及时将该通知转送相关网络用户，并根据构成侵权的初步证据和服务类型采取必要措施；未及时采取必要措施的，对损害的扩大部分与该网络用户承担连带责任。

《民法典》第1197条　网络服务提供者知道或者应当知道网络用户利用其网络服务侵害他人民事权益，未采取必要措施的，与该网络用户承担连带责任。

三、域名的法律保护

域名作为互联网的重要标识，具有独特的商业价值和法律地位。然而，近年来域名侵权现象日益严重，成为网络知识产权保护的重要问题之一。据统计，2023年全球域名纠纷案件数量较上一年增长了30%，其中恶意抢注域名和域名混淆行为尤为突出。域名侵权行为具有隐蔽性强、跨地域性、侵权成本低等特点。侵权者可以通过恶意抢注域名、域名混淆等方式误导消费者，而域名权利人往往难以及时发现并采取有效措施。此外，域名侵权的跨地域性使得维权成本大幅增加，权利人在追究侵权责任时面临诸多困难。

（一）互联网域名

互联网域名是指互联网上识别和定位计算机的层次结构式的字符标识，与该计算机的IP地址相对应。互联网域名的注册和使用应当遵守国家相关法律法规，符合相关技术规范和标准。在日常生活中，我们每天都会与互联网域名打交道。当我们想要浏览新闻时，会在浏览器地址栏输入"www.baidu.com"访问百度；想要购物，会输入"www.t-aobao.com"进入淘宝。这些简单易记的字符组合，就是互联网域名。它就如同网络世界的"门牌号"，是我们访问网站的关键入口，让我们能够轻松地在浩瀚的网络海洋中找到特定的网站。

在互联网时代，互联网域名已成为企业品牌在网络世界的重要标识，具有极高的商业价值。它不仅是用户访问企业网站的入口，更是企业品牌形象的直接体现。一个好的互联网域名能够简洁、准确地传达企业的核心价值观，帮助企业在用户心中树立起专业、可信赖的形象。以苹果公司的互联网域名为"apple.com"为例，这个互联网域名与品牌名称完全一致，简单易记，当用户看到这个互联网域名时，能够迅速联想到苹果公司及其产品，极大地强化了品牌认知度和品牌形象。同时，这样的互联网域名也方便用户输入和访问，有助于提高用户体验，增加用户对品牌的好感度和忠诚度。

从商业角度来看，互联网域名对于企业的品牌推广和业务拓展具有重要作用。一个与品牌相关的优质互联网域名，能够吸引更多的用户访问企业网站，为企业带来更多的流量和潜在客户。例如，许多电子商务企业会选择包含行业关键词和品牌名称的域名，如"taobao.com""jd.com"等，这些互联网域名不仅易于记忆，还能让用户在搜索相关商品时更容易找到对应的网站，从而提高企业的曝光度和市场竞争力。

（二）域名侵权的表现形式

域名侵权是指未经合法授权，擅自使用他人注册或使用的域名，导致原域名拥有者的合法权益受到侵犯。这种侵权行为不仅可能涉及商标权的侵害，还可能影响到商业信誉和消费者的正常选择。

1. 恶意注册。恶意注册是指某些个体或公司识别到他人商标或品牌的知名度后，恶意注册相似或近似的域名，意图混淆市场、谋取不当利益。2023年中国人民法院受理域名纠纷案件1245件，其中恶意抢注类案件占比高达68%。例如，某企业将"nike.com.cn"抢注为自己的域名，然后在该域名对应的网站上销售假冒的耐克运动鞋，这种行为不仅严重损害了耐克公司的品牌形象，也误导了消费者，构成了典型的恶意抢注域名侵权行为。

2. 域名劫持。域名劫持是指通过技术手段非法获取他人合法注册的域名，使得原所有者无法正常使用该域名。这种行为不仅涉及域名本身，还可能侵犯其他相关的知识产权。

3. 仿冒行为。仿冒行为是指通过在域名中使用近似的商标或品牌名，导致公众混淆，误认为该网站是原品牌的官方网站。这种行为通常会损害品牌信誉，并误导消费者。比如，将"apple.com"注册为"appel.com"，仅将字母"e"和"l"的顺序颠倒，普通用户在不仔细观察的情况下，很容易误将"appel.com"当作苹果公司的官方网站访问。一旦用户进入侵权网站，可能会遭受虚假信息误导、个人信息泄露等风险，同时也会对被侵权企业的声誉和业务造成负面影响。

4. 在商号或企业名称中使用他人域名。在商号或企业名称中使用他人域名，是指将知名域名的中文翻译词作为企业名称进行注册，从而误导消费者。例如，将"sina"作为企业名称，误导消费者认为该企业与新浪网有关联。

5. 其他非授权使用的行为。其他非授权使用的行为是指除上述几种情形之外的其他对域名的不正当使用，从而可能使域名及其注册者的声誉等合法权益受到损害的行为。例如，将他人的域名用于产品装潢、宣传品或其他领域，从而可能引起他人的误认。

> **课堂拓展：**结合司法实践，谈一谈生活中域名侵权的表现形式以及该如何避免域名侵权。

（三）域名侵权的法律责任

在域名侵权案件中，法律责任的承担是维护权利人合法权益的关键环节。一旦认定域名侵权成立，侵权方需承担多种形式的民事责任，这些责任旨在停止侵权行为、弥补权利人的损失，并对侵权行为进行制裁。

1. 停止侵权与注销域名。一旦法院认定域名侵权成立，侵权方首先必须立即停止侵权行为。这是最基本的责任形式，旨在及时制止侵权行为的继续，防止对权利人造成进一步的损害。停止侵权的具体表现为注销域名，使其无法再被用于侵权活动。注销域名是切断侵权行为的关键举措，能够有效阻止侵权方利用该域名误导用户、损害权利人的品牌形象和商业利益。例如，在某起域名侵权案件中，被告注册了与原告知名商标相似的域名，并在该域名下开展与原告竞争的业务，误导了大量用户。法院判决被告停止侵权并注销该域名后，被告及时执行了判决，注销了该域名，使得原告的品牌和业务得以恢复正常，避免了更多用户的混淆和流失。

2. 转移域名。在某些复杂的域名侵权案件中，法院会根据案件的具体情况，将侵权域名判归原告注册使用。这种判定方式主要是基于对权利人权益的全面保护，确保权利人能够恢复对域名的合法控制，维护其在网络空间的品牌标识和商业利益。当侵权域名与权利人的商标、品牌具有高度关联性，且权利人在该域名上具有深厚的商业价值和品牌影响力时，法院可能会将域名判归原告。例如，某知名企业的核心商标被他人恶意注册为域名，该企业在长期的经营过程中，已经将该商标与自身的品牌形象紧密结合，该域名对于企业的业务发展和品牌推广具有至关重要的作用。在这种情况下，法院经过审理，综合考虑各种因素，最终将侵权域名判归该企业注册使用，使企业能够重新掌控该域名，恢复其在网络空间的正常运营和品牌传播。

3. 赔偿损失。如果域名侵权行为给权利人造成实际损害，法院可以判令被告赔偿损失。赔偿金额通常根据权利人因侵权行为所遭受的实际损失来确定。域名侵权的损害赔偿范围通常涵盖直接损失和间接损失。直接损失主要包括权利人因侵权行为导致的实际经济损失，如因用户被误导而流失的业务收入、为应对侵权而支付的额外运营成本等。假设一家电子商务企业，其核心域名被他人恶意抢注，导致大量用户误访问侵权网站，该电子商务企业因此损失了大量的订单和销售额，这些损失就属于直接损失。间接损失则包括因侵权行为导致的可得利益损失以及为维权所支出的合理费用。例如，企业因域名侵权导致品牌声誉受损，进而影响了未来的商业合作机会和市场拓展计划，由此产生的潜在经济损失即为间接损失。而权利人在维权过程中支付的律师费、公证费、调查取证费等，也属于损害赔偿的范围。

赔偿数额的确定依据和计算方法较为复杂。根据相关法律规定，应按照权利人因被侵权所受到的实际损失确定赔偿数额。若实际损失难以确定，则可以按照侵权人因侵权所获得的利益确定。例如，侵权方通过侵权域名吸引用户访问，从而获取了广告收入、销售利润等，这些获利都可作为赔偿数额的计算依据。当权利人的损失或者侵权人获得的利益都难以确定时，可参照该域名的许可使用费的倍数合理确定赔偿数额。此外，对于恶意侵犯域名权，情节严重的，法院可以根据具体情况，在按照上述方法确定数额的一定倍数范围内确定赔偿数额，以加大对恶意侵权行为的惩处力度。

4. 连带责任。在某些情况下，域名注册服务机构也可能承担连带责任。如果域名注册服务机构明知或应知存在侵权行为，仍为侵权行为提供帮助或便利，法院可以判令其与侵权人承担连带责任。

在域名侵权领域，当侵权行为达到一定严重程度时，就会跨越民事和行政责任的界限，进入刑事法律的规制范畴。域名侵犯商标权构成犯罪的情形主要涉及假冒注册商标罪、销售假冒注册商标的商品罪等。

法条链接：

《互联网域名管理办法》第9条 在境内设立域名根服务器及域名根服务器运行机构、域名注册管理机构和域名注册服务机构的，应当依据本办法取得工业和信息化部或者省、自治区、直辖市通信管理局（以下统称电信管理机构）的相应许可。

《互联网域名管理办法》第30条 域名注册服务机构提供域名注册服务，应当要求域名注册申请者提供域名持有者真实、准确、完整的身份信息等域名注册信息。

域名注册管理机构和域名注册服务机构应当对域名注册信息的真实性、完整性进行核验。

域名注册申请者提供的域名注册信息不准确、不完整的，域名注册服务机构应当要求其予以补正。申请者不补正或者提供不真实的域名注册信息的，域名注册服务机构不得为其提供域名注册服务。

《最高人民法院关于审理涉及计算机网络域名民事纠纷案件适用法律若干问题的解释》第4条 人民法院审理域名纠纷案件，对符合以下各项条件的，应当认定被告注册、使用域名等行为构成侵权或者不正当竞争：

（一）原告请求保护的民事权益合法有效；

（二）被告域名或其主要部分构成对原告驰名商标的复制、模仿、翻译或音译；或者与原告的注册商标、域名等相同或近似，足以造成相关公众的误认；

（三）被告对该域名或其主要部分不享有权益，也无注册、使用该域名的正当理由；

（四）被告对该域名的注册、使用具有恶意。

四、网络著作权的法律保护

（一）网络著作权的概念

网络著作权，是指著作权人对受著作权法保护的作品在网络环境下所享有的著作权权利。它包括两层含义：一方面，对于传统作品被上传至网络时，著作权人享有信息网络传播权，即能够控制作品以有线或者无线方式向公众提供，使公众可以在其个人选定的时间和地点获得作品；另一方面，网上数字作品的著作权人也拥有复制权、发表权、署名权、发行权等一系列权利。例如，一位作家在网络平台上发表了自己的小说，那么他就享有该小说在网络环境下的多种权利，包括防止他人未经许可随意转载、复制、改编等。

网络著作权的涵盖范围极为广泛，几乎囊括了各类作品形式。从常见的文字作品、音乐、戏剧、曲艺、舞蹈、杂技艺术作品，到美术作品、建筑作品、摄影作品，再到电影作品和以类似摄制电影的方法创作的作品，以及工程设计、产品设计图纸、地图、示意图等图形作品和模型作品，甚至计算机软件等，都在网络著作权的保护范畴之内。以短视频为例，它可能融合了音乐、摄影、表演等多种元素，创作者对其拥有完整的网络著作权，其他人未经许可不得随意使用。

（二）网络著作权侵权行为

随着网络技术的飞速发展，网络著作权问题变得愈发复杂和突出。大量的作品在网络上迅速传播，侵权行为也随之频发。从个人在社交媒体上随意转发他人的摄影作品，到某些网站未经授权大量转载他人的文章，再到影视资源的非法传播等，这些行为不仅损害了著作权人的合法权益，也扰乱了正常的网络文化秩序和市场竞争环境。常见的网络著作权侵权行为主要有以下几种：

1. 未经许可的复制行为。它是最为常见的侵权类型之一，在网络上，数字化作品的复制变得轻而易举，只需要简单的操作，就可以将他人的文字、图片、音乐、视频等作品进行大量复制。例如，一些网站未经授权，将知名作家的小说整本复制到自己的平台上供用户免费阅读或下载；某些不良商家在抖音平台销售侵权灯光画，在详情页展示未经授权的美术作品，这都侵害了著作权人的复制权。

2. 未经授权的传播行为。网络的开放性和便捷性使得作品传播速度极快、范围极广，一旦作品被非法传播，著作权人往往难以控制。像一些影视资源网站，未经版权方许可，就将新上映的电影、电视剧上传到网站上，供用户在线观看或下载，让版权方遭受巨大的经济损失。一些音乐平台也存在未经授权传播音乐作品的情况，大量用户可以在这些平台上免费收听、下载受版权保护的音乐。

3. 改编侵权行为。这种行为是指在未经原作者许可的情况下，对其作品进行改编，如将小说改编成剧本、漫画等，将音乐进行重新编曲等。以热门小说改编为例，有的影视制作公司在没有获得小说作者授权的情况下，擅自将小说改编成影视作品并发行，改变了作品的原有表达形式，侵犯了原作者的改编权。一些短视频创作者为了吸引流量，随意对他人的音乐作品进行改编，并用于自己的短视频中，这也是典型的改编侵权行为。

4. 针对网络作品著作人身权的侵权行为。包括侵犯作者的发表权、署名权以及保护作品不受歪曲、篡改的权利等情形；在整理与编辑网络信息的过程中，存在删除作者签名档案或在他人作品上擅自署名的行为；在网络上使用他人作品时，未经许可擅自改动作品，侵犯作者修改权等行为。

5. 擅自破解著作权人为其作品所设置的技术保护措施的行为。例如，对作品进行解密操作、破坏电子水印，或是专门制造并提供用于破解的设备与技术，以便于他人实施侵权行为。

> **课堂讨论：** 电子商务商家使用 AI 生成的商品宣传文案是否享有著作权？若该文案与其他商家雷同，如何界定侵权责任？

（三）网络著作权的侵权责任

一旦侵权行为被认定，侵权者就需要承担相应的法律责任，主要包括停止侵权、赔偿损失、赔礼道歉等形式。停止侵权是最直接且常见的责任承担方式，它要求侵权者立即停止正在实施的侵权行为，防止侵权后果的进一步扩大。在网络著作权侵权中，如某网站未经授权擅自转载他人文章，著作权人发现后，有权要求网站立即删除侵权文章，网站必须在接到通知后及时采取删除措施，否则将对损害的扩大部分承担连带责任。

赔偿损失是对著作权人经济损失的补偿，赔偿数额的确定在司法实践中至关重要。通常首先考虑原告的实际损失，这包括因侵权行为导致著作权人作品销售量减少、许可使用费损失等直接经济损失，以及为制止侵权行为所支付的合理开支，如律师费、公证费、调查取证费等。若原告的实际损失难以确定，则以被告的违法所得作为赔偿依据，即侵权者因侵权行为所获得的经济利益。在实际损失和违法所得都无法确定的情况下，法院会根据侵权行为的情节，适用法定赔偿额，由法官进行自由裁量，在法律规定的范围内确定赔偿数额。例如，在一些小型网络平台上，某些用户未经授权使用他人的摄影作品用于商业宣传，由于难以准确计算著作权人的实际损失和侵权者的违法所得，法院会综合考虑作品的类型、知名度、侵权行为的持续时间、侵权人的主观过错等因素，酌情确定赔偿数额。

赔礼道歉主要适用于侵权行为损害了著作权人的人身权利，如署名权、保护作品完整权等情况。通过赔礼道歉，侵权者向著作权人表达歉意，以恢复著作权人的名誉和声誉。在网络环境下，赔礼道歉的方式通常是在侵权行为发生的网络平台上发布道歉声明，声明的内容和发布时间等通常由法院根据具体情况进行判定。例如，某自媒体账号未经授权使用他人的文字作品，并擅自篡改作者署名，法院判决该账号运营者在其自媒体平台上发布道歉声明，向原作者公开赔礼道歉，以消除不良影响。

由于电子商务中的商品信息呈现出虚拟化特征，这使得电子商务平台经营者仅凭图片、文字等虚拟展示内容，难以准确判断卖家所售实体商品是否涉及侵权。鉴于这一局限性，无法强求平台经营者像传统实体商场那样，对平台内经营者的侵权行为进行全面审查，故立法规定了避风港原则和红旗原则两项重要准则。

1. 避风港原则。指在发生著作权侵权案件时，如果网络服务提供者（如网站平台等）只提供空间服务，并不制作网页内容，在接到权利人的通知后，及时删除侵权内容，则不承担赔偿责任。该原则旨在为网络服务提供者提供一种"避风港"，使其在一定条件下无需对用户的侵权行为承担过重的法律责任，以促进互联网产业的发展。避风港原则最早源于美国 1998 年颁布的

《数字千年版权法》(DMCA)。后来，许多国家和地区在制定网络版权相关法律时都借鉴了这一原则。例如，我国的《信息网络传播权保护条例》中也有类似规定，明确了网络服务提供者在符合一定条件下的免责情形，为国内网络服务行业的蓬勃发展提供了法律保障。

2. 红旗原则。红旗原则是对避风港原则的一个重要补充和限制，红旗原则指如果侵犯信息网络传播权的事实是显而易见的，就像是飘扬的红旗一样明显，网络服务提供者就不能装作看不见，或以不知道侵权的理由来推脱责任。在这种情况下，即使版权人没有发出过删除通知，网络服务提供者也应当主动采取删除、屏蔽或断开链接等必要措施，以防止侵权行为的继续和扩大。如果网络服务提供者未能做到这一点，那么将可能被视为对侵权行为的默许或纵容，从而需要承担相应的法律责任。

法条链接：

《民法典》第1194条 网络用户、网络服务提供者利用网络侵害他人民事权益的，应当承担侵权责任。法律另有规定的，依照其规定。

《民法典》第1197条 网络服务提供者知道或者应当知道网络用户利用其网络服务侵害他人民事权益，未采取必要措施的，与该网络用户承担连带责任。

《著作权法》第52条 有下列侵权行为的，应当根据情况，承担停止侵害、消除影响、赔礼道歉、赔偿损失等民事责任：

（一）未经著作权人许可，发表其作品的；

（二）未经合作作者许可，将与他人合作创作的作品当作自己单独创作的作品发表的；

（三）没有参加创作，为谋取个人名利，在他人作品上署名的；

（四）歪曲、篡改他人作品的；

（五）剽窃他人作品的；

（六）未经著作权人许可，以展览、摄制视听作品的方法使用作品，或者以改编、翻译、注释等方式使用作品的，本法另有规定的除外；

（七）使用他人作品，应当支付报酬而未支付的；

（八）未经视听作品、计算机软件、录音录像制品的著作权人、表演者或者录音录像制作者许可，出租其作品或者录音录像制品的原件或者复制件的，本法另有规定的除外；

（九）未经出版者许可，使用其出版的图书、期刊的版式设计的；

（十）未经表演者许可，从现场直播或者公开传送其现场表演，或者录制其表演的；

（十一）其他侵犯著作权以及与著作权有关的权利的行为。

《信息网络传播权保护条例》第5条 未经权利人许可，任何组织或者个人不得进行下列行为：

（一）故意删除或者改变通过信息网络向公众提供的作品、表演、录音录像制品的权利管理电子信息，但由于技术上的原因无法避免删除或者改变的除外；

（二）通过信息网络向公众提供明知或者应知未经权利人许可被删除或者改变权利管理电子信息的作品、表演、录音录像制品。

《信息网络传播权保护条例》第15条 网络服务提供者接到权利人的通知书后，应当立即删除涉嫌侵权的作品、表演、录音录像制品，或者断开与涉嫌侵权的作品、表演、录音录像制品的链接，并同时将通知书转送提供作品、表演、录音录像制品的服务对象；服务对象网络地址不明、无法转送的，应当将通知书的内容同时在信息网络上公告。

任务3　电子商务消费者权益保护

◇ **案例 7-2**

"不支持售后维权"的霸王条款无效案[1]

2020 年 12 月，原告张某在某网络交易平台向吴某购买了某品牌二手女款包，价款 14 000 元，卖家保证为正品，承诺货到付款，如假包退。后张某委托检测机构进行检测，发现该包并非正品，遂将该包寄回给吴某，张某要求退款未果，遂诉至人民法院要求全额退款。被告吴某陈述，其专业从事奢侈品经营交易，与原告曾进行过多次交易，并辩称交易是货到付款，买家付款表明已认可商品质量，且平台《用户行为规范》明确："交易成功后，不支持售后维权"，故不同意退货退款。

请分析：

1. 平台《用户行为规范》中约定"交易成功后，不支持售后维权"是否有效？

2. 平台是否应向原告张某退货退款？

一、电子商务消费者的权利

（一）电子商务消费者的的概念与特征

电子商务消费者，是指通过互联网等电子手段，在电子商务交易平台上购买商品或接受服务，以满足自身生活消费需求的自然人。在数字经济快速发展的时代，电子商务打破了传统商业交易在时间和空间上的限制，为电子商务消费者提供了更加便捷、丰富的购物选择，从而催生出这一特定消费群体。

与传统消费者相比，电子商务消费者具有几个显著特点。

第一，消费行为的数字化。电子商务消费者借助电子设备和网络平台进行商品浏览、比较、下单和支付等一系列消费活动，整个过程都以数字化形式呈现。例如，电子商务消费者通过手机 App 或电脑网页，在电子商务平台上挑选心仪的商品，只需点击鼠标或触摸屏幕即可完成交易操作，无需像传统购物那样前往实体店铺。

第二，信息获取和传播的高效性。互联网的普及使得电子商务消费者能够快速获取海量的商品和服务信息。他们可以通过搜索引擎、电子商务平台的推荐系统以及其他电子商务消费者的评价等多种渠道，全面了解商品的性能、价格、质量等详细情况。同时，电子商务消费者自身的消费体验和评价也能通过网络迅速传播，对其他电子商务消费者的购买决策产生影响。例如，电子商务消费者在购买某款电子产品后，可以在电子商务平台上留下自己的使用感受和评价，这些评价可能会影响后续电子商务消费者对该产品的购买意愿。

第三，消费选择的多样性。电子商务平台汇聚了来自全球各地的众多商家和丰富多样的商品，电子商务消费者不再受限于地域和时间的限制，可以轻松地在不同商家和商品之间进行比较和选择。无论是国内的特色商品，还是国外的知名品牌，电子商务消费者都能通过电子商务平台一键购买。例如，电子商务消费者想要购买一款进口化妆品，无需亲自出国，只需在电子商务平台上搜索相关产品，就能找到多个品牌和不同规格的商品供其挑选。

---

[1] 《"不支持售后维权"的霸王条款无效（以案说法）》，载 http://society. people. com. cn/n1/2023/0406/c1008-32658167. html，最后访问日期：2025 年 7 月 23 日。

电子商务消费者的涵盖范围广泛，包括但不限于通过电子商务平台购买日常用品、服装服饰、数码产品、食品饮料等各类商品的电子商务消费者，以及购买在线教育课程、预订酒店机票、享受在线娱乐服务等接受线上服务的电子商务消费者。无论是上班族在午休时间通过手机购买生活用品，还是学生在假期预订旅游行程，只要是通过电子商务平台进行生活消费的行为，都属于电子商务消费者的范畴。

（二）电子商务消费者的公平交易权

电子商务消费者在电子商务交易中享有公平交易的权利，即交易条件公平、交易价格合理、交易过程公正。具体表现为：价格公平，电子商务消费者有权获得与商品或服务价值相符的价格，经营者不得进行价格欺诈。例如，不得先抬高价格再进行所谓的"打折"促销；交易条件应公平，电子商务消费者在交易过程中不应受到不合理的交易条件限制。如经营者不应强制电子商务消费者捆绑购买其他商品或服务。经营者不得利用格式条款、通知、声明、店堂告示等方式，作出排除或者限制电子商务消费者权利、减轻或者免除经营者责任、加重电子商务消费者责任等对电子商务消费者不公平、不合理的规定。同时，在数字经济时代，公平交易权还延伸到抵制大数据杀熟和价格歧视等新兴问题。根据中国电子商会发布的报告，2023年有30%的电子商务消费者在电子商务平台遇到过不公平的格式条款。例如，某电子商务平台的"最终解释权归商家所有"这一格式条款，就可能导致电子商务消费者在权益受损时难以维权。此外，大数据杀熟和价格歧视现象也日益受到关注。

1. 大数据杀熟。大数据杀熟是指互联网企业利用大数据技术和算法，收集电子商务消费者的个人信息，包括消费习惯、偏好、价格敏感度等，通过分析这些数据对电子商务消费者进行精准画像，进而对不同电子商务消费者提供不同的价格或交易条件，实现差异化定价或歧视性待遇的行为。有调研数据显示，近40%的电子商务消费者曾怀疑自己遭遇过大数据杀熟。例如，有电子商务消费者发现，自己长期使用某打车软件，在相同的出发地和目的地，自己的打车价格比新注册用户要高出10%~20%。还有在在线旅游平台上，老用户预订酒店时的价格比新用户贵，这都是典型的大数据杀熟行为。

大数据杀熟行为侵犯了电子商务消费者的知情权、自主选择权和公平交易权。电子商务消费者有权知悉商品或服务的真实情况，有权自主选择商品或服务，并享有公平交易的权利。经营者通过大数据杀熟对电子商务消费者进行价格歧视，使电子商务消费者在不知情的情况下遭受不公平待遇，严重违反了《消费者权益保护法》中的公平诚信原则，侵犯了电子商务消费者的合法权益。

作为电子商务消费者应提高自我保护意识，增强价格敏感度，在购物时，应多进行比较，关注同一商品在不同平台的价格，以及同一平台不同时间的价格变化。如果发现价格异常，应及时进行核实和比较，避免被大数据杀熟。当电子商务消费者怀疑自己遭遇了大数据杀熟时，要勇于向平台反映，必要时可以向有关部门举报，如市场监管部门、网信部门等，维护自己的合法权益。在交易过程中，电子商务消费者也要注意保存相关证据，如订单截图、价格截图、聊天记录等，以便在发生纠纷时能够提供有力的证据支持。如果电子商务消费者的权益受到侵害，可以通过协商、投诉、诉讼等方式进行维权。电子商务消费者可以先与平台或商家进行协商，要求其给予合理的解释和解决方案；如果协商不成，可以向消费者协会、市场监管部门等投诉；必要时，还可以通过法律途径提起诉讼。

2. 价格歧视。在电子商务场景中，价格歧视表现为对不同电子商务消费者群体，基于地域、消费习惯等因素，在无合理成本差异的情况下提供不同价格。例如，部分电子商务平台针对不同地区的电子商务消费者，同款商品定价不同，且这种价格差异并非基于运输成本等合理因素，这使得部分地区的电子商务消费者无法享受公平的价格待遇，损害了电子商务消费者的公平交易权。

价格歧视直接导致部分电子商务消费者支付更高的价格，购买到与他人相同的产品或服务，从而使电子商务消费者的经济利益受到损害。实施价格歧视的企业通过不正当手段获取了额外利润，相较于诚信经营、公平定价的企业，获得了一种"不公平"的竞争优势。这会扭曲市场的资源配置机制，使市场信号失真，引导资源流向那些善于"杀熟"的企业，而真正注重产品质量与服务创新的企业却可能被边缘化。价格歧视行为也会破坏市场的优胜劣汰机制，使市场无法正常发挥其调节作用，从而阻碍市场的健康有序发展。

> **课堂讨论**：结合司法实践，谈一谈，如遇到大数据杀熟行为，该如何保护自身权益？

法条链接：

《消费者权益保护法》第 10 条　消费者享有公平交易的权利。

消费者在购买商品或者接受服务时，有权获得质量保障、价格合理、计量正确等公平交易条件，有权拒绝经营者的强制交易行为。

《民法典》第 497 条　有下列情形之一的，该格式条款无效：

（一）具有本法第一编第六章第三节和本法第五百零六条规定的无效情形；

（二）提供格式条款一方不合理地免除或者减轻其责任、加重对方责任、限制对方主要权利；

（三）提供格式条款一方排除对方主要权利。

《电子商务法》第 32 条　电子商务平台经营者应当遵循公开、公平、公正的原则，制定平台服务协议和交易规则，明确进入和退出平台、商品和服务质量保障、消费者权益保护、个人信息保护等方面的权利和义务。

《电子商务法》第 35 条　电子商务平台经营者不得利用服务协议、交易规则以及技术等手段，对平台内经营者在平台内的交易、交易价格以及与其他经营者的交易等进行不合理限制或者附加不合理条件，或者向平台内经营者收取不合理费用。

（三）电子商务消费者的知情权

电子商务消费者有权知悉其购买、使用的商品或者接受的服务的真实情况。在电子商务环境下，这一权利的落实显得尤为关键。由于电子商务消费者无法像在传统实体购物中那样直观地感受商品，只能依赖商家在网络平台上提供的信息来做出购买决策，因此经营者全面、真实、准确地披露商品或服务的基本信息就成为保障电子商务消费者知情权的核心要求。披露范围主要包括：

1. 商品基本属性，涵盖产地、成分、性能等基础信息。例如，对于一款进口红酒，商家应明确标注其原产国、葡萄品种、酒精度数等，以便电子商务消费者判断其品质是否符合自身需求。

2. 使用说明与注意事项，包含使用方法、适用人群、禁忌等。以美容仪为例，商家不仅要详细介绍使用步骤，还需说明不适用于孕妇、皮肤敏感人群等特殊情况，让电子商务消费者能安全、正确地使用产品。

3. 售后服务保障，如退换货政策、质保期限、维修服务等。一些电子商务平台上的电子产品商家，模糊售后服务条款，对退换货条件设置重重障碍，导致电子商务消费者在产品出现问题时难以维权，损害了电子商务消费者对售后服务知情权的获取。

在披露方式上，经营者可以在显著位置展示，信息应在商品详情页、服务介绍页面等显著位置展示，避免电子商务消费者因信息隐藏过深而难以察觉。例如，一些电子商务平台将商品的重要参数放在详情页底部，电子商务消费者需多次滑动屏幕才能看到，这就影响了电子商务消费者获取信息的便捷性。

同时应避免使用专业晦涩难懂的术语，确保普通电子商务消费者能够轻松理解。例如，某保健品商家在宣传时使用大量专业医学词汇描述产品功效，却未进行通俗解释，使得电子商务消费者难以判断产品是否适合自己。

据调查显示，超过 60% 的电子商务消费者在网购时会仔细查看商品详情页面的信息。然而，仍有部分商家存在虚假宣传、隐瞒关键信息的情况。例如，某化妆品商家在电子商务平台宣传其产品具有美白、祛斑等功效，但未在详情页标明相关功效成分，也未提供任何功效检测报告，误导了电子商务消费者。值得注意的是，商家若违反信息披露义务，进行虚假宣传、隐瞒关键信息，不仅要承担民事赔偿责任，还可能面临行政处罚。

法条链接：

《电子商务法》第 17 条　电子商务经营者应当全面、真实、准确、及时地披露商品或者服务信息，保障消费者的知情权和选择权。电子商务经营者不得以虚构交易、编造用户评价等方式进行虚假或者引人误解的商业宣传，欺骗、误导消费者。

《消费者权益保护法》第 8 条　消费者享有知悉其购买、使用的商品或者接受的服务的真实情况的权利。

消费者有权根据商品或者服务的不同情况，要求经营者提供商品的价格、产地、生产者、用途、性能、规格、等级、主要成份、生产日期、有效期限、检验合格证明、使用方法说明书、售后服务，或者服务的内容、规格、费用等有关情况。

《消费者权益保护法》第 20 条　经营者向消费者提供有关商品或者服务的质量、性能、用途、有效期限等信息，应当真实、全面，不得作虚假或者引人误解的宣传。

经营者对消费者就其提供的商品或者服务的质量和使用方法等问题提出的询问，应当作出真实、明确的答复。

经营者提供商品或者服务应当明码标价。

（四）电子商务消费者的自主选择权

电子商务消费者在电子商务交易中有自主选择商品或者服务的权利，这一权利赋予电子商务消费者充分的决策自由，使其能够依据自身需求、偏好和经济状况，独立地进行消费抉择。电子商务消费者的自主选择权在网购中得到充分体现。网上购物最大的好处就是由电子商务消费者主导，电子商务消费者有权在众多电子商务平台和商家中挑选符合自己预期的交易对象。例如，在购买电子产品时，电子商务消费者既可以选择京东这样以电子产品销售和物流配送高效著称的平台，也能考虑在淘宝上筛选众多有特色的个体商家，还能选择品牌官方自营的电子商务网站，充分比较不同经营者的信誉、价格、服务等因素，做出最适合自己的选择。电子商务消费者还可以根据自身的实际需求和喜好，从琳琅满目的商品或服务种类中进行挑选。如在选购服装时，电子商务消费者可以在休闲装、正装、运动装等不同类型中抉择，同时还能对款式、颜色、尺码等细节进行筛选，确保所选商品完全契合自己的需求。在网购中，电子商务消费者完全自主决定是否进行某项交易，任何商家都不得强迫电子商务消费者购买商品或接受服务。也就是说在电子商务交易过程中，电子商务消费者有权在浏览商品或服务信息后，经过充分考虑，决定放弃购买，而无需受到任何干扰或强制。然而，实践中存在诸多侵犯电子商务消费者自主选择权的行为，诸如：

1. 强制搭售。在电子商务平台的促销活动中，部分商家设置强制搭售商品的情况屡见不鲜。例如，电子商务消费者在购买某品牌手机时，被强制要求购买手机壳、充电器等配件才能享受优惠价格，这就侵犯了电子商务消费者的自主选择权。电子商务消费者原本只是希望购买手机，而商家的这种搭售行为，违背了电子商务消费者的意愿，限制了其对商品的自由选择。

2. 默认勾选服务。一些电子商务平台在电子商务消费者进行购物结算时，将某些增值服务设置为默认勾选状态，如运费险、会员服务等。电子商务消费者在未留意的情况下，就可能在不知情的状态下购买了这些服务，这也侵犯了电子商务消费者自主决定是否接受服务的权利。

3. 限制电子商务消费者选择范围。某些电子商务平台在搜索结果展示时，故意对部分商家或商品进行降权处理，导致电子商务消费者难以发现这些商品，从而限制了电子商务消费者的选择范围。或者在推荐商品时，仅推荐与平台有特殊合作关系的商家商品，使电子商务消费者无法获取全面的商品信息，影响了电子商务消费者自主选择的权利。

法条链接：

《消费者权益保护法》第 9 条　消费者享有自主选择商品或者服务的权利。

消费者有权自主选择提供商品或者服务的经营者，自主选择商品品种或者服务方式，自主决定购买或者不购买任何一种商品、接受或者不接受任何一项服务。

消费者在自主选择商品或者服务时，有权进行比较、鉴别和挑选。

（五）电子商务消费者的安全保障权

在电子商务活动中，电子商务消费者的安全保障权是其核心权益之一，涵盖多个关键层面，旨在全方位保障电子商务消费者在交易过程中的人身和财产安全。

1. 商品与服务安全。电子商务消费者有权要求所购买的商品或接受的服务不存在危及人身、财产安全的不合理危险。在电子商务环境下，由于电子商务消费者无法像线下购物那样直接检查商品，这就对商家的商品质量把控提出了更高要求。例如，在网络上购买的儿童玩具，必须符合国家安全标准，不能含有有害化学物质，结构设计要稳固，避免在使用过程中发生零件脱落导致儿童误食等危险情况。又如，在线购的美容服务，商家提供的美容产品和操作流程应确保不会对电子商务消费者的皮肤造成伤害。

2. 交易环节安全。交易过程中的支付安全、个人信息安全至关重要。在支付环节，电子商务平台和商家必须采取安全可靠的支付系统，防止电子商务消费者的银行卡信息、支付密码等被盗取。以常见的第三方支付平台为例，它们通过加密技术、多重身份验证等手段，保障电子商务消费者的支付安全。在个人信息安全方面，电子商务消费者享有个人信息依法得到保护的权利，经营者收集、使用电子商务消费者个人信息，应当遵循合法、正当、必要的原则，明示收集、使用信息的目的、方式和范围，并经电子商务消费者同意，防止信息泄露、出售或非法向他人提供。随着电子商务的发展，电子商务消费者个人信息的收集、使用日益频繁。根据有关数据显示，2023 年涉及个人信息泄露的网络投诉案件增长了 20%。例如，某电子商务平台因系统漏洞，导致数百万用户的姓名、联系方式、地址等个人信息被泄露，给电子商务消费者带来了极大的困扰，严重侵犯了电子商务消费者的安全保障权。

3. 平台安全保障义务。电子商务平台作为电子商务交易的重要场所，承担着保障交易安全的重要责任。平台应具备完善的技术设施和安全管理制度，防止黑客攻击、数据泄露等安全事件发生。同时，平台要对入驻商家进行严格的资质审核，确保商家具备提供安全商品和服务的能力。例如，对于销售食品的商家，平台要审核其食品经营许可证等相关资质，避免销售三无食品，危害电子商务消费者健康。

一旦发生安全保障权被侵犯的情况，电子商务消费者有权要求侵权方承担相应的法律责任。商家或平台需对电子商务消费者因商品或服务缺陷导致的人身伤害、财产损失进行赔偿，包括医疗费、误工费、财产修复或赔偿费用等。在个人信息泄露方面，侵权方可能面临行政处罚，情节严重的，还可能涉及刑事责任。

法条链接：

《电子商务法》第5条　电子商务经营者从事经营活动，应当遵循自愿、平等、公平、诚信的原则，遵守法律和商业道德，公平参与市场竞争，履行消费者权益保护、环境保护、知识产权保护、网络安全与个人信息保护等方面的义务，承担产品和服务质量责任，接受政府和社会的监督。

《电子商务法》第13条　电子商务经营者销售的商品或者提供的服务应当符合保障人身、财产安全的要求和环境保护要求，不得销售或者提供法律、行政法规禁止交易的商品或者服务。

《消费者权益保护法》第7条　消费者在购买、使用商品和接受服务时享有人身、财产安全不受损害的权利。

消费者有权要求经营者提供的商品和服务，符合保障人身、财产安全的要求。

《民法典》第1198条　宾馆、商场、银行、车站、机场、体育场馆、娱乐场所等经营场所、公共场所的经营者、管理者或者群众性活动的组织者，未尽到安全保障义务，造成他人损害的，应当承担侵权责任。

因第三人的行为造成他人损害的，由第三人承担侵权责任；经营者、管理者或者组织者未尽到安全保障义务的，承担相应的补充责任。经营者、管理者或者组织者承担补充责任后，可以向第三人追偿。

（六）电子商务消费者的依法求偿权

依法求偿权是指电子商务消费者因购买、使用商品或接受服务受到人身、财产损害时，所享有的依法获得赔偿的权利。这是电子商务消费者权益受损后的事后救济，也是电子商务消费者其他各项权利得以实现的保障。一般而言，赔偿范围限于受到的直接损失，具体包括：

1. 人身损害赔偿。电子商务消费者因购买、使用商品或接受服务受到人身伤害的，有权要求赔偿医疗费、护理费、交通费、误工费等合理费用。如果造成残疾或死亡的，还需赔偿残疾赔偿金、死亡赔偿金、丧葬费、被扶养人生活费等。

2. 财产损失赔偿。电子商务消费者因购买、使用商品或接受服务导致财产损失的，有权要求赔偿实际损失，包括直接损失和间接损失。例如，购买的商品存在质量问题导致其他财产受损，或者接受的服务未达到约定标准导致经济损失等。

3. 精神损害赔偿。在某些情况下，电子商务消费者因购买、使用商品或接受服务受到精神损害的，也有权要求赔偿精神损害抚慰金。例如，电子商务消费者购买的商品存在严重质量问题，导致电子商务消费者精神上受到极大压力和困扰。

电子商务消费者在电子商务平台购买商品或接受服务，因商品或服务存在质量问题、虚假宣传等原因导致权益受损的，平台内经营者应当承担赔偿责任。例如，电子商务消费者在某电子商务平台购买了一件假冒伪劣商品，导致财产损失，平台内经营者应当赔偿电子商务消费者的损失。当然，电子商务平台在某些情况下也需要承担赔偿责任。如果平台明知或应知平台内经营者销售的商品或提供的服务存在质量问题、虚假宣传等侵害电子商务消费者权益的行为，而未采取必要措施的，平台应当与平台内经营者承担连带责任。此外，平台如果因自身过错导致电子商务消费者权益受损，如平台的支付系统存在漏洞导致电子商务消费者资金被盗用，平台也应当承担赔偿责任。在某些电子商务交易中，物流服务提供者也承担着一定的责任。如果因物流服务提供者的过错导致商品在运输过程中损坏、丢失，电子商务消费者有权要求物流服务提供者承担赔偿责任。

在电子交易过程中，电子商务消费者还需要注意消费欺诈。消费欺诈是指经营者在提供商品或者服务过程中，采取虚假或者其他不正当手段欺骗、误导电子商务消费者，使电子商务消费者的合法权益受到损害的行为。认定消费欺诈通常需要考虑经营者是否存在欺诈的故意、实施了欺诈行为以及电子商务消费者因欺诈行为而作出错误的意思表示。实践中的消费欺诈，比如，①借助刷单炒信，商家通过虚假交易，制造销量高、好评多的假象，误导电子商务消费者购买。例如，一些电子商务店铺通过雇佣刷手进行虚假交易，让电子商务消费者误以为该店铺的商品质量好、受欢迎，从而购买商品。②虚构服务内容，一些在线服务类商家，如在线培训平台，承诺提供一对一辅导、独家学习资料等服务，但实际并未提供，或者提供的服务与承诺相差甚远，这就构成了消费欺诈。如果存在对电子商务消费者的欺诈行为，消费者则有权主张惩罚性损害赔偿。根据《消费者权益保护法》第55条第1款的规定，经营者提供商品或者服务有欺诈行为的，应当按照消费者的要求增加赔偿其受到的损失，增加赔偿的金额为消费者购买商品的价款或者接受服务的费用的3倍；增加赔偿的金额不足500元的，为500元。法律另有规定的，依照其规定。

法条链接：

《电子商务法》第74条 电子商务经营者销售商品或者提供服务，不履行合同义务或者履行合同义务不符合约定，或者造成他人损害的，依法承担民事责任。

《消费者权益保护法》第11条 消费者因购买、使用商品或者接受服务受到人身、财产损害的，享有依法获得赔偿的权利。

《消费者权益保护法》第55条 经营者提供商品或者服务有欺诈行为的，应当按照消费者的要求增加赔偿其受到的损失，增加赔偿的金额为消费者购买商品的价款或者接受服务的费用的三倍；增加赔偿的金额不足五百元的，为五百元。法律另有规定的，依照其规定。

经营者明知商品或者服务存在缺陷，仍然向消费者提供，造成消费者或者其他受害人死亡或者健康严重损害的，受害人有权要求经营者依照本法第四十九条、第五十一条等法律规定赔偿损失，并有权要求所受损失二倍以下的惩罚性赔偿。

二、电子商务经营者的义务

电子商务经营者是指通过互联网等信息网络从事销售商品或者提供服务的经营活动的自然人、法人和非法人组织，包括电子商务平台经营者、平台内经营者、自建网站经营者以及通过其他网络服务销售商品或者提供服务的经营者。在电子商务蓬勃发展的时代，明确电子商务经营者的义务，对于维护市场秩序、保护消费者权益至关重要。

（一）信息披露义务

据调查，约70%的消费者在网购时会因商品信息不完整或虚假宣传而产生困扰。在电子商务交易中，电子商务经营者的信息披露义务是保障市场公平、维护消费者权益的关键一环。消费者基于电子商务经营者披露的信息做出购买决策，因此信息的全面性、真实性、准确性和及时性至关重要。作为电子商务经营者应当及时、准确披露下列内容：

1. 商品或服务基础信息。涵盖商品的产地、成分、性能、规格、生产日期、保质期等，以及服务的内容、规格、流程等。例如，在销售一款进口奶粉时，商家需明确标注奶源地、奶粉成分、适用年龄段、生产日期与保质期等，让消费者能全面了解产品基本情况。

2. 使用说明与注意事项。提供商品的正确使用方法、技巧，以及服务的操作指南。同时，告知消费者可能存在的风险和注意事项。如销售某款复杂的电子产品，商家要附上详细的使用说明书，包括各功能的操作步骤，还要提醒消费者在使用过程中可能遇到的问题及应对方法。

3. 售后服务信息。包含退换货政策、质保期限、维修服务网点、售后服务联系方式等。例如，消费者购买一台笔记本电脑，商家需告知消费者在何种情况下可以退换货，质保期时长，以及如果电脑出现故障，应如何联系售后进行维修等。

4. 价格与促销信息。明确商品或服务的价格构成，包括是否包含运费、税费等。对于促销活动，要清晰说明促销规则、优惠条件、活动期限等。如"双十一"期间，商家推出满减活动，需明确满减的条件、适用商品范围以及活动起止时间。

电子商务经营者披露信息应在商品或服务详情页面、电子商务平台首页等显著位置展示，方便消费者查找。例如，将商品的重要参数、售后政策等放置在商品详情页的顶部或中部显眼位置，避免消费者因信息隐藏过深而忽略。避免使用专业晦涩的术语，采用通俗易懂的语言和图表进行说明。如用简单直观的图片展示商品的使用方法，将复杂的技术参数以通俗易懂的方式解释，让普通消费者能够轻松理解。随着商品或服务的变化，电子商务经营者应及时更新相关信息。如商品的库存数量、价格调整、促销活动变更等，都要实时在平台上更新，确保消费者获取的是最新信息。

（二）质量担保义务

质量担保义务是指电子商务经营者应当保证其所销售的商品或者提供的服务符合保障人身、财产安全的要求，以及符合在产品或者其包装上注明采用的产品标准，符合以产品说明、实物样品等方式表明的质量状况。简单来说，就是商家要确保消费者收到的商品或服务具备应有的质量水平，不会出现危及消费者安全的问题，且与宣传、承诺的质量标准一致。

消费者在电子商务交易中，无法像在实体店那样直观地检查商品或体验服务，高质量的产品是消费者愿意进行网络购物活动的关键。因此，电子商务经营者的质量担保义务能让消费者放心购买，当出现质量问题时，消费者有权依据该义务要求商家承担责任，保障自身的合法权益。据消费者协会统计，在电子商务投诉案件中，因商品质量问题引发的投诉占比高达30%，这凸显了质量担保义务对消费者权益保护的重要性。严格履行质量担保义务有助于淘汰那些以次充好、提供低质量商品或服务的不良商家，促使整个电子商务行业形成重视质量的良好风气，推动市场的健康、有序发展。

> **法条链接：**
>
> 《电子商务法》第17条　电子商务经营者应当全面、真实、准确、及时地披露商品或者服务信息，保障消费者的知情权和选择权。电子商务经营者不得以虚构交易、编造用户评价等方式进行虚假或者引人误解的商业宣传，欺骗、误导消费者。
>
> 《电子商务法》第13条　电子商务经营者销售的商品或者提供的服务应当符合保障人身、财产安全的要求和环境保护要求，不得销售或者提供法律、行政法规禁止交易的商品或者服务。
>
> 《消费者权益保护法》第23条第2款　经营者以广告、产品说明、实物样品或者其他方式表明商品或者服务的质量状况的，应当保证其提供的商品或者服务的实际质量与表明的质量状况相符。

（三）合同履行义务

在电子商务活动中，电子商务经营者与消费者之间的交易以合同为基础，履行合同义务是确保交易顺利完成、维护双方权益的关键环节。合同履行义务是指电子商务经营者应当按照与消费者签订的合同约定，全面、适当地履行自己的义务，包括交付符合约定的商品或提供符合约定的服务，以及履行通知、协助、保密等附随义务。合同约定涵盖了商品或服务的规格、质量、价格、交付时间、交付方式等多方面内容，电子商务经营者必须严格遵守。合同履行义务具体包括：

1. 交付商品或提供服务。对于销售商品的电子商务经营者，要按照合同约定的时间、地点、方式交付商品。例如，在消费者购买1件服装时，商家承诺3天内发货，并通过指定的快递公司送达。那么商家就应在规定时间内完成发货，并确保商品准确无误地送到消费者手中。对于提供服务的电子商务经营者，如在线教育平台，要按照合同约定的课程内容、授课方式、授课时间等为消费者提供优质的教育服务。

2. 保证商品或服务质量。所交付的商品或提供的服务应符合合同中约定的质量标准。若合同中明确了商品的品牌、型号、质量等级等，电子商务经营者必须提供对应标准的商品。例如，消费者购买某品牌的高端智能手机，商家交付的手机必须是该品牌、该型号且符合其宣传的质量性能标准。

3. 履行附随义务，包括通知义务，如商品发货后及时通知消费者物流单号和查询方式；协助义务，在符合法律规定或合同约定的情况下，电子商务经营者应配合消费者进行合同的变更或解除，如消费者在规定时间内提出无理由退货，电子商务经营者应按照规定流程处理退货事宜；履行保密义务，对消费者在交易过程中提供的个人信息严格保密，不得泄露。

电子商务经营者履行合同义务，能够保障交易秩序，促使电子商务交易按照预定的规则和流程进行，避免交易混乱和纠纷的产生。如果电子商务经营者拒不履行合同义务，电子商务市场将陷入无序状态。

电子商务经营者既履行合同义务，还能够有效维护消费者的合法权益。消费者基于对合同的信任进行交易，电子商务经营者履行合同义务能确保消费者获得预期的商品或服务，实现其交易目的。

法条链接：

　　《民法典》第 509 条 当事人应当按照约定全面履行自己的义务。

　　当事人应当遵循诚信原则，根据合同的性质、目的和交易习惯履行通知、协助、保密等义务。

　　当事人在履行合同过程中，应当避免浪费资源、污染环境和破坏生态。

　　《民法典》第 577 条 当事人一方不履行合同义务或者履行合同义务不符合约定的，应当承担继续履行、采取补救措施或者赔偿损失等违约责任。

（四）个人信息保护义务

　　在数字化时代，个人信息的价值日益凸显，电子商务经营者的个人信息保护义务至关重要，关乎消费者的隐私安全和电子商务行业的健康发展。个人信息保护义务是指电子商务经营者在收集、使用、存储和传输消费者个人信息的过程中，遵循合法、正当、必要的原则，采取安全保障措施，防止个人信息被泄露、篡改、丢失，保障消费者个人信息安全的责任。

　　1. 收集使用规则。

　　（1）合法原则。经营者必须依据法律法规的规定收集和使用个人信息，不得通过欺诈、胁迫等非法手段获取。例如，不能在消费者不知情的情况下，私自收集其个人信息。

　　（2）正当原则。收集目的应合理正当，与电子商务交易及相关服务直接相关。如为了完成订单配送，收集消费者的姓名、地址和联系方式是正当的，但收集消费者的医疗信息用于商业推销则是不正当的。

　　（3）必要原则。仅收集与实现业务目的必不可少的个人信息。例如，销售服装的电子商务，在正常交易中，收集消费者的收货地址、联系方式即可，不应过度收集消费者的社交账号、家庭成员信息等。

　　（4）明示同意。在收集个人信息前，电子商务经营者要明确告知消费者收集的目的、方式和范围，并获得消费者的明示同意。常见的做法是在电子商务平台的注册页面或下单流程中，以清晰易懂的语言和显著的方式展示隐私政策，让消费者勾选同意后才进行信息收集。

　　2. 存储与安全保障。

　　（1）安全存储。采用安全的技术手段存储个人信息，如加密存储，防止信息被轻易窃取。例如，将消费者的身份证号码、银行卡号等敏感信息进行加密处理后存储在服务器中。

　　（2）访问控制。严格限制内部员工对个人信息的访问权限，只有经过授权的人员才能访问特定的个人信息。例如，设置不同的账号权限，客服人员只能查看与客户咨询相关的部分信息，而技术人员对个人信息的访问也需经过严格审批。

　　（3）应急响应。制定个人信息安全事件应急预案，一旦发生信息泄露等安全事件，能够迅速采取措施，如及时通知受影响的消费者、向有关部门报告，并尽力降低损失。

法条链接：

　　《电子商务法》第 23 条　电子商务经营者收集、使用其用户的个人信息，应当遵守法律、行政法规有关个人信息保护的规定。

　　《消费者权益保护法》第 29 条第 1 款　经营者收集、使用消费者个人信息，应当遵循合法、正当、必要的原则，明示收集、使用信息的目的、方式和范围，并经消费者同意。经营者收集、使用消费者个人信息，应当公开其收集、使用规则，不得违反法律、法规的规定和双方的约定收集、使用信息。

（五）出具服务单据义务

随着科技的飞速进步与互联网技术的深入应用，各类合同、说明书、订单及发票等文件正加速实现电子化进程，且依据国家现行法律法规，合规的电子凭证已具备等同于纸质文件的法律效力。在此背景下，推行电子凭证的企业或电子商务经营者负有法定义务，必须妥善保存所有相关电子信息，以备法律审查或争议解决之需。同时，消费者亦需提升对电子证据重要性的认识，主动采取措施确保自身权益。比如，消费者应通过截图保存、拍照记录、数据拷贝等合法手段，妥善留存所有消费交易凭证，以便在必要时作为法律证据使用，维护自身合法权益不受侵害。

根据电子商务法的明确规定，电子商务经营者出具服务单据义务具体包括：

1. 主动出具。按照国家规定或商业惯例，主动向消费者出具服务单据。如线上教育平台在课程购买成功后，应主动提供包含课程信息、购买金额、服务期限等内容的电子凭证；外卖平台需在订单完成后，提供电子订单详情作为服务单据。

2. 应索必出。无论有无规定或惯例，消费者索要服务单据时，电子商务经营者不得拒绝。如消费者在电子商务平台购买了一件小商品，即使价值较低，若要求出具发票等单据，商家也必须提供。

3. 真实完整。服务单据内容要真实反映服务合同全貌，至少涵盖服务名称、数量、规格、质量、价格、提供服务的时间等内容，且不得排除或限制消费者合法权利。例如，酒店提供的住宿发票，需准确显示入住和退房时间、房间类型、价格等信息。

法条链接：

《电子商务法》第14条　电子商务经营者销售商品或者提供服务应当依法出具纸质发票或者电子发票等购货凭证或者服务单据。电子发票与纸质发票具有同等法律效力。

《消费者权益保护法》第22条　经营者提供商品或者服务，应当按照国家有关规定或者商业惯例向消费者出具发票等购货凭证或者服务单据；消费者索要发票等购货凭证或者服务单据的，经营者必须出具。

（六）电子商务平台经营者特殊义务

1. 资质审核义务。电子商务平台经营者应当对平台内经营者的身份、地址、联系方式、行政许可等真实信息进行核验、登记，建立登记档案，并定期核验更新，确保平台内经营者的信息真实、准确、完整。

2. 交易信息保存。电子商务平台经营者应当保存平台内的交易信息，包括订单信息、支付信息、物流信息等，保存期限不少于3年。

3. 制定和公示规则。电子商务平台经营者应当制定平台服务协议、交易规则和信用评价制度，并持续公示。

4. 安全保障义务。平台要保障平台内交易的安全，防止消费者信息泄露、保障交易资金安全等。

5. 公平交易保障义务。不得利用服务协议、交易规则以及技术等手段，对平台内经营者在平台内的交易、交易价格以及与其他平台内经营者的交易等进行不合理限制或者附加不合理条件，或者向平台内经营者收取不合理费用。

6. 处置违法违约行为。电子商务平台经营者应当对平台内的违法违约交易行为进行处置，并及时公示处置结果。

> **法条链接：**
>
> 《电子商务法》第 31 条　电子商务平台经营者应当记录、保存平台上发布的商品和服务信息、交易信息，并确保信息的完整性、保密性、可用性。商品和服务信息、交易信息保存时间自交易完成之日起不少于三年；法律、行政法规另有规定的，依照其规定。
>
> 《电子商务法》第 32 条　电子商务平台经营者应当遵循公开、公平、公正的原则，制定平台服务协议和交易规则，明确进入和退出平台、商品和服务质量保障、消费者权益保护、个人信息保护等方面的权利和义务。

三、侵害消费者权益的法律责任

在电子商务领域，当消费者权益遭受侵害时，明确侵权者应承担的法律责任至关重要，这不仅是对消费者受损权益的救济，更是维护市场公平有序的关键。侵害消费者权益的法律责任主要涵盖民事责任、行政责任和刑事责任三个层面。

（一）民事责任

当电子商务经营者未能按照与消费者签订的合同约定履行义务，如延迟发货、交付的商品或服务不符合质量标准等，需承担违约责任。根据《民法典》第 577 条的规定，当事人一方不履行合同义务或者履行合同义务不符合约定的，应当承担继续履行、采取补救措施或者赔偿损失等违约责任。如果消费者购买的商品不符合约定的质量、性能等要求，消费者有权要求经营者退货、换货或重做、补做。例如，某消费者在电子商务平台购买一台电脑，商家承诺 7 天内发货，但实际 15 天后才发货，且电脑配置与宣传不符。在此情况下，消费者有权要求商家继续履行合同，提供符合约定的电脑，同时可要求商家赔偿因延迟发货给自己造成的损失，如因工作急需电脑而产生的额外租赁费用等。若合同中约定了违约金，商家还需按照约定支付违约金。

经营者若因销售缺陷商品或提供有瑕疵的服务，导致消费者人身、财产受到损害，需承担侵权责任。依据《民法典》侵权责任编以及《消费者权益保护法》，侵权责任的承担方式包括停止侵害、排除妨碍、消除危险、返还财产、恢复原状、赔偿损失、赔礼道歉、消除影响、恢复名誉等。例如，消费者购买的某品牌电热水器在正常使用过程中发生爆炸，造成消费者家中财产受损和人身伤害。此时，电热水器的生产厂家和销售商家都可能需承担侵权责任，不仅要赔偿消费者的财产损失，包括受损电器、家具等的修复或更换费用，还要赔偿消费者因人身伤害产生的医疗费、误工费、护理费、营养费等。若消费者因此遭受精神损害，还可要求侵权方给予精神损害赔偿。

（二）行政责任

市场监督管理部门等行政机关有权对侵害消费者权益的电子商务经营者实施行政处罚。常见的行政处罚种类包括警告、罚款、没收违法所得、责令停业整顿、吊销营业执照等。例如，某电子商务平台上的商家销售假冒伪劣商品，被市场监督管理部门查处后，可能会被处以罚款，没收其违法所得；情节严重的，还会被责令停业整顿，甚至吊销营业执照。

处罚依据主要包括《消费者权益保护法》、《中华人民共和国产品质量法》（以下简称《产品质量法》）、《电子商务法》等法律法规。以《消费者权益保护法》为例，若经营者有欺诈行为的，根据该法第56条第2款的规定，经营者有前款规定情形的，除依照法律、法规规定予以处罚外，处罚机关应当记入信用档案，向社会公布。而《电子商务法》第83条规定："电子商务平台经营者违反本法第三十八条规定，对平台内经营者侵害消费者合法权益行为未采取必要措施，或者对平台内经营者未尽到资质资格审核义务，或者对消费者未尽到安全保障义务的，由市场监督管理部门责令限期改正，可以处五万元以上五十万元以下的罚款；情节严重的，责令停业整顿，并处五十万元以上二百万元以下的罚款。"

（三）刑事责任

在某些严重侵害消费者权益的情形下，侵权者可能会触犯刑法，承担刑事责任。常见的涉及罪名有生产、销售伪劣产品罪，生产、销售不符合安全标准的食品罪，生产、销售、提供假药罪，诈骗罪等。例如，某不法商家在电子商务平台上销售假药，严重危害消费者身体健康，若其行为符合生产、销售假药罪的构成要件，相关责任人将被依法追究刑事责任；销售不符合安全标准的食品，造成严重后果的，经营者可能构成生产、销售不符合安全标准的食品罪；在电子商务活动中，如果经营者非法收集、出售消费者个人信息，情节严重的，将构成侵犯公民个人信息罪，承担刑事责任。

> **课堂讨论：**结合司法实践，谈一谈，电子商务平台经营者的法律责任？

法条链接：

《电子商务法》第83条 电子商务平台经营者违反本法第三十八条规定，对平台内经营者侵害消费者合法权益行为未采取必要措施，或者对平台内经营者未尽到资质资格审核义务，或者对消费者未尽到安全保障义务的，由市场监督管理部门责令限期改正，可以处五万元以上五十万元以下的罚款；情节严重的，责令停业整顿，并处五十万元以上二百万元以下的罚款。

《电子商务法》第84条 电子商务平台经营者违反本法第四十二条、第四十五条规定，对平台内经营者实施侵犯知识产权行为未依法采取必要措施的，由有关知识产权行政部门责令限期改正；逾期不改正的，处五万元以上五十万元以下的罚款；情节严重的，处五十万元以上二百万元以下的罚款。

《电子商务法》第85条 电子商务经营者违反本法规定，销售的商品或者提供的服务不符合保障人身、财产安全的要求，实施虚假或者引人误解的商业宣传等不正当竞争行为，滥用市场支配地位，或者实施侵犯知识产权、侵害消费者权益等行为的，依照有关法律的规定处罚。

任务4 电子商务产品质量责任规制

◇ **案例7-3**

欧某诉姚某产品销售者责任纠纷案[1]

2023年8月，欧某通过微信向姚某咨询美白美容事宜。姚某向欧某发送涉案化妆品广告信

---

[1]《以高质量审判服务高质量发展——湖南高院发布涉产品质量纠纷典型案例》，载 https://www.chinacourt.cn/article/detail/2024/11/id/8184476.shtml，最后访问日期：2025年7月23日。

息，并承诺该产品具有良好的黑色素溶解效果，且操作简单，无副作用，并询问欧某是否订购。欧某向姚某微信转账 3280 元购买涉案化妆品，并告知姚某收货地址。姚某按照该地址向欧某邮寄了该产品。

欧某收到涉案化妆品并使用后，对产品功效提出质疑。姚某再次保证使用效果。后欧某因使用涉案化妆品后皮肤不适前往医院就诊，被诊断为化学产品引起的接触性皮炎。欧某花费门诊医疗费 173.38 元。后查明，涉案化妆品背面虽注明了成分、功效、使用方法、注意事项、贮存条件，产地标注为"广东省广州市"，但未见生产批号、使用限期、生产厂家、卫生许可证等，属于"三无产品"。

请分析：

1. 欧某能否要求姚某退货退款，并赔偿损失？

2. 微信平台是否应承担连带赔偿责任？

一、《产品质量法》的立法宗旨及调整的法律关系

《产品质量法》是我国为了加强对产品质量的监督管理，提高产品质量水平，明确产品质量责任，保护消费者的合法权益，维护社会经济秩序而制定的重要法律。

（一）《产品质量法》的立法宗旨

1. 加强质量监督管理。随着经济的快速发展，产品种类日益繁多，市场上产品质量参差不齐。《产品质量法》通过建立一系列的监督管理制度，如产品质量监督检查制度、产品质量认证制度等，加强对产品生产、销售等各个环节的监督管理，督促企业提高产品质量，确保市场上产品的质量水平。

2. 提高产品质量水平。鼓励企业采用先进的科学技术和管理方法，提高产品质量，推动产业升级和经济发展。例如，对质量管理先进、产品质量达到国际先进水平的企业，给予奖励，引导企业重视产品质量，不断提升产品质量竞争力。

3. 明确产品质量责任。清晰界定产品的生产者、销售者在产品质量方面应承担的责任和义务，当产品出现质量问题时，能够准确追究相关主体的法律责任，使受害者得到合理的赔偿，维护公平的市场秩序。例如，生产者应对其生产的产品质量负责，若产品存在缺陷造成他人损害，需承担赔偿责任。

4. 保护消费者合法权益。消费者是产品的最终使用者，处于相对弱势地位。《产品质量法》通过规定消费者的权利、产品质量的要求以及对违法行为的处罚等，为消费者提供了有力的法律保障，确保消费者能够购买到质量合格、安全可靠的产品，当消费者合法权益受到侵害时能够获得有效的救济。

5. 维护社会经济秩序。规范产品生产和销售行为，打击假冒伪劣产品，防止劣质产品充斥市场，保障公平竞争，促进市场经济的健康、有序发展，维护正常的社会经济秩序，营造良好的市场环境，使经济活动能够顺利进行。

（二）《产品质量法》调整的法律关系

1. 产品质量监督管理关系。这是《产品质量法》调整的重要法律关系之一，主要是指国家质量监督管理部门与产品的生产者、销售者之间在产品质量监督管理过程中产生的关系。国家质量监督管理部门依法对产品质量进行监督检查、认证认可等活动，生产者、销售者均有义务配合监督管理，接受检查，提供相关资料等。

2. 产品质量责任关系。涉及产品的生产者、销售者与消费者之间，以及生产者与销售者之间因产品质量问题而产生的权利义务关系。当产品存在质量问题，给消费者造成人身、财产损害

时，生产者、销售者要依法承担赔偿责任。同时，生产者和销售者之间也可能因产品质量问题在内部产生责任分担等法律关系。例如，销售者在对消费者承担赔偿责任后，若产品质量问题是由生产者造成的，销售者有权向生产者追偿。

3. 产品质量检验、认证等中介服务关系。调整产品质量检验机构、认证机构等中介服务组织与产品的生产者、销售者以及消费者之间的法律关系。中介服务组织为生产者、销售者提供产品质量检验、认证等服务，要保证服务的科学性、公正性和准确性；生产者、销售者有权委托中介服务组织进行检验、认证，同时也需按照规定支付费用；消费者可以依据中介服务组织出具的检验、认证结果来选择购买产品，若中介服务组织出具虚假报告等，要承担相应的法律责任。

（三）产品质量责任规制对电子商务行业发展的积极作用

产品质量责任规制对电子商务行业发展有多方面的积极影响，主要体现在提升行业信任度、促进公平竞争、推动行业创新升级、规范市场秩序以及拓展国际市场等方面，具体如下：

1. 提升行业信任度。

（1）增强消费者信任。严格的产品质量责任规制能确保电子商务平台上销售的产品符合质量标准，减少消费者购买到假冒伪劣产品的风险。消费者在购物时更加放心，从而增加对电子商务行业的信任，愿意更多地选择电子商务平台进行购物，促进电子商务行业的整体销售额增长。

（2）提高平台信誉。对于电子商务平台来说，良好的产品质量是吸引用户、提升平台竞争力的关键。平台加强对产品质量的管理，落实质量责任规制，有助于树立良好的品牌形象和信誉，吸引更多商家入驻和用户访问，形成良性循环。

2. 促进公平竞争。

（1）规范市场竞争环境。产品质量责任规制能够有效打击那些依靠销售低质量、假冒伪劣产品来获取不正当利益的商家，使电子商务市场的竞争更加公平。优质产品的商家能够凭借产品质量和服务优势获得更多市场份额，推动整个行业向高质量发展方向转变。

（2）激励企业提升质量。在规范的竞争环境下，企业为了生存和发展，会更加注重产品质量的提升，加大在技术研发、生产管理、质量控制等方面的投入，提高产品的品质和性能，以赢得消费者的认可和市场竞争优势，促进电子商务行业的健康发展。

3. 推动行业创新升级。

（1）激发技术创新。产品质量责任规制促使电子商务企业和生产企业不断探索和应用新的技术和工艺，以提高产品质量和生产效率。例如，为了确保产品质量可追溯，企业会加大在物联网、区块链等技术方面的研发和应用投入，推动行业的技术创新和进步。

（2）促进模式创新。为了更好地落实产品质量责任，电子商务平台会创新运营模式和服务方式。例如，一些平台推出了"先试用后购买""品质担保"等服务模式，既保障了消费者的权益，又推动了电子商务行业的模式创新，提升了行业的整体竞争力。

4. 规范市场秩序。

（1）减少质量纠纷。明确的产品质量责任规制为处理产品质量问题提供了清晰的法律依据和规范流程，当出现质量纠纷时，能够快速、有效地确定责任方，使消费者的合法权益得到及时保护，同时也减少了商家与消费者之间的纠纷和矛盾，维护了市场的正常交易秩序。

（2）优化市场结构。通过严格执行产品质量责任规制，淘汰那些不符合质量要求的企业和产品，优化市场的产品结构和企业结构，使资源向优质企业和产品集中，提高整个行业的资源利用效率和市场运行效率。

5. 拓展国际市场。

（1）提升国际竞争力。在国际市场上，产品质量是企业竞争力的核心要素之一。加强产品质量责任规制，有助于提高我国电子商务产品的整体质量水平，增强我国电子商务企业在国际市场上的竞争力，推动更多优质产品走向国际市场，促进跨境电商的发展。

（2）符合国际标准。国际市场对产品质量的要求越来越高，严格的产品质量责任规制有助于我国电子商务行业更好地与国际标准接轨，满足不同国家和地区的质量要求，减少贸易壁垒和摩擦，为我国电子商务企业拓展国际市场创造良好的条件。

二、生产者和销售者的产品质量义务

在数字化浪潮的推动下，电子商务交易已成为商业活动的重要组成部分。然而，随着电子商务业务的蓬勃发展，产品质量问题也逐渐浮出水面。清晰界定违法产品质量的法律责任，明确生产者、销售者以及电子商务平台的产品质量义务，对于维护市场秩序、保障消费者权益而言，具有至关重要的意义。

（一）生产者的产品质量义务

在电子商务交易中，生产者承担着多方面的产品质量义务，主要包括对产品内在质量、标识以及包装等方面的义务，具体如下：

1. 产品内在质量义务。

（1）不存在危及人身、财产安全的不合理危险。生产者生产的产品必须符合保障人体健康和人身、财产安全的国家标准、行业标准。例如，电器产品要具备良好的绝缘性能，防止使用者触电；玩具产品不能含有有害化学物质，以免对儿童健康造成危害。即使没有相应的标准，产品也不得存在可能对消费者人身、财产安全造成不合理危险的设计、制造等缺陷。

（2）具备产品应当具备的使用性能。产品应在正常使用条件下，达到其应有的使用效果和功能。如手机应具备清晰的通话功能、稳定的网络连接、正常的拍照摄像等功能；食品应具有相应的口感、营养成分等。但对于产品存在使用性能的瑕疵作出说明的除外，如一些尾货服装可能存在轻微的色差、小面积的污渍等，若在销售时已明确告知消费者，则不视为违反该义务。

（3）符合在产品或者其包装上注明采用的产品标准。生产者在产品或包装上标注了产品所采用的标准，如国家标准、行业标准、企业标准等，产品就必须符合该标准的各项要求。例如，某化妆品在包装上注明符合某化妆品行业的特定质量标准，那么该产品的成分、质量指标等都应与该标准相符。

2. 产品标识义务。

（1）有产品质量检验合格证明。产品出厂时，生产者必须提供产品质量检验合格证明，以表明该产品经过了生产企业的质量检验，符合相关质量要求。检验合格证明可以是合格证、检验报告等形式。

（2）有中文标明的产品名称、生产厂厂名和厂址。产品标识必须使用中文，清晰地标明产品的名称、生产企业的名称和地址。对于进口产品，也应按照规定用中文标明原产国（地区）以及代理商、进口商或经销商在中国依法登记注册的名称和地址，方便消费者识别和追溯产品来源。

（3）根据产品的特点和使用要求标注相关信息。对需要标明规格、等级、所含主要成分的名称和含量的，应予以标明：如纺织品要标明面料的成分及含量；白酒要标明酒精度数、净含量等；药品要标明主要成分、含量、适应症等。限期使用的产品，应标明生产日期和安全使用期或者失效日期：食品、化妆品、药品等有保质期要求的产品，必须准确标注生产日期和保质期或有效期；如牛奶的包装上会标明生产日期和保质期，提醒消费者在规定时间内饮用。使用不当，容易造成产品本身损坏或者可能危及人身、财产安全的产品，应当有警示标志或者中文警示说明；

如刀具、农药等产品，应在包装或产品上标注明显的警示标志或中文警示说明，提醒消费者正确使用，防止危险发生。

3. 产品包装义务。应符合规定要求。产品包装应符合保护产品质量、方便储存运输、便于使用等要求。例如，易碎的电子产品应使用防震包装材料；液体产品的包装要防止渗漏。对于剧毒、危险、易碎、储运中不能倒置以及有其他特殊要求的产品，其包装必须符合相应的要求，并标注警示标志或者中文警示说明。此外，还要遵守特殊规定。对于一些特殊产品，如食品、药品等，包装还需符合相关法律法规和标准的特殊规定。如食品包装要符合食品安全标准，不得含有有毒有害物质，且要具备一定的阻隔性能，以保证食品的质量和安全。

4. 缺陷产品召回义务。生产者若发现其生产的产品存在危及人身、财产安全的缺陷，应当立即主动停止生产、销售，主动召回已经上市销售的产品，并通知销售者和消费者。如某品牌汽车发现发动机存在安全隐患，生产者应主动发布召回公告，召回相关批次的汽车。对召回的产品，生产者应当采取警示、补充或者修正标识、修理、更换、退货、销毁等措施消除缺陷，并记录召回和处理情况，向相关部门报告。同时，要对缺陷产品产生的原因进行调查分析，采取措施防止类似问题再次发生。

5. 接受监督检查义务。生产者有义务接受政府相关部门依法进行的产品质量监督检查，如实提供有关产品质量的文件和资料，不得拒绝、阻碍监督检查人员依法执行职务。例如，市场监督管理部门进行抽检时，生产者应按要求提供样品、生产记录等。对于监督检查中发现的产品质量问题，生产者要按照监管部门的要求，及时采取有效的整改措施，改进生产工艺、提高产品质量，并按时提交整改报告，接受复查。

6. 知识产权保护义务。生产者应保证其生产的产品不侵犯他人的知识产权，包括商标权、专利权、著作权等。在产品设计、生产过程中，要进行充分的知识产权检索和评估，避免使用他人的专利技术、商标标识、著作权作品等而未获得授权。生产者不得假冒他人的注册商标，不得擅自使用知名商品特有的名称、包装、装潢等造成混淆，误导消费者。同时，对于在生产过程中知晓的他人知识产权信息，要予以保密，不得非法获取或使用。

法条链接：

《产品质量法》第 26 条 生产者应当对其生产的产品质量负责。

产品质量应当符合下列要求：

（一）不存在危及人身、财产安全的不合理的危险，有保障人体健康和人身、财产安全的国家标准、行业标准的，应当符合该标准；

（二）具备产品应当具备的使用性能，但是，对产品存在使用性能的瑕疵作出说明的除外；

（三）符合在产品或者其包装上注明采用的产品标准，符合以产品说明、实物样品等方式表明的质量状况。

《产品质量法》第 27 条 产品或者其包装上的标识必须真实，并符合下列要求：

（一）有产品质量检验合格证明；

（二）有中文标明的产品名称、生产厂厂名和厂址；

（三）根据产品的特点和使用要求，需要标明产品规格、等级、所含主要成份的名称和含量的，用中文相应予以标明；需要事先让消费者知晓的，应当在外包装上标明，或者预先向消费者提供有关资料；

（四）限期使用的产品，应当在显著位置清晰地标明生产日期和安全使用期或者失效日期；

（五）使用不当，容易造成产品本身损坏或者可能危及人身、财产安全的产品，应当有警示标志或者中文警示说明。

裸装的食品和其他根据产品的特点难以附加标识的裸装产品，可以不附加产品标识。

（二）销售者的产品质量义务

在电子商务交易中，销售者同样承担着重要的产品质量义务，这些义务不仅保障了消费者的合法权益，也维护了市场秩序。销售者的产品质量义务主要包括以下几个方面：

1. 进货检查验收义务。

（1）验明产品合格证明和其他标识。销售者在进货时，应当对产品的合格证明、产品名称、生产厂厂名和厂址等标识进行仔细查验，确保产品标识符合《产品质量法》等相关法律法规的要求。例如，销售服装时，要检查服装标签上是否清晰标注了品牌名称、成分含量、洗涤说明、生产厂家等信息。

（2）检查产品质量。销售者不仅要关注产品的外观、包装等表面情况，还需要对产品的内在质量进行一定程度的检查。对于一些有质量检验标准的产品，如电器、食品等，要查看产品是否符合相应的标准要求。如销售手机时，应检查手机是否能正常开机、各项功能是否完好等。

2. 保持产品质量义务。

（1）合理储存和保管。根据产品的特点和要求，采取适当的储存条件和保管措施，防止产品在储存过程中受到损坏、变质等影响产品质量的情况发生。例如，对于需要冷藏的食品，销售者应确保其储存环境符合低温要求；对于电子产品，要避免受潮、受静电等。

（2）防止产品污染和变质。对于易腐、易变质的产品，如水果、海鲜等，要严格控制储存和运输环节的温度、湿度等条件，防止产品在销售前出现腐烂、变质等问题。对于可能受到污染的产品，如食品、化妆品等，要确保储存和销售环境清洁卫生，避免产品受到污染。

3. 正确标注和说明义务。

（1）如实标注产品信息。销售者在电子商务平台上展示产品时，应当如实标注产品的各项信息，包括产品的规格、型号、性能、用途、质量等级等，不得虚假标注或夸大产品的功效和性能。例如，销售护肤品时，不能夸大宣传其具有治疗疾病的功效。

（2）提供必要的使用说明。对于一些使用方法较为复杂或可能存在使用风险的产品，销售者要提供详细、准确的使用说明和警示信息，帮助消费者正确使用产品，避免因使用不当而造成产品损坏或人身伤害。如销售健身器材时，应提供详细的使用教程和安全注意事项。

4. 不得销售禁止销售的产品义务。

（1）不销售假冒伪劣产品。销售者不得销售伪造或冒用他人厂名、厂址、商标的产品，也不得销售掺杂、掺假，以假充真、以次充好的产品。例如，不能将假冒的名牌运动鞋当作正品在电子商务平台上销售。

（2）不销售失效、变质的产品。对于有保质期要求的产品，销售者要严格把控产品的进货时间和销售期限，确保所销售的产品在保质期内。不得销售已经超过保质期或因储存不当等原因导致变质的产品，如过期的食品、药品等。

（3）不销售国家明令淘汰的产品。销售者应及时了解国家有关产品淘汰的政策和规定，不得销售国家明令淘汰并停止销售的产品。如一些高能耗、高污染的电子产品或不符合环保要求的产品，已被国家明令淘汰，销售者不得继续在电子商务平台上销售。

5. 产品质量担保和售后服务义务。

（1）质量担保。销售者应当保证其销售的产品符合质量要求，对产品质量承担担保责任。如果消费者购买的产品存在质量问题，销售者应按照国家规定或与消费者的约定，承担修理、更换、退货等责任。

（2）售后服务。销售者要建立有效的售后服务渠道，及时处理消费者的投诉和质量问题反馈。在产品售出后，为消费者提供必要的技术支持和咨询服务，如解答产品使用过程中的疑问、提供产品维修保养建议等。

6. 配合追溯和协助召回义务。

（1）配合追溯。当发生产品质量问题需要追溯时，销售者应积极配合生产者、监管部门或电子商务平台，提供产品的进货渠道、销售记录等信息，以便查明产品质量问题的源头和流向。

（2）协助召回。如果生产者发起产品召回，销售者应当立即停止销售相关产品，并协助生产者通知已购买该产品的消费者，配合做好召回产品的回收工作，确保存在质量问题的产品能够及时被召回和处理。

法条链接：

《产品质量法》第3条　生产者、销售者应当建立健全内部产品质量管理制度，严格实施岗位质量规范、质量责任以及相应的考核办法。

《产品质量法》第13条　可能危及人体健康和人身、财产安全的工业产品，必须符合保障人体健康和人身、财产安全的国家标准、行业标准；未制定国家标准、行业标准的，必须符合保障人体健康和人身、财产安全的要求。

禁止生产、销售不符合保障人体健康和人身、财产安全的标准和要求的工业产品。具体管理办法由国务院规定。

《产品质量法》第33条　销售者应当建立并执行进货检查验收制度，验明产品合格证明和其他标识。

《产品质量法》第34条　销售者应当采取措施，保持销售产品的质量。

《产品质量法》第35条　销售者不得销售国家明令淘汰并停止销售的产品和失效、变质的产品。

《产品质量法》第36条　销售者销售的产品的标识应当符合本法第二十七条的规定。

《产品质量法》第38条　销售者不得伪造或者冒用认证标志等质量标志。

《产品质量法》第39条　销售者销售产品，不得掺杂、掺假，不得以假充真、以次充好，不得以不合格产品冒充合格产品。

《产品质量法》第59条　在广告中对产品质量作虚假宣传，欺骗和误导消费者的，依照《中华人民共和国广告法》的规定追究法律责任。

（三）电子商务平台的监管义务

电子商务平台在电子商务生态中扮演着关键角色，虽并非产品的直接生产者和销售者，却肩负着对平台内产品质量的监督管理重任。依据《电子商务法》以及《产品质量法》等相关法律法规，电子商务平台有义务对入驻商家进行资质审核，定期抽检平台内商品质量，构建起一套完善的产品质量监管体系。

当平台明知或应知平台内商家销售的产品存在质量问题时，必须立即采取必要措施。这些措施涵盖多个方面，包括但不限于及时删除违规商品信息，避免更多消费者被误导；暂停违规商家的经营活动，以遏制不良行为的持续扩散；要求商家提供产品质量证明文件，对产品质量进行进一步核实；甚至在必要时，向相关监管部门报告，借助政府监管力量维护市场秩序。

倘若电子商务平台未履行上述义务，对存在质量问题的商家和商品放任不管，一旦引发消费者权益受损事件，平台需与涉事商家承担连带责任。以某知名电子商务平台为例，该平台内部分商家长期销售假冒名牌运动鞋，平台在接到消费者多次投诉、相关品牌方维权声明以及监管部门预警后，仍未采取有效措施。致使众多消费者因购买到这些假冒产品而遭受经济损失，且穿着体验极差，部分消费者还因鞋子质量问题导致脚部受伤。最终法院判定该电子商务平台与售假商家共同承担消费者的退货退款费用、经济赔偿以及因人身伤害产生的医疗费用等损失，承担连带赔偿责任。

法条链接：

《电子商务法》第38条　电子商务平台经营者知道或者应当知道平台内经营者销售的商品或者提供的服务不符合保障人身、财产安全的要求，或者有其他侵害消费者合法权益行为，未采取必要措施的，依法与该平台内经营者承担连带责任。

对关系消费者生命健康的商品或者服务，电子商务平台经营者对平台内经营者的资质资格未尽到审核义务，或者对消费者未尽到安全保障义务，造成消费者损害的，依法承担相应的责任。

《电子商务法》第45条　电子商务平台经营者知道或者应当知道平台内经营者侵犯知识产权的，应当采取删除、屏蔽、断开链接、终止交易和服务等必要措施；未采取必要措施的，与侵权人承担连带责任。

《网络交易监督管理办法》第24条　网络交易平台经营者应当要求申请进入平台销售商品或者提供服务的经营者提交其身份、地址、联系方式、行政许可等真实信息，进行核验、登记，建立登记档案，并至少每六个月核验更新一次。

网络交易平台经营者应当对未办理市场主体登记的平台内经营者进行动态监测，对超过本办法第八条第三款规定额度的，及时提醒其依法办理市场主体登记。

三、违反《产品质量法》的法律责任

在电子商务交易中，对于产品质量问题的责任认定，主要依据《产品质量法》《消费者权益保护法》《电子商务法》等相关法律法规。这些法律法规从不同角度、不同层面明确了生产者、销售者以及电子商务平台在产品质量方面的权利和义务，为准确判断各主体的责任提供了坚实的法律基础。如《产品质量法》明确规定了生产者对产品质量的保证义务，以及销售者的进货查验和质量保证责任；《消费者权益保护法》则侧重于保障消费者在购买、使用商品过程中的合法权益，赋予消费者在产品质量出现问题时的维权途径和手段；《电子商务法》针对电子商务平台的特殊地位和作用，规定了平台的资质审核、监管以及对消费者权益保护的责任。违法《产品质量法》需承担的法律责任主要包括民事法律责任、行政法律责任和刑事法律责任。

（一）民事法律责任

1. 修理、更换、退货及赔偿损失。销售者售出的产品不具备应当具备的使用性能而事先未作说明；不符合在产品或者其包装上注明采用的产品标准；不符合以产品说明、实物样品等方式表明的质量状况，销售者应负责修理、更换、退货，给消费者造成损失的，还应赔偿损失。

生产者对因产品存在缺陷造成人身、缺陷产品以外的其他财产损害的，承担严格责任，需赔偿相应损失。但生产者能证明未将产品投入流通；产品投入流通时，引起损害的缺陷尚不存在；将产品投入流通时的科学技术水平尚不能发现缺陷存在的，可不承担赔偿责任。

2. 连带责任。产品存在质量问题，消费者既可以向生产者要求赔偿，也可以向销售者要求赔偿，二者承担连带责任。

社会团体、社会中介机构对产品质量作出承诺和保证，而该产品不符合其承诺、保证的质量要求，给消费者造成损失的，与生产者、销售者承担连带责任。产品质量认证机构不履行质量跟踪检验义务，对因其产品不符合认证标准给消费者造成的损失，与产品的生产者、销售者承担连带责任。

（二）行政法律责任

1. 生产者、销售者责任。

（1）责令停止违法行为。如生产、销售不符合保障人体健康和人身、财产安全的国家标准、行业标准的产品等行为，会被责令停止。

（2）没收违法所得。没收生产、销售违法产品所获得的收入。

（3）罚款。罚款幅度最高可达违法生产、销售产品货值金额的 3 倍。例如在产品中掺杂、掺假，以假充真，以次充好，或者以不合格产品冒充合格产品等情况。

（4）吊销营业执照。对于情节严重的产品质量违法行为，可吊销生产者、销售者的营业执照。

2. 其他相关人责任。对于已知或应知属于禁止生产、销售的产品而为其提供运输、保管、仓储等便利条件，或者提供制假技术的，没收其收入，并处罚款。

服务业经营者将禁止销售的产品用于经营性服务，责令停止使用；知道或应当知道该产品是禁止销售的产品的，依对销售者的处罚规定进行处罚。

（三）刑事法律责任

生产、销售伪劣产品的，销售金额 5 万元以上不满 20 万元的，处 2 年以下有期徒刑或者拘役，并处或者单处销售金额 50% 以上 2 倍以下罚金；销售金额 20 万元以上不满 50 万元的，处 2 年以上 7 年以下有期徒刑，并处销售金额 50% 以上 2 倍以下罚金等。若生产、销售假药、劣药等特定产品，危害人体健康或造成其他严重后果的，也会依法追究刑事责任。

产品质量监督部门或者工商行政管理部门的工作人员因渎职构成犯罪的，依法追究刑事责任。各级人民政府工作人员和其他国家机关工作人员包庇、放纵产品质量违法行为，通风报信、帮助违法当事人逃避查处，阻挠、干预查处行为，构成犯罪的，依法追究刑事责任。

法条链接：

《产品质量法》第 43 条　因产品存在缺陷造成人身、他人财产损害的，受害人可以向产品的生产者要求赔偿，也可以向产品的销售者要求赔偿。属于产品的生产者的责任，产品的销售者赔偿的，产品的销售者有权向产品的生产者追偿。属于产品的销售者的责任，产品的生产者赔偿的，产品的生产者有权向产品的销售者追偿。

《产品质量法》第 50 条　在产品中掺杂、掺假，以假充真，以次充好，或者以不合格产品冒充合格产品的，责令停止生产、销售，没收违法生产、销售的产品，并处违法生产、销售产品货值金额百分之五十以上三倍以下的罚款；有违法所得的，并处没收违法所得；情节严重的，吊销营业执照；构成犯罪的，依法追究刑事责任。

《产品质量法》第53条 伪造产品产地的，伪造或者冒用他人厂名、厂址的，伪造或者冒用认证标志等质量标志的，责令改正，没收违法生产、销售的产品，并处违法生产、销售产品货值金额等值以下的罚款；有违法所得的，并处没收违法所得；情节严重的，吊销营业执照。

《消费者权益保护法》第24条 经营者提供的商品或者服务不符合质量要求的，消费者可以依照国家规定、当事人约定退货，或者要求经营者履行更换、修理等义务。没有国家规定和当事人约定的，消费者可以自收到商品之日起七日内退货；七日后符合法定解除合同条件的，消费者可以及时退货，不符合法定解除合同条件的，可以要求经营者履行更换、修理等义务。

依照前款规定进行退货、更换、修理的，经营者应当承担运输等必要费用。

◇ 前沿在线：

电子商务平台内经营者向消费者承诺"假一赔十"具有法律约束力[1]

某零售中心在某电子商务平台经营化妆品专营网店。2022年7月25日，林某某在该网店购买了2瓶精华素护肤品，支付价款3171元，交易订单载明"假一赔十"内容。7月27日，林某某收到某零售中心通过快递邮寄的精华素护肤品，护肤品外包装载明"生产企业为广州市云禧化妆品有限公司"，并载明化妆品生产许可证编号等内容。林某某使用精华素护肤品后，面部出现过敏等不适症状。经查询，涉案护肤品外包装上的化妆品生产许可证编号属另一主体，且无法查询到广州市云禧化妆品有限公司的主体信息。林某某认为其购买的系假冒伪劣产品，起诉请求解除双方合同、某零售中心退还其货款3171元并按照"假一赔十"承诺赔偿其31710元。

厦门市湖里区人民法院经审理认为，林某某通过电子商务平台向某零售中心购买护肤品，双方之间成立信息网络买卖合同关系。涉案护肤品外包装中体现的生产企业广州市云禧化妆品有限公司并不真实存在，化妆品生产许可证编号也属于其他主体名下，某零售中心出售的涉案商品属于假冒商品。林某某认为合同目的不能实现，有权请求解除合同并退还货款。《最高人民法院关于审理网络消费纠纷案件适用法律若干问题的规定（一）》第10条规定："平台内经营者销售商品或者提供服务损害消费者合法权益，其向消费者承诺的赔偿标准高于相关法定赔偿标准，消费者主张平台内经营者按照承诺赔偿的，人民法院应依法予以支持。"某零售中心在商品详情页面作出"假一赔十"高于法定赔偿标准的承诺，属于双方合同约定的内容，林某某主张某零售中心依据承诺赔偿10倍价款应予支持。据此，判决双方合同关系解除，某零售中心向林某某退还货款3171元并赔偿林某某31710元。

【典型意义】

近年来，我国数字经济蓬勃发展，网络消费已经成为大众主流消费方式。有的经营者为了吸引消费者，明确作出"假一赔十"等高于法定赔偿标准的承诺，以此提升消费者消费信心，促进交易达成。这些承诺对于消费者的消费决策会产生一定影响。但是，一旦发生纠纷，经营者又拒绝履行承诺，损害消费者合法权益。《最高人民法院关于审理网络消费纠纷案件适用法律若干

---

〔1〕《福建省高级人民法院发布2024年十大消费维权典型案例》，载 https://www.pkulaw.com/pal/a3ecfd5d734f711d9a6ea4add98a5a99ec44f8a649c810f7bdfb.html? way＝listView，最后访问日期：2025年7月24日。

问题的规定（一）》第 10 条的规定明确了经营者作出高于法定赔偿标准的承诺具有法律约束力。本案判决提示经营者向不特定消费者作出承诺，只要其内容不违反法律、损害社会公共利益，应当具备法律约束力。在消费者支付价款后，消费者与经营者之间的信息网络买卖合同成立，其承诺的内容即成为双方合同内容的组成部分。经营者如存在销售假冒伪劣商品等情形，应受其承诺约束，而不能以其承诺的赔偿标准高于法定赔偿标准作为抗辩理由。

项目小结

本项目主要从电子商务权益保护的角度带大家认识了电子商务交易中涉及的多项法律制度，包括网络知识产权侵权与法律保护、电子商务消费者权益保护以及电子商务产品质量责任规制。电子商务权益保护的各项法律制度紧密交织、相辅相成，共同构建起一个完备且严密的法律体系。本项目学习旨在让学生对电子商务权益保护有一个总体认识，强化知识产权保护意识及自我维权意识。

趁热打铁

一、选择题

1. 在发生著作权侵权案件时，若网络服务提供商（ISP）只提供空间服务而不制作网页内容，此时如果网络服务提供商被告知侵权，则有（　　）的义务，否则就被视为侵权。

A. 通知　　　　　　B. 删除　　　　　　C. 通知+删除　　　　D. 断开链接

2. 某电子商务平台接到知识产权权利人的侵权通知后，未及时采取删除、屏蔽、断开链接等必要措施，导致侵权行为持续扩大，该电子商务平台应（　　）。

A. 无需承担责任，由侵权商家负责　　　　B. 承担补充赔偿责任

C. 与侵权商家承担连带责任　　　　　　　D. 承担部分赔偿责任

3. 消费者在电子商务平台购买商品时，发现商品实际质量与商家宣传严重不符，这主要侵犯了消费者的（　　）。

A. 安全保障权　　　B. 知情权　　　　　C. 自主选择权　　　D. 公平交易权

4.（多选）以下属于电子商务经营者对消费者个人信息保护义务的有（　　）。

A. 遵循合法、正当、必要原则收集信息

B. 明示收集、使用信息的目的、方式和范围

C. 经消费者同意后收集信息

D. 对收集的个人信息严格保密

5.（多选）关于电子商务产品质量责任，下列说法正确的有（　　）。

A. 生产者对产品质量承担首要责任

B. 销售者只要能证明产品来源合法，就无需承担质量责任

C. 电子商务平台对平台内产品质量有监督管理义务

D. 若产品质量问题造成消费者损害，生产者和销售者可能承担连带责任

二、简答题

1. 简述在电子商务交易中，电子商务经营者的主要义务。

2. 简述电子商务平台在网络知识产权保护中需要承担哪些义务。

3. 简述在电子商务产品质量责任规制中，生产者和销售者的法律责任。

三、案例分析题

张某是一位摄影爱好者，在某知名电子商务平台开设了一家网店，主要销售自己拍摄并制作的摄影作品明信片。李某发现张某网店中的部分明信片使用了自己享有著作权的摄影作品，且未经自己许可。同时，王某在张某的网店购买了一套明信片，收到后发现明信片的印刷质量极差，图像模糊，与网页宣传的高清、色彩鲜艳的效果大相径庭。王某要求张某退货退款，但张某以各种理由拒绝。

请分析：

1. 张某使用李某享有著作权的摄影作品制作明信片并销售，侵犯了李某的哪些权利？应承担怎样的法律责任？

2. 张某销售的明信片印刷质量与宣传不符，侵犯了王某作为消费者的哪些权利？张某应承担何种民事责任？

3. 若该电子商务平台知晓张某的侵权行为和商品质量问题后，未采取任何措施，电子商务平台需承担什么责任？

▲ **实训任务七** ——以法为盾　维权护航，守正维纲

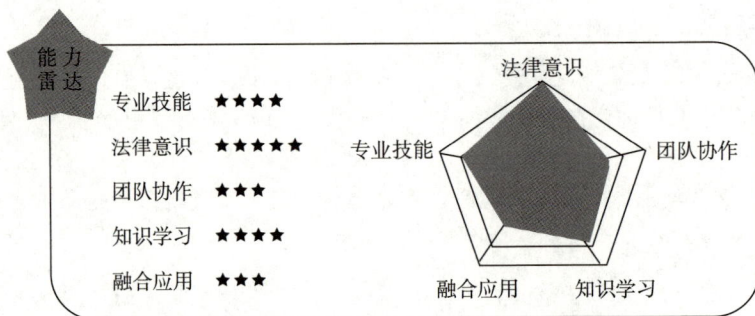

项目要求： 1. 学员分组进行项目实施，每个小组由3~5人组成。

2. 学员需要参与理论学习和实践操作，完成相关任务和项目。

3. 学员需要积极合作、共同解决问题，并按要求提交项目成果。

项目内容： 网络消费典型案例分析与演绎。

1. 选择一个网络消费典型法律案例，对该案例进行法律分析，具体分析内容包括：案情概述，明确法律关系、责任主体，能够准确运用法条分析案件。需形成法律意见书、起诉状等法律文书。

2. 结合电子商务业务流程与法律实务，运用本节所学知识进行案例分析，对案例发生的情境场景与行为动线进行实际演绎，并对案例中的责任归属与判定结果进行司法模拟。

项目评价： 1. 各小组之间互评与教师点评，占60%。

2. 能力雷达综合赋分：能力项分数×各项星标权重，占40%。

最终，两项评价标准的加权得分为本组在该项目中的综合分数。

项目成果： 1. 各小组的案例分析法律意见书、起诉状、答辩状等相关法律文书。

2. 各小组情景演绎的脚本设计与分工内容。

项目八　网络信息安全法律实务

——数据与信息安全

在数字化浪潮的推动下，电子商务已深度融入社会经济的各个层面，成为商业活动的重要形态。从日常的网络购物，到企业间的在线交易，电子商务极大地改变了传统的商业模式，带来了前所未有的便捷与效率。然而，随着电子商务的蓬勃发展，网络信息安全问题也接踵而至，成为制约行业健康发展的关键因素。

在电子商务领域，数据和信息是核心资产。企业的商业数据、客户的个人信息等，不仅是企业运营的基础，更是消费者权益的重要组成部分。一旦这些数据和信息遭到泄露、篡改或滥用，将给企业和个人带来巨大的损失。例如，消费者个人信息泄露可能导致骚扰电话、诈骗信息不断，企业的商业数据被窃取则可能使企业丧失竞争优势，甚至面临生存危机。

网络信息安全涵盖了技术、管理和法律等多个维度。技术层面，需要不断创新和应用先进的安全防护技术，如加密技术、防火墙、入侵检测系统等，以抵御各类网络攻击。管理层面，企业要建立完善的安全管理制度，加强员工的安全意识培训，规范数据处理流程。法律层面，则是为网络信息安全提供最后的保障，通过明确各方的权利和义务，对违法行为进行制裁，维护网络空间的安全秩序。

知识目标：

- 熟知网络信息安全的基础概念。
- 掌握电子商务数据安全规范。
- 明晰个人信息的处理原则。

能力目标：

- 能够识别并应对网络信息安全的主要威胁。
- 能够审查数据处理合规性问题。
- 学会运用法律维护个人信息主体享有的基本权利。

课程思政：

- 培养严谨的法律思维与态度。
- 增强网络安全风险防范意识。
- 树立数据保护与合规职业操守。

📖 **思维导图：**

```
                                              ┌─ 电子商务网店数据分析的
                                              │   含义与方法
                         ┌─ 电子商务网店数据分析概述 ┤
                         │                    └─ 电子商务网店数据分析的
                         │                        内容与决策策略
                         │
                         │                    ┌─ 网络信息安全概述
数据指标                   │                    │
分析方法                   ├─ 网络信息安全  ──────┼─ 网络信息安全的法律框架
分析流程  网店经营数据  网络信息安全          │
分析内容   分析    ←→  法律实务              └─ 网络信息安全的主要威胁与挑战
决策策略
                         │                    ┌─ 数据与个人信息
                         ├─ 电子商务数据界定与安全规范 ┤
                         │                    └─ 电子商务数据安全规范
                         │
                         │                    ┌─ 个人信息的处理规则
                         └─ 电子商务中的个人信息保护 ┼─ 个人信息主体享有的基本权利
                                              └─ 侵害个人信息的法律责任
```

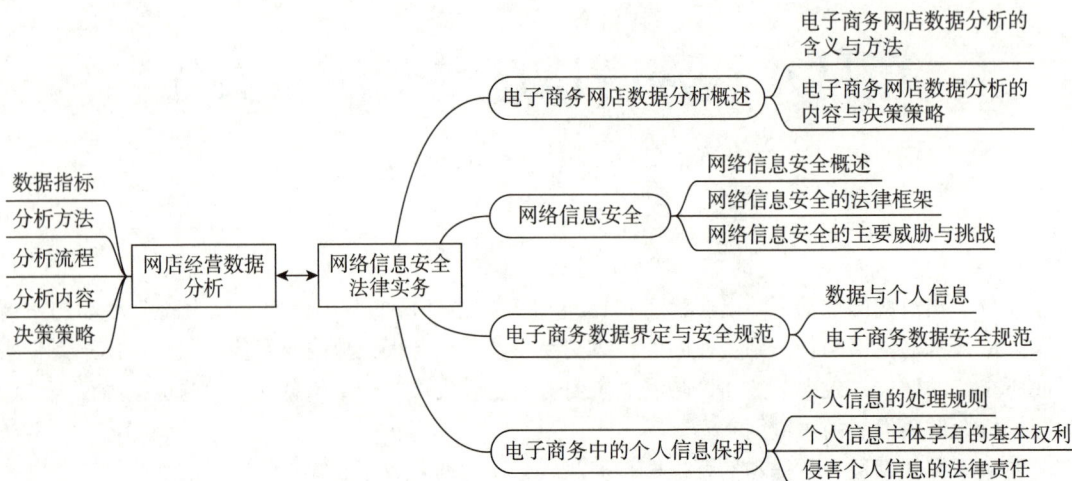

任务1　电子商务网店数据分析概述

电子商务相对于传统零售业来说，最大的特点就是一切都可以通过数据化来监控和改进。电子商务网站一般都会将用户的交易信息，包括购买时间、购买商品、购买数量、支付金额等信息保存在自己的数据库里面。通过数据分析，企业可以掌握客户的消费习惯、优化现金和库存，并扩大销量。同时，数据分析也能够帮助企业发现运营中的问题，进而制定有效的策略来提升业绩。

一、电子商务网店数据分析的含义与方法

（一）电子商务网店数据分析的含义

1. 基本概念。电子商务网店数据分析是指利用科学的方法和技术，对网店运营过程中产生的各类数据进行收集、整理、分析和解释，以发现数据背后的规律和趋势，从而为网店的经营管理提供决策支持。数据分析不仅可以帮助网店了解当前的运营状况，还能预测未来的市场变化，优化产品、服务和营销策略，最终提升电子商务网店的竞争力和盈利能力。

2. 电子商务网店数据分析的关键指标。在进行电子商务网店数据分析时，通常会关注流量数据指标、转化指标、会员指标和财务指标，如图 8-1 所示。通过科学分析这些指标，网店可以全面了解用户行为、优化运营策略、提升营销效果，并最终实现业务增长。

流量数据指标	转化指标	会员指标	财务指标
·浏览量（PV）	·转化率	·注册会员数	·新客成本
·访客数（VV）	·注册转化率	·活跃会员数	·单人成本
·当前在线人数	·客服转化率	·活跃会员比率	·单笔订单成本
·平均在线时长	·收藏转化率	·会员复购率	·费销比
·停留时间	·添加转化率	·平均购买次数	
·平均访问量	·成交转化率	·会员回购率	
·日均流量	·渠道转化率	·会员留存率	
·跳出率	·事件转化率	·会员流失率	

图 8-1　电子商务网店数据分析的关键指标

（1）流量数据指标。流量数据指标是衡量网店访问情况的基础指标，反映了用户的访问行为和网站的吸引力。

●浏览量（PV）。浏览量是指用户访问网站页面的总次数。用户每次访问或刷新页面都会被记录为一个浏览量。浏览量反映了网站的整体访问热度。

●访客数（UV）。访客数是指独立访问用户的数量，以设备或账号为统计单位。通常以 24 小时为周期去重统计，一天内同一用户的多次访问只计为一次。访客数可进一步分为新访客和回访客，用于分析用户结构。

●当前在线人数。当前在线人数是指过去 15 分钟内活跃的独立访客数，反映了网站的实时访问情况。

●平均在线时长。平均在线时长是指每个访客在网站停留的平均时间。对于功能性网站（如电子商务），较短的在线时长可能意味着用户高效完成了目标；而对于内容型或互动型网站，较长的在线时长则可能更理想。

●停留时间。停留时间是指用户从打开第一个页面到离开最后一个页面的时间差。与在线时长不同，停留时间更侧重于用户在一次访问中的实际浏览时长。

●平均访问量。平均访问量是指每个访客在一次访问中浏览的页面数量，计算公式为浏览量除以访客数。该指标反映了用户对网站内容的兴趣程度。

●日均流量。日均流量是指一段时间内平均每天的访问量，通常用日均浏览量或日均访客数表示，用于评估网站的日常访问水平。

●跳出率。跳出率是指用户仅访问一个页面后离开的比例，计算公式为单页访问次数除以总访问次数。跳出率的高低反映了页面内容的吸引力和用户体验的好坏，高跳出率通常意味着页面需要优化。

（2）转化指标。转化指标是衡量用户从访问到完成目标行为的关键数据，直接反映了网店的运营效果。

●转化率。转化率是指完成目标行为（如购买、注册）的用户占总访问用户的比例。转化率是评估营销效果和网站运营效率的核心指标。

●注册转化率。注册转化率是指注册用户数占新访客总数的比例，用于评估用户在注册环节的吸引力。

●客服转化率。客服转化率是指咨询客服的用户数占总访问用户数的比例，反映了客服服务的需求和效果。

●收藏转化率。收藏转化率是指将商品添加至收藏夹的用户数占该商品总访问用户数的比例。该指标在促销活动前尤为重要，反映了用户的潜在购买意向。

●添加转化率。添加转化率是指将商品加入购物车的用户数占该商品总访问用户数的比例，用于评估商品对用户的吸引力。

●成交转化率。成交转化率是指完成购买的用户数占总访问用户数的比例。成交转化率可进一步细分为全网、类目、品牌、单品、渠道等维度，用于精准评估不同场景的转化效果。

●渠道转化率。渠道转化率是指通过某一渠道访问并完成购买的用户数占该渠道总访问用户数比例，用于评估不同渠道的质量和效果。

●事件转化率。事件转化率是指因特定事件（如广告投放、关键词搜索）带来的成交用户数占该事件总访问用户数的比例，用于评估事件营销的效果。

（3）会员指标。会员指标用于分析用户忠诚度和复购行为，是评估用户价值的重要依据。

●注册会员数。注册会员数是指历史累计注册用户的总数。更有效的指标是"有效会员数"，即在一定时间内（如1年）有消费记录的会员数。

●活跃会员数。活跃会员数是指在一定时间内有登录或消费行为的会员数。活跃会员的定义可根据产品特性进行调整，例如，快消品行业可能以月为单位统计。

●活跃会员比率。活跃会员比率是指活跃会员数占注册会员总数的比例，反映了会员的整体活跃度。

●会员复购率。会员复购率是指在一定时间内有两次或以上购买行为的会员数占总会员数的比例，用于评估用户的忠诚度和购买习惯。

●平均购买次数。平均购买次数是指每个会员在一定时间内的平均订单数，计算公式为订单总数除以购买用户数。

●会员回购率。会员回购率是指上一期活跃会员在下一期再次购买的比例，与流失率相对，用于评估会员的持续购买意愿。

●会员留存率。会员留存率是指某时间节点的会员在后续特定周期内仍保持活跃的比例，用于评估会员的长期价值。

●会员流失率。会员流失率是指在一定时间内未产生消费行为的会员数占总会员数的比例，反映了会员的流失情况。

（4）财务指标。财务指标用于评估网店的营销投入与产出效率，是衡量网店盈利能力的重要依据。

●新客成本。新客成本是指为获取一个新客户所花费的平均营销费用，计算公式为总营销费用除以新增客户数。

●单人成本。单人成本是指每个访客的平均营销成本，计算公式为总营销费用除以访客数。该指标不区分访客是否注册或购买，用于评估整体流量成本。

●单笔订单成本。单笔订单成本是指获取一个订单的平均营销费用，计算公式为总营销费用除以订单总数。

●费销比。费销比是指营销费用与订单金额的比例，计算公式为营销费用除以订单金额。其倒数即为投资回报率（ROI），反映了每单位投入带来的销售额。

在实际应用中，需结合网店的具体目标和行业特点，灵活选择和分析相关指标。

> **课堂讨论**：上述指标中你认为哪些是核心指标？

（二）电子商务网店数据分析的方法

1. 基础分析方法。

（1）数字和趋势分析。通过直观的数字或趋势图表，迅速了解市场的走势、订单的数量、业绩完成的情况等。适用于快速概览整体业务状况，把握市场脉搏。

（2）多维度拆解。从多个角度出发，把一个复杂问题拆解成多个简单的子问题去解决。通过对不同维度的拆解，可以更深入地了解数据的细节和差异。

（3）对比分析法。通过对比找差异，从而追踪业务是否存在问题。可以对比不同时间段、不同产品、不同渠道等数据，发现潜在的问题和机会。

（4）漏斗分析。还原用户转化的路径，分析每一个转化节点的效率。适用于分析用户从进入网站到最终购买的整个流程，找出转化率低下的环节。

2. 高级分析方法。

（1）用户分群。根据用户的特定行为或背景信息进行归类处理。通过观察不同用户群体的购买频度、类别、时间等，创建用户画像，为精准营销提供依据。

（2）行为轨迹分析。分析用户如何与网站或产品互动，如点击了哪些按钮、浏览了哪些页面、停留了多长时间等。有助于优化用户体验和网站设计，提高用户满意度和转化率。

（3）留存分析。关注用户在首次交互后是否会再次回来，衡量用户的忠诚度和黏性。适用于分析用户的复购率、活跃度等指标，为制定用户留存策略提供依据。

（4）A/B测试。比较两种或多种不同版本的设计或策略，看看哪种效果更好。适用于测试不同的广告创意、页面布局、用户界面设计等，找出最优方案。

（5）数学建模。通过建立数学模型来预测未来的趋势和结果。可以使用回归分析、时间序列分析或机器学习算法等方法来预测销售额、用户增长率等指标。

3. 数据分析工具与软件。在电子商务网店数据分析过程中，可以借助一些专业的数据分析工具与软件来提高效率和准确性。

（1）九数云BI。能打通多个电子商务平台的数据，帮助卖家全面了解整体情况。支持跨平台、跨系统自由搭建报表，按多维度查看和分析数据。

（2）生意参谋。阿里巴巴B2B市场的数据工具，集数据作战室、市场行情、装修分析等功能于一体。为商家提供统一的数据产品平台，助力商家进行精细化运营。

（3）淘数据。为国内电子商务卖家和跨境卖家提供电子商务行业数据、店铺数据等数据分析功能。有助于卖家更好地了解市场趋势和竞争对手情况。

（4）Power BI。微软推出的云端数据分析服务，可以连接、整合、可视化和共享各种来源的数据。支持创建令人惊叹的报表和仪表盘，展示电子商务业务的关键指标和趋势。

4. 数据分析流程。电子商务网店数据分析的常见流程包括收集数据、数据分析、提出方案、优化改进。

（1）收集数据。在进行网店数据分析之前，卖家首先要收集和获取数据，应尽量获得完整、真实、准确的数据。网店数据的获取途径主要有自己店铺数据、电子商务平台提供数据以及第三方工具数据三类。

自己店铺的数据即自己店铺过往的销售记录、交易转化数据、广告推广效果等是最真实、最有价值的，应该定期整理。平台提供的数据则指卖家可以充分利用平台提供的数据分析工具了解店铺运营状况，如通过淘宝平台提供的生意参谋工具查看商品访客数、商品浏览量、商品平均停留时长、商品详情页跳出率等。如图8-2是淘宝平台提供的生意参谋工具。

图8-2　淘宝平台提供的生意参谋工具

有的平台提供给卖家的数据不足以满足卖家对数据分析的需求，此时卖家可以利用第三方数据分析工具收集更多数据。有些第三方数据分析工具是专门服务于网店卖家的，通常可用于收集店铺整体数据、行业数据、竞品数据。如图8-3是阿里巴巴商家服务市场提供的第三方数据分析工具。

图8-3　阿里巴巴商家服务市场提供的第三方数据分析工具

（2）数据分析。数据分析不只是对数据的简单统计和描述，而是在数据中发现问题的本质，然后针对确定的主题进行归纳和总结。常用的数据分析方法在前文已经阐述过，这里不再重复。但需要明确的是，数据分析方法是整个数据分析流程的关键环节，它决定着整个数据分析操作的效率，以及分析所得结果的准确性和其对决策的支撑度和影响力。这也是本部分内容中对数据分析方法进行优先阐明的原因。这里将其作为流程的一部分是为了保证逻辑的完整性。

（3）提出解决方案。对网店数据进行分析后，卖家应将数据分析的结果进行汇总、进行诊断，并提出最终解决方案。首先要对评估情况进行客观描述，用数据支持自己的观点。之后可视化，即运用柱状图和条形图对基本情况进行更清晰的描述，运用散点图和折线图表现数据间的因果关系。其次提出观点，根据数据分析，提出自己的观点，预判网店的发展趋势，制定具体的改进措施。最后归纳总结，列出条目，形成方案文档。

（4）优化改进。随着改进措施的实施，要及时了解运营数据的变化，不断优化和改进，标本兼治，使同类问题不再出现；持续地监控和反馈，通过对比数据，发现仍需要改进的地方，或者筛选出最优方案。

数据分析是一项持续且逐步深入的工作，它要求网店运营人员时刻关注网店的运营状况，保持对数据的敏锐洞察力。这样，他们才能在第一时间发现运营中潜在的问题，通过细致的分析来剖析问题的本质，并迅速采取有效措施予以解决。

二、电子商务网店数据分析的内容与决策策略

（一）电子商务网店数据分析的内容

电子商务网店数据分析的内容涵盖多个方面，主要围绕网店运营的核心环节展开，其主要内容如图8-4所示。

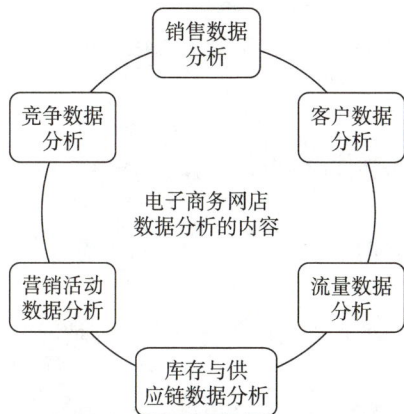

图 8-4　电子商务网店数据分析的内容

1. 销售数据分析。

（1）销售额分析。分析不同时间段（如日、周、月、季度）的销售额变化，了解销售趋势。

（2）订单量分析。统计订单数量，分析订单的分布和变化规律。

（3）客单价分析。计算平均每笔订单的金额，分析客户的消费水平。

（4）商品分析。分析商品的销量、销售额、转化率等指标，找出热销商品和滞销商品。分析用户对商品的评价和反馈，了解商品的质量、性价比、售后服务等方面的问题。

2. 客户数据分析。

（1）客户画像分析。通过年龄、性别、地域、消费习惯等数据，构建客户画像，了解目标客户群体。

（2）客户行为分析。分析客户的浏览、收藏、加购、购买等行为，了解客户的购物路径和决策过程。

（3）客户留存与流失分析。分析客户的复购率和流失率，找出影响客户留存的关键因素。

3. 流量数据分析。

（1）流量来源分析。分析网店流量的来源渠道（如搜索引擎、社交媒体、广告投放等），评估各渠道的效果。

（2）页面访问分析。统计各页面的访问量、跳出率和停留时间，优化页面设计和内容布局。

（3）转化率分析。分析从浏览到购买的转化率，找出影响转化的关键环节。

4. 库存与供应链数据分析。

（1）库存周转率分析。分析库存的周转速度，优化库存管理，避免积压或断货。

（2）供应链效率分析。分析供应商的交货时间、产品质量等数据，优化供应链管理。

5. 营销活动数据分析。

（1）促销效果分析。评估促销活动的效果，分析销售额、订单量、客单价等指标的变化。

（2）广告投放分析。分析广告的点击率、转化率和投资回报率，优化广告投放策略。

6. 竞争数据分析。

（1）竞品分析。分析竞争对手的产品、价格、营销策略等，找出自身的优势和劣势。

（2）市场份额分析。分析自身在市场中的份额和地位，及市场的整体趋势和竞争格局。

课堂讨论：你还能够想到其他可以用网店数据分析来决策的内容吗？说说你的看法。

（二）电子商务网店数据分析的决策策略

基于数据分析的结果，网店可以制定科学合理的决策策略，以提升运营效率和市场竞争力。以下是常见的决策策略：

1. 产品策略。

（1）优化产品组合。根据热销商品和客户偏好，调整产品结构，增加畅销商品的库存，淘汰滞销商品。

（2）新品开发。通过分析客户需求和市场趋势，开发符合市场需求的新产品。

2. 定价策略。

（1）动态定价。根据市场需求、竞争对手价格和库存情况，动态调整商品价格，以提高销量和利润。

（2）促销定价。通过数据分析确定最佳的促销时机和折扣力度，吸引客户购买。

3. 营销策略。

（1）精准营销。根据客户画像和行为数据，制定个性化的营销方案，提高营销效果。例如，向高价值客户推送专属优惠方案。

（2）渠道优化。根据流量来源和转化率数据，优化营销渠道的资源配置，集中资源投入效果最好的渠道。

4. 客户关系管理策略。

（1）提升客户留存率。通过分析客户流失原因，制定针对性的客户留存策略。例如，为流失客户提供优惠券或个性化推荐。

（2）会员体系建设。根据客户消费数据，建立会员等级制度，提供差异化服务，增强客户忠诚度。

5. 库存与供应链策略。

（1）库存优化。根据销售趋势和库存周转率，制定合理的采购计划，避免库存积压或断货。

（2）供应链协同。通过分析供应链数据，与供应商建立更紧密的合作关系，提高供应链效率。

6. 用户体验优化策略。

（1）页面优化。根据页面访问和转化率数据，优化网店的页面设计和功能布局，提升用户体验。

（2）物流优化。分析物流数据，优化配送流程，缩短配送时间，提高客户满意度。

任务2　网络信息安全

一、网络信息安全概述

网络信息安全是指为数据处理系统建立和采用的技术、管理上的安全保护，旨在保护计算机硬件、软件和数据不因偶然和恶意的原因而遭到破坏、更改和泄露。它涉及网络系统的保密性、完整性、可用性、可控性和不可否认性。例如，企业的客户信息数据库，就需要保障其不被非法访问和篡改，以维护客户信息安全和企业信誉。

二、网络信息安全的法律框架

我国已经形成了以《网络安全法》、《中华人民共和国数据安全法》（以下简称《数据安全法》）、《个人信息保护法》为核心，其他相关法律法规、部门规章和国家标准为补充的网络信息安全法律法规框架。这些法律法规从不同角度对网络信息安全进行了规范和保护，明确了网络运营者、数据处理者等各方的权利和义务，以及违反规定应承担的法律责任。

在全球数字化进程中，网络信息安全与数据保护愈发重要。国际上，欧盟《通用数据保护条例》和美国《加州消费者隐私法案》在数据保护领域发挥着关键作用。

欧盟《通用数据保护条例》其目的在于统一欧盟内的数据保护规则，加强对欧盟公民个人数据的保护，促进数据在欧盟内的自由流动。该条例适用范围广泛，不仅涵盖欧盟境内的企业，对于在欧盟境外处理欧盟公民个人数据的企业，若其提供商品或服务给欧盟境内的个人，或对欧盟境内个人的行为进行监控，也同样适用。欧盟《通用数据保护条例》赋予数据主体众多权利，如知情权，数据主体有权了解个人数据被收集、使用、存储和共享的详细情况；访问权，可要求数据控制者提供其个人数据的副本；更正权，若发现个人数据不准确，有权要求更正；删除权，在特定情况下，可要求删除个人数据；限制处理权，可限制数据控制者对个人数据的处理；数据可携权，有权获取以结构化、通用和机器可读格式存储的个人数据，并可将其传输给其他数据控制者。同时，欧盟《通用数据保护条例》对数据控制者和处理者规定了严格的义务，包括数据保护影响评估、数据泄露通知、任命数据保护官等。若企业违反欧盟《通用数据保护条例》，将面临高额罚款，最高可达全球年营业额的 4% 或 2000 万欧元（以较高者为准）。

美国《加州消费者隐私法案》主要聚焦于保护加州居民的个人信息。美国《加州消费者隐私法案》规定，消费者有权知道企业收集了哪些个人信息，以及这些信息的用途和共享对象；有权要求企业删除其个人信息；有权拒绝企业将其个人信息出售给第三方；有权在企业歧视性对待消费者时，向司法机关提起诉讼。企业在收集消费者个人信息时，需向消费者提供明确的通知，告知收集的信息类别、用途和共享方式。当企业达到一定规模且符合特定条件时，需遵守美国《加州消费者隐私法案》的规定。若企业违反美国《加州消费者隐私法案》，消费者可向法院提起诉讼，要求企业赔偿损失，同时，加州总检察长也有权对违规企业进行调查和处罚。

这两部法律对全球的数据保护产生了深远影响。欧盟《通用数据保护条例》推动了全球数据保护立法的发展，许多国家和地区以此为参考，完善本国的数据保护法律体系。它促使企业加强数据保护意识，投入更多资源用于数据安全和隐私保护，推动了数据保护技术和管理水平的提升。美国《加州消费者隐私法案》则为美国其他州的数据保护立法提供了范例，引发了美国国内对个人信息保护的广泛关注和讨论。在全球范围内，这两部法律促使企业在开展跨境业务时，更加注重数据保护合规性，加强对个人信息的保护，以避免法律风险和声誉损失。

三、网络信息安全的主要威胁与挑战

网络信息安全的主要威胁包括网络攻击、恶意软件、网络钓鱼等。随着技术发展，新的威胁不断涌现，如人工智能驱动的攻击、物联网设备安全漏洞等，给网络信息安全带来诸多挑战。网络攻击的手段日益复杂和多样化，黑客可以利用各种技术手段突破网络安全防线，窃取敏感信息、破坏系统正常运行。恶意软件如病毒、木马、勒索软件等可以通过网络传播，感染计算机系统，造成数据丢失、系统瘫痪等严重后果。网络钓鱼则通过欺骗手段获取用户的账号、密码等敏感信息，导致用户信息泄露和财产损失。

任务3 电子商务数据界定与安全规范

◇ 案例 8-1

淘宝诉美景非法窃取"生意参谋"纠纷案[1]

淘宝（中国）软件有限公司（以下简称淘宝公司）系淘宝网运营商。淘宝公司开发的"生意参谋"数据产品（以下简称涉案数据产品）能够为淘宝、天猫店铺商家提供大数据分析参考，帮助商家实时掌握相关类目商品的市场行情变化，改善经营水平。涉案数据产品的数据内容是淘宝公司在收集网络用户浏览、搜索、收藏、加购、交易等行为痕迹信息所产生的巨量原始数据基础上，通过特定算法深度分析过滤、提炼整合而成的，以趋势图、排行榜、占比图等图形呈现的指数型、统计型、预测型衍生数据。

安徽美景信息科技有限公司（以下简称美景公司）系"咕咕互助平台"的运营商，其以提供远程登录已订购涉案数据产品用户电脑技术服务的方式，招揽、组织、帮助他人获取涉案数据产品中的数据内容，从中牟利。淘宝公司认为，其对数据产品中的原始数据与衍生数据享有财产权，被诉行为恶意破坏其商业模式，构成不正当竞争。遂诉至人民法院，请求判令：美景公司立即停止涉案不正当竞争行为，赔偿其经济损失及合理费用 500 万元。

请分析：

1. 淘宝公司收集并使用网络用户信息的行为是否正当？
2. 淘宝公司对于涉案数据产品是否享有法定权益？
3. 关于被诉行为是否构成不正当竞争？

一、数据与个人信息

数据是个人信息累积到一定量后所形成的数字资产，尤其是在电子商务环境下生成的数据更是如此，那么，基于个人信息所生的数据的财产权益应当如何分配，究竟是归属于用户还是电子商务经营者，抑或是其他？当前，尽管我国相关立法认可数据权益应当得到法律保护，但是对于数据的法律属性，自然人和经营者之间的数据财产权益如何分配等基础性问题，或者没有形成统一的立法定论，或者语焉不详。《民法典》第 127 条规定："法律对数据、网络虚拟财产的保护有规定的，依照其规定。"除此之外，再无其他法律法规涉及数据财产的保护问题，可以说我国基本上已放弃从立法上明确数据权属问题。实际上，从域外法治视角看，鲜有国家和地区在立法中对数据资产保护作出明文规定。

针对数据权属的界定，国内学界目前存在较大的争议和分歧，大抵形成了如下三种具有代表性的大数据财产权益分配理论，即公民个人权益说、网络平台权益说以及综合权益说，分别主张将该等权益赋予公民个人、网络平台抑或公民个人和网络平台。除此之外，有学者将国内外目前有关数据权属的观点总结为如下四种：数据归个人所有、数据归平台所有、数据归个人与平台共有及数据归公众所有。

应当说，对于附着于数据之上的财产权益应当如何配置，不管是在立法上还是学理上均无

---

〔1〕《最高人民法院发布依法平等保护民营企业家人身财产安全十大典型案例之八：淘宝（中国）软件有限公司诉安徽美景信息科技有限公司不正当竞争纠纷案》，载 https://www.pkulaw.com/pfnl/a6bdb3332ec0adc4301397ee4e33e91f181741ceabfddcd3bdfb.html？keyword=%E6%B7%98%E5%AE%9D%E5%85%AC%E5%8F%B8%E5%BC%80%E5%8F%91%E7%9A%84%E7%94%9F%E6%84%8F%E5%8F%82%E8%B0%8B%20&way=listView，最后访问日期：2025 年 7 月 24 日。

法找到明确的答案。但事实上，现实的可操作性早已解决这种逻辑论证上的不确定性。具体说来，一旦收集的信息被加工处理形成数据集合，便已为数据从业者所掌握和控制，而后不管它以何种形式被使用，只要不危及个人信息安全，个人信息主体大都不会主动关注大数据如何被使用，更遑论主张其所涉及的财产权益。而且，在现实的互联网活动中，受制于知情同意原则的约束，网络服务提供者通常会与用户签订一个网络服务协议，除告知该用户个人信息被收集和使用的目的、方式和范围外，该协议往往还会要求用户放弃对其个人信息享有的相关权益，以此作为向其免费提供网络服务的条件，而大部分用户出于便利的考虑都会愿意接受该格式条款。这就是说，个人信息主体和网络服务提供者已通过意思自治解决了数据财产权益分配问题。另外，大数据的产生往往是由不计其数的自然人共同参与形成的，单个自然人的个人信息几乎毫无价值，因此网络服务提供者可基于劳动赋权理论享有大数据财产权益。更何况，社会公众基于单一信息主张财产权益缺乏经济上的可行性。或许正因为如此，在以往的司法实践中，个人信息主体和网络服务提供者之间很少就此产生纷争。

由上述分析可知，网络服务提供者应当享有数据的财产权益，接下来亟待解决的问题便是如何对此进行法律保护。当前，这一权益虽然经由《民法典》第 127 条得以确认，但诸多问题仍是法律空白。尽管存在这一立法上的滞后性，但现实中有关数据财产权益的纠纷却已是屡见不鲜。受限于相关权利法的缺失，当大数据财产权益受到侵害时，该权益主体只能诉诸《反不正当竞争法》寻求间接保护，由此催生出众多反不正当竞争纠纷案件，其中最为典型的案例包括"脉脉非法抓取使用新浪微博用户信息案""百度诉奇虎360违反'Robots协议'爬取数据纠纷案""大众点评网诉爱帮网不正当竞争纠纷案""实时公交查询软件'酷米客'诉'车来了'盗取后台数据纠纷案"等。从这些案件的裁决结果来看，在数据法律属性的认定上，我国人民法院都认为数据属于网络平台的竞争优势，经营者对大数据享有相应权益，从而援引一般条款将数据抓取行为认定为不正当竞争行为，以此对该权益进行保护。不过，上述纠纷所涉及的数据只是用户数据，而非大数据。

值得一提的是，作为全国第一例涉大数据的不正当竞争纠纷案件，"淘宝诉美景非法窃取'生意参谋'纠纷案"具有开创性意义。该案判决不仅再次重申了既有涉及数据不正当竞争纠纷的裁判规则，比如三重授权原则，还确立了对大数据产品进行《反不正当竞争法》保护的具体规则，即区分了网络用户信息、原始网络数据与衍生数据，第一次明确提出网络大数据产品属于衍生数据，该等数据产品的控制者对此享有"竞争性财产权益"。该案有助于厘清网络用户、网络运营者及其竞争者之间的权利边界，以及网络运营者收集、使用、共享、开发用户数据的行为边界。显然，在相关立法缺位且学理上尚存争议的情况下，该案第一次从司法上明确大数据财产权益属于经营者，这无疑具有标杆和示范作用。

二、电子商务数据安全规范

在电子商务环境下，个人信息的处理在很多情况下都是依托于电子商务数据这一媒介，这使人们所面临的个人信息及隐私威胁除了源于该等信息的直接泄露外，还包括因电子商务数据泄露所引致的个人信息及隐私的间接泄露，当电子商务数据牵涉关键信息基础设施或者包含敏感信息时，甚至会影响、波及整个国家安全。因此，有必要通过立法来保障电子商务数据的安全，以确保个人信息和隐私安全以及互联网安全体系和设施安全。

我国《电子商务法》对电子商务数据的开发利用作了原则性规定，但未涉及电子商务数据安全问题。《电子商务法》第 69 条规定："国家维护电子商务交易安全，保护电子商务用户信息，鼓励电子商务数据开发应用，保障电子商务数据依法有序自由流动。国家采取措施推动建立公共数据共享机制，促进电子商务经营者依法利用公共数据。"目前，我国涉电子商务数据安全的法律规定散见于《网络安全法》《数据安全法》以及国家标准《电子商务数据交易　第4部分：隐私保护规范》中，具体内容如下。

第一，《网络安全法》规定了重要数据境内存储、跨境数据传输管制以及网络安全等级保护三大制度。其中，前面两项制度主要体现为《网络安全法》第37条规定："关键信息基础设施的运营者在中华人民共和国境内运营中收集和产生的个人信息和重要数据应当在境内存储。因业务需要，确需向境外提供的，应当按照国家网信部门会同国务院有关部门制定的办法进行安全评估；法律、行政法规另有规定的，依照其规定。"最后一项制度对应的是《网络安全法》第21条规定："国家实行网络安全等级保护制度。网络运营者应当按照网络安全等级保护制度的要求，履行下列安全保护义务，保障网络免受干扰、破坏或者未经授权的访问，防止网络数据泄露或者被窃取、篡改：（一）制定内部安全管理制度和操作规程，确定网络安全负责人，落实网络安全保护责任；（二）采取防范计算机病毒和网络攻击、网络侵入等危害网络安全行为的技术措施；（三）采取监测、记录网络运行状态、网络安全事件的技术措施，并按照规定留存相关的网络日志不少于六个月；（四）采取数据分类、重要数据备份和加密等措施；（五）法律、行政法规规定的其他义务。"

第二，与《网络安全法》偏重于互联网全网体系和设施安全形成鲜明对比，《数据安全法》更加强调以数据为核心的对信息社会、数据时代的基础性支持作用。《数据安全法》的主要内容包括：①确立数据分级分类管理以及风险评估、监测预警和应急处置等数据安全管理各项基本制度；②明确开展数据活动的组织、个人的数据安全保护义务，落实数据安全保护责任；③坚持安全与发展并重，规定支持促进数据安全与发展的措施；④建立保障政务数据安全和推动政务数据开放的制度措施。

第三，国家标准《电子商务数据交易　第4部分：隐私保护规范》基于个人信息及隐私保护的视角对电子商务数据交易作了更为明确的规定。虽然它尚未正式颁布实施，且属于非强制性的规范，但不可否认，其在一定程度上清晰勾勒出一个电子商务中的数据交易规范制度的全貌。具而言之，《电子商务数据交易　第4部分：隐私保护规范》规定了电子商务环境下数据交易中的隐私保护总则，数据提供方、数据需求方的职责义务，以及电子商务数据交易平台职责义务和信息主体权利。各部分的主要内容如下。

一是数据提供方的职责义务。数据提供方，是指在电子商务数据交易中，拥有数据所有权或受数据所有者合法授权而获得部分或全部权益的向平台提供交易数据的组织或个人。数据提供方对数据交易中的隐私保护承担的职责义务包括但不限于：①应贯彻个人信息保护相关法律、行政法规及行为规范，自觉维护个人信息主体合法权益；②应对其提供的所有数据的流通和使用行为的合规性负责；③应确保提供的所有数据不涉及法律、行政法规禁止发布或传输的信息；④应确保提供的所有数据不涉及能够识别个人身份的信息和个人敏感信息；⑤当提供的数据涉及能够识别特定个人的信息或个人敏感信息时，应先对其进行匿名化、去标识化等技术处理，确保数据无法识别特定个人且无法复原后，方可进入流通环节；⑥应明确数据的适用范围、使用期限和权利限制等；⑦应确保数据的存储、发布和传输过程中的安全性，防止数据泄露、篡改和删除等；⑧应对因个人信息泄露而对个人信息主体造成伤害的行为承担主要责任。

二是数据需求方的职责义务。数据需求方，是指在电子商务数据交易中发布数据需求或搜索、购买数据的组织或个人。数据需求方对数据交易中的隐私保护承担的职责义务包括但不限于：①应贯彻个人信息保护相关法律、行政法规及行为规范，自觉维护个人信息主体合法权益；②数据需求应符合法律、行政法规的相关规定；③应按数据提供方界定的数据使用范围、使用期限和权利限制等合法、合规使用数据；④当在数据使用过程中发现能够识别特定个人的信息或个人敏感信息时，应立即向有关主管部门报告或向平台举报，待数据提交后删除数据且不可被恢复；⑤应确保数据存储、使用过程中的安全性，防止数据被泄露、篡改和删除等；⑥应对因使用数据而导致个人信息泄露所产生的后果承担主要责任；⑦按照约定方式使用完成或规定期限结束后，应销毁购买的数据且数据不可被恢复。

三是电子商务数据交易平台的职责义务。电子商务数据交易平台，是指在电子商务模式下为交易双方或者多方提供数据交易撮合及相关服务的信息网络系统。电子商务数据交易平台对数据交易中的隐私保护承担的职责义务包括但不限于：①应贯彻个人信息保护相关法律、行政法规及行为规范，自觉维护个人信息主体合法权益；②应依据法律、行政法规规定，制定平台隐私政策，确保交易主体的合法权益；③应设立隐私保护管理部门，负责平台隐私保护工作的日常管理和实施；④应制定隐私保护管理制度，明确平台、交易主体的职责义务及惩罚措施；⑤应建立隐私保护管理机制；⑥应组织开展隐私保护宣传培训活动；⑦应加强数据审核管理，发现法律、行政法规禁止发布或传输的信息时，应依法采取必要处置措施，并向有关主管部门报告；⑧应积极配合有关主管部门依法履行职责时开展的各项工作。

四是个人信息主体的权利。个人信息主体不包含除个人信息主体之外的其他信息主体，个人信息主体对数据交易中的隐私保护享有的权利包括但不限于：①应有权提出撤销、删除和销毁交易中涉及的能够识别个人身份的信息或个人敏感信息；②个人信息主体认为交易活动违反相关法律、行政法规规定，侵犯其合法权益的，应有权依法提起诉讼；③因个人信息泄露而对个人信息主体造成伤害的，其应有权提出赔偿请求；④经过处理无法识别特定个人且不能复原的除外。

任务4　电子商务中的个人信息保护

◇ 案例 8-2

凌某某诉北京微播视界科技有限公司侵权案[1]

原告凌某某在手机通讯录除本人外无其他联系人时，用该手机号注册登录抖音 App，却被推荐大量"可能认识的人"，其中包含多年未联系的同学、朋友。凌某某认为抖音 App 非法获取其个人信息及隐私，构成侵权，将抖音 App 的运营者北京微播视界科技有限公司诉至北京互联网法院。

北京互联网法院一审宣判，认定抖音 App 在未征得凌某某同意的情况下，对其个人信息进行处理，构成侵权。北京互联网法院认为凌某某的姓名、手机号码、社交关系、地理位置等属于个人信息，被告未经同意收集并存储这些信息，侵害了其个人信息权益。但因凌某某的上述信息不具私密性，且北京微播视界科技有限公司推荐"可能认识的人"未侵扰其生活安宁，故不构成对凌某某隐私权的侵害。

请分析：

1. 电子商务平台在利用用户个人信息进行个性化推荐时，应如何获取用户的有效同意？

---

〔1〕《凌某某诉北京微播视界科技有限公司隐私权、个人信息权益网络侵权责任纠纷案》，载 https://www.pku-law.com/pfnl/a6bdb3332ec0adc4eb860e3813176503d49345af41899a82bdfb.html? keyword=%E5%87%8C%E6%9F%90%E6%9F%90%E8%AF%89%E5%8C%97%E4%BA%AC%E5%BE%AE%E6%92%AD%E8%A7%86%E7%95%8C&way=listView，最后访问日期：2025 年 7 月 24 日。

2. 用户在注册时未仔细阅读同意条款，后续能否以未同意为由主张平台侵权？

法条链接：

《民法典》第 1034 条　自然人的个人信息受法律保护。

个人信息是以电子或者其他方式记录的能够单独或者与其他信息结合识别特定自然人的各种信息，包括自然人的姓名、出生日期、身份证件号码、生物识别信息、住址、电话号码、电子邮箱、健康信息、行踪信息等。

个人信息中的私密信息，适用有关隐私权的规定；没有规定的，适用有关个人信息保护的规定。

《个人信息保护法》第 13 条　符合下列情形之一的，个人信息处理者方可处理个人信息：

（一）取得个人的同意；

（二）为订立、履行个人作为一方当事人的合同所必需，或者按照依法制定的劳动规章制度和依法签订的集体合同实施人力资源管理所必需；

（三）为履行法定职责或者法定义务所必需；

（四）为应对突发公共卫生事件，或者紧急情况下为保护自然人的生命健康和财产安全所必需；

（五）为公共利益实施新闻报道、舆论监督等行为，在合理的范围内处理个人信息；

（六）依照本法规定在合理的范围内处理个人自行公开或者其他已经合法公开的个人信息；

（七）法律、行政法规规定的其他情形。

依照本法其他有关规定，处理个人信息应当取得个人同意，但是有前款第二项至第七项规定情形的，不需取得个人同意。

《网络安全法》第 41 条　网络运营者收集、使用个人信息，应当遵循合法、正当、必要的原则，公开收集、使用规则，明示收集、使用信息的目的、方式和范围，并经被收集者同意。

网络运营者不得收集与其提供的服务无关的个人信息，不得违反法律、行政法规的规定和双方的约定收集、使用个人信息，并应当依照法律、行政法规的规定和与用户的约定，处理其保存的个人信息。

一、个人信息的处理规则

一般而言，个人信息的处理包括个人信息的收集、存储、使用、加工、传输、提供、公开等。为了规范个人信息处理活动，落实企业、机构等个人信息处理者的法律义务和责任，我国现行法规定了个人信息处理规则，其中最值得关注的是个人信息收集、使用和保密规则，其明确了个人信息处理者在上述活动中的义务。下面将对此加以介绍。

（一）个人信息收集规则

个人信息收集过程重点在同意和知情，即要遵循知情同意原则，信息管理者在收集个人信息时，应当对个人信息主体就有关个人信息被收集、处理和利用的情况进行充分告知，并征得个人信息主体明确同意。当前，我国各类规范性文件都对知情和同意事项作了相应的规定，主要内容如下。

　　《全国人民代表大会常务委员会关于加强网络信息保护的决定》率先对此作了规定，第2条规定："网络服务提供者和其他企业事业单位在业务活动中收集、使用公民个人电子信息，应当遵循合法、正当、必要的原则，明示收集、使用信息的目的、方式和范围，并经被收集者同意，不得违反法律、法规的规定和双方的约定收集、使用信息。网络服务提供者和其他企业事业单位收集、使用公民个人电子信息，应当公开其收集、使用规则。"《网络安全法》第41条第1款基本上重复了上述内容。《民法典》第1035条对上述规定作了相应的补充和完善，即"处理个人信息的，应当遵循合法、正当、必要原则，不得过度处理，并符合下列条件：（一）征得该自然人或者其监护人同意，但是法律、行政法规另有规定的除外；（二）公开处理信息的规则；（三）明示处理信息的目的、方式和范围；（四）不违反法律、行政法规的规定和双方的约定。个人信息的处理包括个人信息的收集、存储、使用、加工、传输、提供、公开等。"《电信和互联网用户个人信息保护规定》第9条进一步细化了应当知情的内容，主要包括：收集、使用信息的目的、方式和范围，查询、更正信息的渠道，以及拒绝提供信息的后果等事项。《个人信息保护法》第6条第2款规定："收集个人信息，应当限于实现处理目的的最小范围，不得过度收集个人信息。"

　　除此之外，《信息安全技术　个人信息安全规范》对此作出了更加细致、具体的描述，对个人信息控制者的要求包括：①收集个人信息，应向个人信息主体告知收集、使用个人信息的目的、方式和范围等规则，并获得个人信息主体的授权同意。②收集个人敏感信息前，应征得个人信息主体的明示同意，并应确保个人信息主体的明示同意是其在完全知情的基础上自主给出的、具体的、清晰明确的意愿表示。③收集个人生物识别信息前，应单独向个人信息主体告知收集、使用个人生物识别信息的目的、方式和范围，以及存储时间等规则，并征得个人信息主体的明示同意。④收集年满14周岁未成年人的个人信息前，应征得未成年人或其监护人的明示同意；不满14周岁的，应征得其监护人的明示同意。⑤间接获取个人信息时，应满足特定要求。

> **课堂讨论：** 你在注册/使用网络平台时是否勾选过用户信息使用协议？

（二）个人信息使用规则

　　关于个人信息的使用，《网络安全法》第42条、第43条、第44条主要禁止个人信息的泄露、篡改、毁损，禁止将个人信息非法出售或提供给他人，并规定用户有权要求网络运营者删除违法使用或未按约定使用的个人信息。《民法典》对此作了相应的补充和完善，即第1038条第1款规定："信息处理者不得泄露或者篡改其收集、存储的个人信息；未经自然人同意，不得向他人非法提供其个人信息，但是经过加工无法识别特定个人且不能复原的除外。"同时，赋予个人信息主体查阅复制权、更改权和删除权三项权利，即第1037条规定："自然人可以依法向信息处理者查阅或者复制其个人信息；发现信息有错误的，有权提出异议并请求及时采取更正等必要措施。自然人发现信息处理者违反法律、行政法规的规定或者双方的约定处理其个人信息的，有权请求信息处理者及时删除。"除此之外，《信息安全技术　个人信息安全规范》对个人信息的使用作了更为详尽的规定，对个人信息控制者提出了多项要求，主要包括七个方面的内容：个人信息访问控制措施、个人信息的展示限制、个人信息使用的目的限制、用户画像的使用限制、个性化展示的使用、基于不同业务目的所收集个人信息的汇聚融合及信息系统自动决策机制的使用。

（三）个人信息保密规则

　　网络运营者对个人信息的保护，除不能主动泄露、滥用以外，还应采取必要的安全保障措施，确保个人信息处于安全保密的状态中，避免可能发生的个人信息的泄露、意外灭失和不当使用。

《网络安全法》第40条规定："网络运营者应当对其收集的用户信息严格保密，并建立健全用户信息保护制度。"同时，第42条第2款规定："网络运营者应当采取技术措施和其他必要措施，确保其收集的个人信息安全，防止信息泄露、毁损、丢失。在发生或者可能发生个人信息泄露、毁损、丢失的情况时，应当立即采取补救措施，按照规定及时告知用户并向有关主管部门报告。"《民法典》基本上重申了上述内容，即第1038条规定："信息处理者不得泄露或者篡改其收集、存储的个人信息；未经自然人同意，不得向他人非法提供其个人信息，但是经过加工无法识别特定个人且不能复原的除外。信息处理者应当采取技术措施和其他必要措施，确保其收集、存储的个人信息安全，防止信息泄露、篡改、丢失；发生或者可能发生个人信息泄露、篡改、丢失的，应当及时采取补救措施，按照规定告知自然人并向有关主管部门报告。"

根据现行法律的相关规定，网络运营者在个人信息处理中应采取如下三项安全保障措施。

一是按照要求在境内存储相关个人信息。《网络安全法》第37条规定："关键信息基础设施的运营者在中华人民共和国境内运营中收集和产生的个人信息和重要数据应当在境内存储。因业务需要，确需向境外提供的，应当按照国家网信部门会同国务院有关部门制定的办法进行安全评估；法律、行政法规另有规定的，依照其规定。"此外，《征信业管理条例》第24条、《中国人民银行关于银行业金融机构做好个人金融信息保护工作的通知》（已失效）第6条、《地图管理条例》第34条、《网络出版服务管理规定》第8条、《网络预约出租汽车经营服务管理暂行办法》第27条亦明确了数据本地化的法律要求。

二是根据分级分类管理要求保障个人信息安全。《网络安全法》第21条规定："国家实行网络安全等级保护制度。网络运营者应当按照网络安全等级保护制度的要求，履行下列安全保护义务，保障网络免受干扰、破坏或者未经授权的访问，防止网络数据泄露或者被窃取、篡改：（一）制定内部安全管理制度和操作规程，确定网络安全负责人，落实网络安全保护责任；（二）采取防范计算机病毒和网络攻击、网络侵入等危害网络安全行为的技术措施；（三）采取监测、记录网络运行状态、网络安全事件的技术措施，并按照规定留存相关的网络日志不少于六个月；（四）采取数据分类、重要数据备份和加密等措施；（五）法律、行政法规规定的其他义务。"

三是建立个人信息安全管理责任体系。网络运营者应当建立一套行之有效的安全管理责任体系，如明确安全管理责任、流程，对工作人员和代理人员实行权限管理等。《电信和互联网用户个人信息保护规定》第13条对此作了明确细致的规定："电信业务经营者、互联网信息服务提供者应当采取以下措施防止用户个人信息泄露、毁损、篡改或者丢失：（一）确定各部门、岗位和分支机构的用户个人信息安全管理责任；（二）建立用户个人信息收集、使用及其相关活动的工作流程和安全管理制度；（三）对工作人员及代理人实行权限管理，对批量导出、复制、销毁信息实行审查，并采取防泄密措施；（四）妥善保管记录用户个人信息的纸介质、光介质、电磁介质等载体，并采取相应的安全储存措施；（五）对储存用户个人信息的信息系统实行接入审查，并采取防入侵、防病毒等措施；（六）记录对用户个人信息进行操作的人员、时间、地点、事项等信息；（七）按照电信管理机构的规定开展通信网络安全防护工作；（八）电信管理机构规定的其他必要措施。"

二、个人信息主体享有的基本权利

《网络安全法》《民法典》等明确规定了个人信息主体享有查阅复制权、更改权和删除权等基本权利，但这些规定都过于原则和粗疏，对各项权利的具体含义和内容构成均缺乏具体明确的规定。相比之下，《信息安全技术　个人信息安全规范》对此作了明确细致的规定，把个人信息主体享有的基本权利总结为如下六项。

（1）个人信息查询。个人信息控制者应向个人信息主体提供查询下列信息的方法：①其所持有的关于该主体的个人信息或个人信息的类型；②上述个人信息的来源、所用于的目的；③已经获得上述个人信息的第三方身份或类型。

（2）个人信息更正。个人信息主体发现个人信息控制者所持有的该主体的个人信息有错误或不完整的，个人信息控制者应为其提供请求更正或补充信息的方法。

（3）个人信息删除。对个人信息控制者的要求包括以下三点：①符合以下情形，个人信息主体要求删除的，应及时删除个人信息：个人信息控制者违反法律法规规定，收集、使用个人信息的；个人信息控制者违反与个人信息主体的约定，收集、使用个人信息的。②个人信息控制者违反法律法规规定或违反与个人信息主体的约定向第三方共享、转让个人信息，且个人信息主体要求删除的，个人信息控制者应立即停止共享、转让的行为，并通知第三方及时删除。③个人信息控制者违反法律法规规定或违反与个人信息主体的约定，公开披露个人信息，且个人信息主体要求删除的，个人信息控制者应立即停止公开披露的行为，并发布通知要求相关接收方删除相应的信息。

（4）个人信息主体撤回授权同意。对个人信息控制者的要求包括：①应向个人信息主体提供撤回收集、使用其个人信息的授权同意的方法。撤回授权同意后，个人信息控制者后续不应再处理相应的个人信息。②应保障个人信息主体拒绝接收基于其个人信息推送商业广告的权利。对外共享、转让、公开披露个人信息，应向个人信息主体提供撤回授权同意的方法。

（5）个人信息主体注销账户。对个人信息控制者的要求包括：①通过注册账户提供产品或服务的个人信息控制者，应向个人信息主体提供注销账户的方法，且该方法简便易操作。②受理注销账户请求后，需要人工处理的，应在承诺时限内（不超过15个工作日）完成核查和处理。③注销过程如需进行身份核验，要求个人信息主体再次提供的个人信息类型不应多于注册、使用等服务环节收集的个人信息类型。④注销过程中不应设置不合理的条件或提出额外要求。增加个人信息主体义务，如注销单个账户视同注销多个产品或服务，要求个人信息主体填写精确的历史操作记录作为注销的必要条件等。

（6）个人信息主体获取个人信息副本。根据个人信息主体的请求，个人信息控制者宜为个人信息主体提供获取以下类型个人信息副本的方法，或在技术可行的前提下直接将以下类型的个人信息副本传输给个人信息主体指定的第三方：①本人的基本资料、身份信息；②本人的健康生理信息、教育工作信息。

除此之外，我国已公布的《个人信息保护法》第4章专门规定了"个人在个人信息处理活动中的权利"，从其具体内容看，个人信息主体享有的权利主要包括以下六点。

（1）知情权、决定权。《个人信息保护法》第44条规定："个人对其个人信息的处理享有知情权、决定权，有权限制或者拒绝他人对其个人信息进行处理；法律、行政法规另有规定的除外。"

（2）查阅、复制权。《个人信息保护法》第45条规定："个人有权向个人信息处理者查阅、复制其个人信息；有本法第十八条第一款、第三十五条规定情形的除外。个人请求查阅、复制其个人信息的，个人信息处理者应当及时提供。个人请求将个人信息转移至其指定的个人信息处理者，符合国家网信部门规定条件的，个人信息处理者应当提供转移的途径。"

（3）更正权。《个人信息保护法》第46条规定："个人发现其个人信息不准确或者不完整的，有权请求个人信息处理者更正、补充。个人请求更正、补充其个人信息的，个人信息处理者应当对其个人信息予以核实，并及时更正、补充。"

（4）删除权。《个人信息保护法》第47条规定："有下列情形之一的，个人信息处理者应当主动删除个人信息；个人信息处理者未删除的，个人有权请求删除：（一）处理目的已实现、无法实现或者为实现处理目的不再必要；（二）个人信息处理者停止提供产品或者服务，或者保存期限已届满；（三）个人撤回同意；（四）个人信息处理者违反法律、行政法规或者违反约定处理个人信息；（五）法律、行政法规规定的其他情形。法律、行政法规规定的保存期限未届满，或者删除个人信息从技术上难以实现的，个人信息处理者应当停止除存储和采取必要的安全保护措施之外的处理。"

（5）获得解释说明权。《个人信息保护法》第48条规定："个人有权要求个人信息处理者对其个人信息处理规则进行解释说明。"第49条规定："自然人死亡的，其近亲属为了自身的合法、正当利益，可以对死者的相关个人信息行使本章规定的查阅、复制、更正、删除等权利；死者生前另有安排的除外。"

（6）申诉权。《个人信息保护法》第50条规定："个人信息处理者应当建立便捷的个人行使权利的申请受理和处理机制。拒绝个人行使权利的请求的，应当说明理由。个人信息处理者拒绝个人行使权利的请求的，个人可以依法向人民法院提起诉讼。"

三、侵害个人信息的法律责任

窃取他人个人信息、发布违法取得的个人信息，是侵犯他人的个人信息权利的侵权行为，根据《民法典》应承担相应的直接侵权责任。而未能尽到个人信息安全保障义务的网络运营者，除了要承担相应的侵权责任，根据《网络安全法》的规定还要承担行政责任。入侵计算机信息系统窃取个人信息甚至可能涉嫌犯罪的，按照《刑法》规定须承担刑事责任。下面分别介绍侵犯用户个人信息可能涉及的民事责任、行政责任和刑事责任。

（一）民事责任

根据侵权形式的不同，侵犯个人信息权利的主体有多种。具体来说，侵犯个人信息权利，可以分为直接侵权和间接侵权两种形式。如侵权行为人将违法取得的个人信息发布在电子商务平台，或利用电子商务平台出售个人信息，平台就可能构成间接侵权，此类主体的侵权责任同样适用"通知—删除"规则和"红旗"规则，请见本书其他章节的详细介绍。

个人信息权利的直接侵权主要规定在《消费者权益保护法》和《民法典》中。其中《消费者权益保护法》第50条规定："经营者侵害消费者的人格尊严、侵犯消费者人身自由或者侵害消费者个人信息依法得到保护的权利的，应当停止侵害、恢复名誉、消除影响、赔礼道歉，并赔偿损失。"与此同时，《民法典》第1036条规定了处理个人信息的免责事由："处理个人信息，有下列情形之一的，行为人不承担民事责任：（一）在该自然人或者其监护人同意的范围内合理实施的行为；（二）合理处理该自然人自行公开的或者其他已经合法公开的信息，但是该自然人明确拒绝或者处理该信息侵害其重大利益的除外；（三）为维护公共利益或者该自然人合法权益，合理实施的其他行为。"

此外，2020年公布的《最高人民法院关于审理利用信息网络侵害人身权益民事纠纷案件适用法律若干问题的规定》规定了侵犯个人信息权利的责任承担方式、经济损失计算的相关内容，既可以包括赔礼道歉、消除影响等精神性的责任承担方式，也可以包括财产赔偿、精神损害赔偿等财产性的责任承担方式该规定第11条规定："网络用户或者网络服务提供者侵害他人人身权益，造成财产损失或者严重精神损害，被侵权人依据民法典第一千一百八十二条和第一千一百八十三条的规定，请求其承担赔偿责任的，人民法院应予支持。"

《民法典》第1034条第3款规定："个人信息中的私密信息，适用有关隐私权的规定；没有规定的，适用有关个人信息保护的规定。"《民法典》1033 条列举了侵害隐私的常见情形："除法律另有规定或者权利人明确同意外，任何组织或者个人不得实施下列行为：（一）以电话、短信、即时通讯工具、电子邮件、传单等方式侵扰他人的私人生活安宁；（二）进入、拍摄、窥视他人的住宅、宾馆房间等私密空间；（三）拍摄、窥视、窃听、公开他人的私密活动；（四）拍摄、窥视他人身体的私密部位；（五）处理他人的私密信息；（六）以其他方式侵害他人的隐私权。"

（二）行政责任

《网络安全法》规定了网络运营者和不特定社会公众违反个人信息保护相关义务的行政责任。《网络安全法》第 64 条规定："网络运营者、网络产品或者服务的提供者违反本法第二十二条第三款、第四十一条至第四十三条规定，侵害个人信息依法得到保护的权利的，由有关主管部门责令改正，可以根据情节单处或者并处警告、没收违法所得、处违法所得一倍以上十倍以下罚款，没有违法所得的，处一百万元以下罚款，对直接负责的主管人员和其他直接责任人员处一万元以上十万元以下罚款；情节严重的，并可以责令暂停相关业务、停业整顿、关闭网站、吊销相关业务许可证或者吊销营业执照。违反本法第四十四条规定，窃取或者以其他非法方式获取、非法出售或者非法向他人提供个人信息，尚不构成犯罪的，由公安机关没收违法所得，并处违法所得一倍以上十倍以下罚款，没有违法所得的，处一百万元以下罚款。"

《消费者权益保护法》第 56 条同样规定了经营者侵犯消费者个人信息保护权利可能受到的行政处罚："经营者有下列情形之一，除承担相应的民事责任外，其他有关法律、法规对处罚机关和处罚方式有规定的，依照法律、法规的规定执行；法律、法规未作规定的，由工商行政管理部门或者其他有关行政部门责令改正，可以根据情节单处或者并处警告、没收违法所得、处以违法所得一倍以上十倍以下的罚款，没有违法所得的，处以五十万元以下的罚款；情节严重的，责令停业整顿、吊销营业执照：（一）提供的商品或者服务不符合保障人身、财产安全要求的；（二）在商品中掺杂、掺假，以假充真，以次充好，或者以不合格商品冒充合格商品的；（三）生产国家明令淘汰的商品或者销售失效、变质的商品的；（四）伪造商品的产地，伪造或者冒用他人的厂名、厂址，篡改生产日期，伪造或者冒用认证标志等质量标志的；（五）销售的商品应当检验、检疫而未检验、检疫或者伪造检验、检疫结果的；（六）对商品或者服务作虚假或者引人误解的宣传的；（七）拒绝或者拖延有关行政部门责令对缺陷商品或者服务采取停止销售、警示、召回、无害化处理、销毁、停止生产或者服务等措施的；（八）对消费者提出的修理、重作、更换、退货、补足商品数量、退还货款和服务费用或者赔偿损失的要求，故意拖延或者无理拒绝的；（九）侵害消费者人格尊严、侵犯消费者人身自由或者侵害消费者个人信息依法得到保护的权利的；（十）法律、法规规定的对损害消费者权益应当予以处罚的其他情形。经营者有前款规定情形的，除依照法律、法规规定予以处罚外，处罚机关应当记入信用档案，向社会公布。"

值得一提的是，《个人信息保护法》针对违法处理个人信息的行为设置了严格的法律责任。《个人信息保护法》第 66 条第 1 款规定："违反本法规定处理个人信息，或者处理个人信息未履行本法规定的个人信息保护义务的，由履行个人信息保护职责的部门责令改正，给予警告，没收违法所得，对违法处理个人信息的应用程序，责令暂停或者终止提供服务；拒不改正的，并处一百万元以下罚款；对直接负责的主管人员和其他直接责任人员处一万元以上十万元以下罚款。"同时，第 2 款规定："有前款规定的违法行为，情节严重的，由省级以上履行个人信息保护职责的部门责令改正，没收违法所得，并处五千万元以下或者上一年度营业额百分之五以下罚款，并可以责令暂停相关业务或者停业整顿、通报有关主管部门吊销相关业务许可或者吊销营业执照；对直接负责的主管人员和其他直接责任人员处十万元以上一百万元以下罚款，并可以决定禁止其在一定期限内担任相关企业的董事、监事、高级管理人员和个人信息保护负责人。"

(三) 刑事责任

我国对个人信息的保护存在"刑法先行"的立法模式。1997 年修订的《刑法》第 286 条便已规定了破坏计算机信息系统罪，侵入他人计算机删除、修改、增加数据信息的行为开始受到刑事处罚。2009 年 2 月 28 日，《中华人民共和国刑法修正案（七）》开始正式施行，其增设了出售、非法提供公民个人信息罪，非法获取计算机信息系统数据、非法控制计算机信息系统罪等罪名。2015 年施行的《中华人民共和国刑法修正案（九）》则修改了《刑法》第 253 条之一，规定："违反国家有关规定，向他人出售或者提供公民个人信息，情节严重的，处三年以下有期徒刑或者拘役，并处或者单处罚金；情节特别严重的，处三年以上七年以下有期徒刑，并处罚金。"同时规定"违反国家有关规定，将在履行职责或者提供服务过程中获得的公民个人信息，出售或者提供给他人的，依照前款的规定从重处罚。"除了上述提及的罪名，涉及侵害个人信息保护的犯罪还包括侮辱罪、诽谤罪，以及私自开拆、隐匿、毁弃邮件、电报罪和盗窃罪。一旦侵犯个人信息的行为构成上述犯罪，则应当以该等罪名追究行为人的刑事责任。

项目小结

本项目围绕网络信息安全法律实务展开，深入剖析了网络信息安全及电子商务数据安全与个人信息保护问题。开篇阐述网络信息安全概述，搭建起法律框架，明晰主要威胁，为后续内容筑牢基础。于电子商务数据界定与安全板块，精准界定数据与个人信息，确立安全规范，借淘宝诉美景等案例，直观呈现实务问题。在电子商务中的个人信息保护部分，详细阐释处理规则，从收集、使用到保密，规范严谨。明确个人信息主体的基本权利，为个人权益保障提供依据。同时，全面梳理侵害个人信息的法律责任，涵盖民事责任、行政责任与刑事责任，彰显法律的权威性与严肃性。

通过本项目学习，学生能系统掌握网络信息安全法律知识，深刻理解电子商务场景下数据与个人信息保护的重要性，提升法律意识与风险防范能力，在未来实践中更好地应对相关法律问题，助力网络与电子商务环境的健康有序发展。

趁热打铁

一、选择题

1. 根据《网络安全法》，网络运营者收集、使用个人信息，应当遵循的原则不包括（　　）。

A. 合法　　　　　　B. 有利可图　　　　　C. 正当　　　　　　　　D. 必要

2. 电子商务平台未经用户同意，将用户的浏览记录用于精准广告投放，违反了（　　）。

A.《广告法》　　　　　　　　　　　　　　B.《消费者权益保护法》

C.《网络安全法》　　　　　　　　　　　　D.《民法典》

3. 在个人信息侵权案件中，人民法院判断侵权是否成立的关键依据之一是（　　）。

A. 平台的知名度　　　　　　　　　　　　B. 用户的经济损失

C. 是否取得用户有效同意　　　　　　　　D. 平台的盈利情况

4.（多选）以下属于个人信息的有（　　）。

A. 姓名　　　　　　B. 身份证号码　　　　C. 购买偏好　　　　　D. 手机通讯录

5.（多选）根据《个人信息保护法》，个人信息处理者处理个人信息在哪些情形下不需取得个人同意（　　）。

A. 为订立、履行个人作为一方当事人的合同所必需

B. 为履行法定职责或者法定义务所必需

C. 为应对突发公共卫生事件，或者紧急情况下为保护自然人的生命健康和财产安全所必需

D. 为公共利益实施新闻报道、舆论监督等行为，在合理的范围内处理个人信息

6.（多选）个人在个人信息保护方面享有的权利包括（　　）。

A. 知情权　　　　　　B. 访问权　　　　　　C. 更正权　　　　　　D. 删除权

二、简答题

1. 简述电子商务平台在利用用户个人信息进行个性化推荐时，获取用户有效同意的方式有哪些？

2. 当用户发现软件更新后个人信息被不合理使用时，可通过哪些途径维权？

3. 简述《网络安全法》中对网络运营者处理个人信息的规定。

4. 电子商务平台等软件在更新隐私政策时，若涉及扩大个人信息使用范围，保障用户知情权和选择权的要点是什么？

三、案例分析题

某电子商务平台在用户注册时，以极小字体在冗长的用户协议中告知用户会收集其浏览记录用于广告推荐，但未单独提示用户。之后，某电子商务平台将用户的浏览记录与第三方广告商共享，导致用户频繁收到大量骚扰广告。用户发现后，认为某电子商务平台侵犯了其个人信息权益。

请分析：

1. 该电子商务平台的行为是否构成侵权，依据是什么？

2. 若构成侵权，该电子商务平台应承担哪些法律责任？

▲　**实训任务八　——知法明责 依法维权，践行法理**

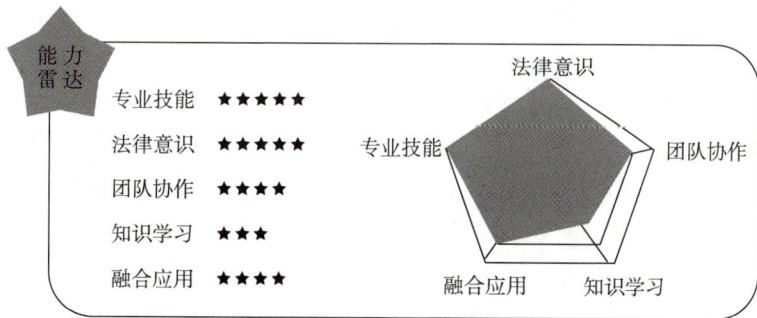

能力雷达

专业技能	★★★★★
法律意识	★★★★★
团队协作	★★★★
知识学习	★★★
融合应用	★★★★

案情经过：

某电子商务平台在运营过程中，未经用户明确同意，收集用户在平台上的浏览记录、购买偏好等信息，并将这些信息用于精准广告投放以及与第三方共享。用户发现自己频繁收到与之前浏览商品相关的骚扰广告，且个人信息疑似被泄露给其他机构。部分用户将该电子商务平台告上法庭。

项目要求： 1. 全班学生分为 3 个小组，第一组扮演原告用户代表，第二组扮演被告某电子商务平台方，第三组担任法官、书记员和陪审员。

2. 各小组需精准剖析案件法律关系，明确法律责任承担，撰写各类相关法律文件。

3. 小组成员需紧密合作、积极探讨，共同解决实训中遇到的问题，并按要求提交高质量的项目成果。

项目内容：1. 第一组：准备原告用户代表的陈述词，收集整理能证明个人信息被侵权的相关截图、记录等证据，撰写起诉状，详细阐述某电子商务平台侵权行为对自身权益造成的损害，以及要求的赔偿和整改诉求。

2. 第二组：准备某电子商务平台的答辩状，从平台运营、信息使用目的等角度陈述行为的合理性，若存在侵权行为，提出后续整改和避免再次发生的具体措施。

3. 第三组：认真审查双方提交的证据，进行证据真实性、合法性和关联性的判断，书写判决书，明确判决依据、结果以及某电子商务平台需承担的法律责任。

4. 各小组间开展模拟法庭辩论，按照法庭辩论流程，有序进行陈述、质证、辩论等环节。

项目评价：1. 教师评价：教师通过观察学生在模拟法庭中的表现，包括法律知识运用、辩论逻辑、语言表达等方面进行点评，占总成绩的 60%。

2. 能力雷达评价：依据能力雷达综合赋分，即能力项分数 × 各项星标权重，涵盖团队协作、问题解决、法律文书写作等能力，占总成绩的 40%。

最终，两项评价标准的加权得分为本组在该项目中的综合分数。

项目成果：1. 各小组撰写的法律文书，包括起诉书、答辩状、判决书等。

2. 各小组在模拟法庭中的表现情况记录，如视频、文字总结等。

项目九 电子商务争议解决

——电子商务交易纠纷

数字经济时代，电子商务已成为推动经济增长的重要引擎。在这一背景下，电子商务争议解决机制的完善显得尤为重要。电子商务交易纠纷具有跨地域性、虚拟性、证据电子化等特征，传统的纠纷解决方式已难以满足实际需求。电子证据作为电子商务交易纠纷解决的核心要素，其收集、保全与认定直接关系到争议解决的公正性与效率。当前，电子证据的采信标准不统一、证据链完整性难以保证等问题，给司法实践带来诸多挑战。同时，电子商务平台作为交易的重要载体，在争议解决中扮演着日益重要的角色。建立健全多元化的争议解决机制，包括和解、调解、投诉、举报、诉讼、仲裁等多种方式，形成线上与线下相结合、诉讼与非诉讼相衔接的立体化纠纷解决体系，是推动电子商务健康发展的必然要求。本项目将深入探讨电子证据的法律属性与实务操作，分析各类争议解决机制的特点与适用，为构建高效、便捷、可信的电子商务争议解决体系提供理论支撑与实践指导。

知识目标：

- 掌握电子证据的定义、特征。
- 明晰电子商务争议解决机制，包括和解、调解、投诉、举报、诉讼、仲裁。
- 了解电子商务平台在线争议解决机制的设计与运行原理。

能力目标：

- 能够准确认定电子商务交易纠纷中的电子证据，并掌握其收集与保全的方法。
- 能够运用法律规则对电子证据进行审查与认定，判断其证明力与合法性。
- 学会根据争议特点选择合适的电子商务争议解决机制，并制定有效的解决策略。
- 能够参与设计或优化电子商务平台在线争议解决机制，提升纠纷处理效率。

课程思政：

- 培养公平公正的法律意识，树立依法解决纠纷的职业操守。
- 增强对数字经济时代新型法律问题的敏感性与责任感。
- 树立诚信经营与合规交易的价值观，推动电子商务生态的健康发展。
- 强化科技与法律融合的思维，提升运用技术手段解决法律问题的能力。

思维导图：

```
                                    ┌─ 电子商务交易纠纷概述 ─┬─ 电子商务交易纠纷的概念与特征
                                    │                      └─ 电子商务交易纠纷的分类与处理原则
概念特征                            │
纠纷类型 ── 电子商务纠纷 ⟷ 电子商务争议 ─┼─ 电子证据 ─┬─ 电子证据的概述
处理原则                   解决     │            ├─ 电子证据的收集与保全
                                    │            └─ 电子证据的认定
                                    │
                                    └─ 电子商务争议解决机制 ─┬─ 电子商务争议的和解与调解
                                                           ├─ 电子商务争议的投诉、举报机制
                                                           ├─ 电子商务争议的诉讼与仲裁
                                                           └─ 电子商务平台在线争议解决机制
```

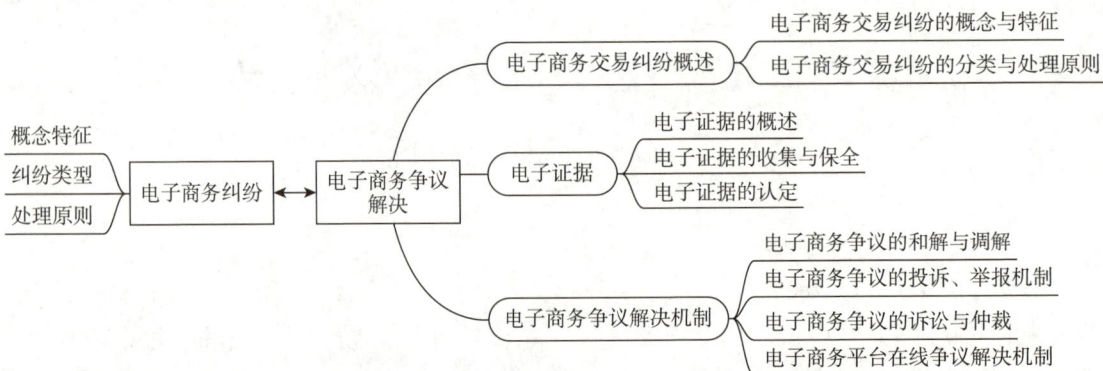

任务 1　电子商务交易纠纷概述

在数字化浪潮席卷全球的今天，电子商务已成为推动经济发展的重要力量，它不仅极大地拓宽了市场边界，也深刻改变了我们的消费习惯。然而，在便捷与高效并存的电子商务交易中，纠纷与冲突亦如影随形。电子商务交易纠纷日益成为消费者与商家之间不可忽视的难题。本项目将探讨电子商务交易纠纷的概念、特征、分类与处理原则，旨在帮助学习者理解电子商务交易中的法律风险与应对策略，提升解决纠纷的能力。

一、电子商务交易纠纷的概念与特征

（一）电子商务交易纠纷的概念

1. 基本概念。电子商务交易纠纷，这一概念源于互联网经济的快速崛起。它指的是在互联网（包括移动网络）平台上买卖商品或服务时，由于价格、质量、售后等多个方面出现问题，从而在买家（消费者）与卖家（提供商品或服务的人或企业），或是与网络交易平台之间，产生的违约或侵权等民事上的争议。

这个概念的内涵既丰富又复杂，涉及交易活动的多个方面。从参与交易的人或机构来看，电子商务交易纠纷不仅涉及直接买卖的双方，还可能涉及作为中间人的网络交易平台。网络交易平台在交易过程中，扮演着提供信息、促成交易、调解纠纷等多重角色。纠纷产生的原因多种多样，比如商品描述与实际不符、价格欺诈、质量有问题、售后服务不到位等，这些问题直接关系到消费者的权益和购物体验。

进一步来说，电子商务交易纠纷在法律上属于民事纠纷，可能涉及违约或侵权等责任。当交易中的一方没有按照约定行事，或者侵犯了另一方的合法权益时，纠纷就会产生。解决这类纠纷，通常需要依据相关的法律法规，通过协商、调解、仲裁或诉讼等方式来进行。

电子商务交易纠纷的处理，不仅关系到交易双方的切身利益，也直接影响到电子商务市场的健康发展以及消费者的信心。因此，建立一个公正、高效、透明的纠纷解决机制，加强电子商务相关法律法规的制定和执行，提高消费者的权益保护意识，对于预防和解决电子商务交易纠纷、推动电子商务行业的持续健康发展至关重要。

2. 电子商务交易纠纷主体。如图 9-1 所示，电子商务交易纠纷主体主要涉及以下几类：

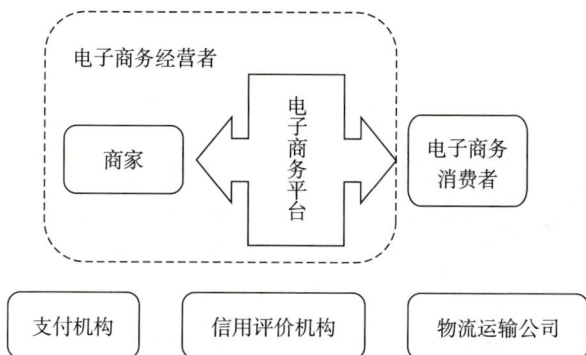

图 9-1　电子商务交易纠纷主体

（1）电子商务经营者。包括电子商务平台经营者。提供电子商务平台的法人或非法人组织，如淘宝、天猫、京东等。

平台内经营者。在平台内从事销售商品或提供服务的自然人、法人或非法人组织。如果是自然人在平台上销售商品或者提供服务，原则上应当是完全民事行为能力人，16 周岁以上具有劳动能力的未成年人也可以在平台上进行经营活动，是适格的平台内经营者，能够独立进行交易行为，由自己承担民事责任；不满 16 周岁的未成年人不能成为平台内经营者，因为其既不具备劳动能力，也不能独立承担民事责任。

其他电子商务经营者。通过自建网站或其他网络服务销售商品或提供服务的自然人、法人或非法人组织。

（2）电子商务消费者。电子商务消费者是指在平台上购买商品或接受服务的个人或组织。在电子商务交易法律关系中，消费者主要与平台内经营者发生实际的交易行为，但也可能与平台经营者发生法律关系，如因平台服务问题产生的纠纷。

（3）其他相关主体。物流快递服务提供者。负责电子商务交易中商品的运输和配送。如果物流过程中出现问题，如商品损坏、丢失等，物流快递服务提供者可能成为纠纷主体。

电子支付服务提供者。提供电子支付服务的机构或个人，如银行、支付宝、微信支付等。在电子商务交易中，如果支付环节出现问题，如支付失败、支付错误等，电子支付服务提供者也可能成为纠纷主体。

信用评价服务提供者。为电子商务交易提供信用评价服务的机构或个人。《电子商务法》第70 条规定："国家支持依法设立的信用评价机构开展电子商务信用评价，向社会提供电子商务信用评价服务。"信用评价服务在电子商务交易中起着重要作用，如果信用评价出现问题，如虚假评价、恶意差评等，信用评价服务提供者也可能成为纠纷主体。

课堂讨论： 日常中，你遇到过电子商务交易纠纷吗？涉及的主体有哪些？

（二）电子商务交易纠纷的特征

随着互联网技术的快速发展和电子商务的普及，电子商务交易纠纷呈现出与传统商业纠纷不同的特征，如图 9-2 所示。这些特征不仅反映了电子商务的特殊性，也对纠纷解决机制提出了新的挑战。以下是电子商务交易纠纷的主要特征：

图 9-2　电子商务交易纠纷的特征

1. 全球性与无国界性。互联网的全球性和无国界性使得电子商务交易可以跨越地理界限，消费者和商家可能来自不同的国家或地区。这种全球性特征使得电子商务交易纠纷的处理面临以下挑战：

（1）法律适用复杂。不同国家和地区的法律体系可能存在差异，纠纷解决时需要确定适用哪一方的法律。

（2）文化差异。不同地区的商业习惯和文化背景可能影响纠纷的解决方式。

（3）语言障碍。跨国纠纷中，语言不通可能增加沟通和解决的难度。

2. 涉及活动范围广泛。电子商务涵盖了多种交易类型，包括生活消费、生产购销、网银支付、虚拟财产、物流运输等。因此，电子商务交易纠纷的类型也多种多样，涉及的问题复杂多样，如生活消费方面会有质量和服务问题，支付方面会有扣款退款问题，实物交付时会出现货物损坏丢失问题，涉及游戏则会有账号和虚拟货币问题，等等。这些都属于电子商务活动产生的纠纷范畴。

3. 主体具有随意性和流动性。在电子商务中，交易双方可以在任何地理位置上进行交易活动，这使得纠纷的主体具有较大的随意性和流动性。这意味着主体身份难以确定。交易双方可能使用虚拟身份，导致纠纷发生时难以确定真实身份。同时，主体流动性强。商家和消费者可能随时更换交易地点，增加了纠纷解决的难度。

4. 证据收集与认定困难。电子商务活动主要通过电子数据进行，纠纷的证据也多为电子形式，如交易记录、聊天记录、支付凭证等。这些电子证据的特点使得证据的收集与认定面临以下问题：

（1）易篡改性。电子证据容易被修改或删除，影响其真实性和可靠性。

（2）保存难度大。电子数据可能因技术故障或人为原因丢失。

（3）取证技术要求高。电子证据的提取和保存需要专业的技术支持。

5. 司法管辖权问题复杂。由于网络空间的特性，电子商务交易纠纷中合同签订地、合同履行地、侵权行为地等难以确定，导致司法管辖权问题复杂。例如，管辖权冲突——多个国家或地区可能同时对一个案件拥有司法管辖权。以及法律适用争议——不同地区的法律可能对同一纠纷有不同的规定，导致法律适用争议。

6. 技术性要求较高。电子商务交易纠纷的处理涉及网络技术、信息安全、电子支付等专业领域，对处理纠纷的机构和个人提出了较高的技术要求。一是专业的技术证据分析。如电子商务合同、支付记录等技术证据的分析需要专业知识。二是涉及信息安全保护。纠纷解决过程中涉及大量个人信息，需要确保数据安全。三是电子商务平台在线争议解决机制。许多电子商务平台和第三方机构提供在线调解、仲裁等服务，这些服务依赖于互联网技术。

7. 消费者弱势地位。在电子商务交易中，消费者通常处于信息不对称和资源不足的弱势地位。其一，是网络交易带来的信息不对称。消费者无法直接接触商品，只能依赖商家提供的描述和图片。其二，交易维权成本高。消费者在维权过程中可能面临时间、精力和经济上的压力。除此之外还有更高的心理成本。消费者可能因担心商家报复或平台偏袒而放弃维权。

电子商务交易纠纷的特征体现了其复杂性和特殊性。为了有效解决这些纠纷，需要完善法律法规、加强技术手段、优化纠纷解决机制，并注重保护消费者的合法权益。同时，消费者和商家也应增强法律意识，通过合法途径维护自身权益。

二、电子商务交易纠纷的分类与处理原则

（一）电子商务交易纠纷的分类

前文提到，电子商务交易纠纷的特点为主体灵活复杂且涉及活动范围广泛，因此，电子商务交易纠纷可以根据不同的标准进行分类。

如图 9-3 所示，按照纠纷主体，可以分为商家与消费者、商家与电子商务平台、消费者与电子商务平台、消费者与支付机构等；按照合同事由，可以分为生活消费合同纠纷、生产购销合同纠纷、网银支付合同纠纷、虚拟财产合同纠纷、物流运输合同纠纷、旅游休闲合同纠纷等；另外，从法律对于纠纷的分类角度，按照纠纷性质，可以分为刑事纠纷、民事纠纷以及行政纠纷三大类。

图 9-3　电子商务交易纠纷的分类

纠纷的分类维度多种多样，然而从常见的纠纷类型来看，主要发生的纠纷包括以下四类：

1. 产品质量纠纷。包括产品与线上商品描述不符、产品存在假冒伪劣等问题。例如，消费者收到的商品存在质量问题、材质与描述不符或者根本不是正品等情况，就会引发这类纠纷。

2. 交易纠纷。涉及订单取消、退款问题、价格争议等。例如，消费者在网购过程中遇到订单无法取消、退款申请被拒绝或者价格突然变动等情况，都可能产生交易纠纷。

3. 物流纠纷。包括延迟发货、丢失货物、快递错投递、在途时间长、货物有损、代收快件等问题。这类纠纷通常与物流配送环节有关，如商品未能按时送达、货物在运输途中受损等。

4. 信息安全纠纷。这类纠纷涉及个人隐私泄露、账户被盗用等问题。在电子商务交易中，消费者的个人信息可能会被不法分子获取或滥用，从而引发信息安全方面的纠纷。

此外，还有一些其他类型的纠纷，如虚假宣传纠纷、道德风险纠纷等。虚假宣传纠纷是指商家在商品介绍、广告宣传等环节中故意夸大商品的特点或者提供虚假的描述，误导消费者。道德风险纠纷则涉及商家发布违法、不良信息或进行欺诈活动等行为，对消费者造成损害。

课堂讨论：你能够想到其他分类标准吗？说说还可以怎么对纠纷进行分类。

（二）电子商务交易纠纷的处理原则

电子商务交易纠纷的处理需要遵循一定的原则，以确保纠纷得到公正、公平和有效的解决。

以下是电子商务交易纠纷的处理原则：

1. 公平公正原则。纠纷处理应确保各方当事人的合法权益得到平等保护，避免偏袒任何一方。例如，平台在处理消费者与商家的纠纷时，应客观公正地听取双方意见，避免偏袒商家。

2. 高效便捷原则。纠纷解决应尽量简化程序，缩短时间，降低各方成本。例如，平台提供在线客服和纠纷调解服务，消费者可以通过平台直接与商家沟通，快速解决问题。

3. 合法合规原则。纠纷处理应遵守相关法律法规，确保处理结果的合法性和权威性。例如，平台在处理纠纷时，应依据《电子商务法》和《消费者权益保护法》等相关法律。

4. 技术中立原则。纠纷处理应尊重技术中立性，避免因技术差异导致不公平。例如，在处理电子证据时，应确保技术手段的公正性，避免因技术问题影响电子证据的真实性。

5. 保护消费者权益原则。纠纷处理应优先保护消费者的合法权益，特别是在消费者处于弱势地位时。例如，平台在处理消费者投诉时，应优先考虑消费者的合理诉求，确保其合法权益得到保护。

任务 2 电子证据

◇ 案例 9-1

某数字出版集团股份有限公司诉某电子商务有限公司侵害作品
信息网络传播权纠纷案[1]
——区块链电子存证的司法认定

原告某数字出版集团股份有限公司诉称：原告经知名小说作家童某授权，取得了其创作的《每个午夜都住着一个诡故事》《每个午夜都住着一个诡故事.2》《每个午夜都住着一个诡故事.4》《每个午夜都住着一个诡故事.5》（以下简称涉案作品）共计 4 部文字作品的信息网络传播权专有使用权，并有权以自己的名义对侵犯上述权利的行为提起诉讼。2017 年 11 月，原告发现被告未经许可，在其经营的手机 App 中提供了包含前述作品的在线付费阅读服务。原告通过 IP360 全方位数据权益保护开放式平台对被告未经许可传播上述作品的事实进行证据保全，并以上述行为侵犯其信息网络传播权为由，请求人民法院判令被告赔偿经济损失 24 万余元。

被告某电子商务有限公司辩称：原告通过第三方存证平台"IP360"提供的证据存在瑕疵。存证机构为个人，缺乏公信力；文件创建时间与保全时间显示不一致，不能保证取证过程的真实性。

人民法院经审理认为：本案中，原告主张被告通过涉案 App 向公众提供了涉案作品，提交了通过 IP360 系统固定的对涉案 App 内容进行录屏的电子数据。要认定侵权行为确系发生，应首先对原告该种固证、存证的方式是否符合电子数据的规定进行认定。依据《最高人民法院关于适用〈中华人民共和国民事诉讼法〉的解释》《电子签名法》规定，人民法院将从存证平台的资质、电子数据生成及储存方法的可靠性、保持电子数据完整性方法的可靠性等方面予以审查，对

---

[1] 《某数字出版集团股份有限公司诉某电子商务有限公司侵害作品信息网络传播权纠纷案》，载 https://www.pku-law.com/pfnl/08df102e7c10f206730605cf8e8f26d51b6b5eb7a33970f7bdfb.html? keyword=%E6%9F%90%E6%95%B0%E5%AD%97%E5%87%BA%E7%89%88%E9%9B%86%E5%9B%A2%E8%82%A1%E4%BB%BD%E6%9C%89%E9%99%90%E5%85%AC%E5%8F%B8&way=listView，最后访问日期：2025 年 7 月 24 日。

涉案电子数据的效力作出认定。

其一，关于存证平台的资质审查。本案中，真相网络科技（北京）有限公司作为依法成立并独立于原告、被告的民事主体，其运营的 IP360 数据权益保护平台通过了公安部安全与警用电子产品质量检测中心和国家安全防范报警系统产品质量监督检验中心（北京）的检验认证，具备作为第三方电子存证平台的资质。其二，关于电子数据生成及储存方法可靠性的审查。本案中，固定证据的整个过程虽然由原告自行操作，且原告操作前未对取证环境的清洁性进行检查，但结合勘验过程、真相网络科技（北京）有限公司出具的说明及相关《检验报告》《产品购销合同》等，用户登录 IP360 平台申请取证后，IP360 云服务器会将回收并重新初始化的服务器资源自动分配给用户使用，径直让用户进入 IP360 平台远程桌面进行操作，且服务器会自动启动录屏程序，对所有操作步骤、获取的内容予以记录，该过程还通过中国科学院国家授时中心的北斗卫星授时系统进行时间认证，保证了电子数据形成时间的准确性，避免了对本地系统进行预先清洁以保证取证环境真实性的问题。即便如此，原告在进入远程桌面开始操作前，依然对所用计算机及网络环境等进行了一系列标准化清洁性检查，此举最大限度地排除了因操作者不当介入、取证环境不真实等因素可能对取证结果造成的影响，保证了电子数据生成、储存方法的可靠性。其三，关于保证电子数据完整性和可靠性的审查。本案中，结合勘验过程、真相网络科技（北京）有限公司出具的说明及《司法鉴定及数据保全技术合作协议》等，每个电子数据文件在完成取证后，会存储于 IP360 云系统中，自动生成一个唯一对应且进行加密的数字指纹（Hash 值），该指纹将通过区块链系统同步备份于已获得权威机构实验室认可证书的北京网络行业协会司法鉴定中心，并生成由其与真相数据保全中心联名签发的载有数字指纹、区块链保全 ID、取证时间等信息的数据保全证书，证明电子数据自申请时间起已经存在且内容保持完整，未被篡改。此种方式通过密码技术及数字指纹异地同步，可以保证电子数据的完整性。结合上述因素，人民法院认为，原告提交的电子数据在生成、储存方法以及保持内容完整性方法等方面均较为可靠，在无相反证据的情况下，其真实性应予以确认，可以作为认定事实的初步证据。被告虽主张证据保全过程中显示的存证机构为个人，缺乏公信力，且文件创建时间与保全时间不一致，不能保证取证过程的真实性，但根据在案证据，存证机构系申请取证的主体，而涉案 IP360 平台作为提供存证服务的主体通过了权威机关的检验认证，具有相应的资质，此外，保全及创建时间分别代表了取证开始时间及创建数据提取包的时间，该内容与数据保全证书及录屏内容能够互相印证，现被告未提供证据证明上述取证过程存在影响证据真实性的瑕疵，况且其认可在运营的涉案 App 中提供了涉案作品，故对该抗辩理由不予采纳。

请分析：

1. 电子证据的定义是什么？
2. 如何认定为有效力的电子证据？

一、电子证据的概述

（一）电子证据的定义

电子证据是指以电子形式生成、存储、传输的，能够证明案件事实的数据或信息。它依托于计算机、网络或其他电子设备，以数字化的形式存在，包括但不限于电子邮件、电子商务合同、聊天记录、交易日志、网页截图、数据库记录等。电子证据是信息技术发展的产物，随着电子商务的普及，其在司法实践中的地位日益重要。

根据我国《电子签名法》和《中华人民共和国民事诉讼法》（以下简称《民事诉讼法》）的相关规定，电子证据具有法律效力，但其真实性、合法性和关联性需要经过严格的审查与认定。电子证据不仅包括静态的数据文件，还包括动态的操作记录和系统生成的过程信息，能够全面反映电子商务交易的全过程。

法条链接：

《民事诉讼法》第 66 条 证据包括：

（一）当事人的陈述；

（二）书证；

（三）物证；

（四）视听资料；

（五）电子数据；

（六）证人证言；

（七）鉴定意见；

（八）勘验笔录。

证据必须查证属实，才能作为认定事实的根据。

《最高人民法院关于民事诉讼证据的若干规定》第 14 条 电子数据包括下列信息、电子文件：

（一）网页、博客、微博客等网络平台发布的信息；

（二）手机短信、电子邮件、即时通信、通讯群组等网络应用服务的通信信息；

（三）用户注册信息、身份认证信息、电子交易记录、通信记录、登录日志等信息；

（四）文档、图片、音频、视频、数字证书、计算机程序等电子文件；

（五）其他以数字化形式存储、处理、传输的能够证明案件事实的信息。

（二）电子证据的特征

1. 虚拟性。电子证据以数字形式存在于电子设备或网络中，无法直接通过感官感知，必须借助特定的技术手段才能呈现和解读。这种虚拟性使得电子证据容易被篡改或删除，同时也增加了其收集与保全的难度。

2. 易变性。电子证据容易被修改、删除或损坏，且不留明显痕迹。例如，通过技术手段可以篡改电子商务合同的内容或删除聊天记录。因此，电子证据的完整性和真实性需要依赖技术手段（如哈希值校验、时间戳校验等）进行保障。

3. 技术依赖性。电子证据的生成、存储、传输和提取都依赖于特定的技术环境和工具。例如，加密数据需要解密技术才能读取，数据库记录需要专业软件才能解析。这种技术依赖性要求证据收集和审查人员具备一定的技术能力。

4. 可复制性。电子证据可以无限复制且复制件与原件在内容上完全一致。这一特征使得电子证据的传播和共享更加便捷，但也增加了电子证据被篡改或伪造的风险。

5. 跨地域性。电子商务活动通常具有跨地域性，电子证据可能存储在不同的服务器或设备中，甚至分布在多个国家或地区。这种跨地域性使得电子证据的收集和保全需要协调多方资源，并可能涉及跨境法律问题。

6. 多样性。电子证据的形式多样，既包括文本、图像、音频、视频等多媒体形式，也包括数据库、日志文件等结构化数据。这种多样性要求在司法实践中采用不同的技术手段进行证据提取和分析。

二、电子证据的收集与保全

电子证据的收集与保全是电子商务争议解决中的关键环节，直接关系到证据的证明力和案件的处理结果。由于电子证据具有虚拟性、易变性和技术依赖性等特征，其收集与保全需要遵循特定的法律规则和技术规范，以确保证据的真实性、完整性和合法性。

（一）电子证据的收集

电子证据的收集主体包括司法机关、当事人和第三方机构。司法机关如公安机关、检察机关和法院在案件调查和审理过程中，有权依法收集电子证据。当事人作为电子商务交易纠纷的直接参与者，可以自行收集与案件相关的电子证据，但需确保收集过程的合法性。此外，第三方机构如公证机构、电子数据鉴定机构等，也可以受委托对电子证据进行收集和固定。

在收集电子证据时，范围通常涵盖交易记录、通信记录、系统日志和多媒体数据等。交易记录包括订单信息、支付凭证、物流信息等，能够直接反映电子商务活动的全过程。通信记录如电子邮件、聊天记录、短信等，是当事人之间沟通的重要证据。系统日志包括用户操作记录、服务器日志、数据库操作记录等，能够揭示系统运行和操作的具体情况。多媒体数据如图片、音频、视频等，则是对事实的直观记录。

电子证据的收集方法多种多样，常见的有直接提取、镜像复制、实时监控和公证保全等。直接提取是通过技术手段从电子设备或网络中直接提取数据，如复制文件、导出数据库等。镜像复制是对存储介质（如硬盘、U盘）进行全盘镜像复制，以确保数据的完整性。实时监控是在特定情况下，对网络通信或系统操作进行实时监控和记录。公证保全则是通过公证机构对电子证据进行固定和保全，增强证据的法律效力。

在收集电子证据时，必须遵循合法性要求。收集过程需符合法律规定，不得侵犯他人合法权益。同时，应采用可靠的技术手段，确保数据在收集过程中不被篡改或损坏。此外，对收集过程应进行详细记录，包括时间、地点、操作人员、技术方法等，以便后续审查和验证。

（二）电子证据的保全

电子证据的保全是指通过技术手段和法律程序，防止电子证据被篡改、删除或灭失，确保其在争议解决过程中能够作为有效证据使用。技术保全方法包括哈希值校验、时间戳和数据加密等。哈希值校验通过计算电子数据的哈希值，确保数据的完整性和一致性。时间戳为电子证据添加可信时间戳，证明其生成或修改的时间。数据加密则是对电子证据进行加密存储，防止未经授权的访问或篡改。

法律保全方法主要包括公证保全和证据保全裁定。公证保全通过公证机构对电子证据进行固定和保全，增强其法律效力。证据保全裁定则是在诉讼过程中，当事人可以向法院申请证据保全，由法院依法采取保全措施。

在电子证据的保全过程中，需注意及时性、完整性和可验证性。电子证据易被篡改或灭失，保全措施应尽早实施。保全过程中应确保电子证据的完整性，避免数据丢失或损坏。保全后的电子证据应能够通过技术手段进行验证，确保其真实性和可靠性。

三、电子证据的认定

电子证据的认定是电子商务争议解决中的核心环节，直接关系到证据的证明效力以及案件的最终裁决。由于电子证据具有虚拟性、易变性和技术依赖性等特征，其认定过程需要结合法律规则和技术手段，综合审查证据的真实性、合法性和关联性，以确保其在司法实践中的可靠性和有效性。

电子证据的真实性认定是首要任务。真实性是指电子证据的内容和形式未被篡改或伪造，能够真实反映案件事实。在认定真实性时，通常需要审查电子证据的来源、生成环境、存储状态以及传输过程。例如，可以通过技术手段验证电子证据的哈希值是否一致，以确认其完整性；通过时间戳或日志记录判断其生成和修改的时间是否合理；通过分析电子证据的元数据（如文件属性、操作记录等）来评估其可信度。此外，电子证据的真实性还可以通过第三方机构的鉴定或公证来增强其证明力。

电子证据的合法性认定是确保其能够作为有效证据的关键。合法性要求电子证据的收集、保全和提交过程必须符合法律规定，不得侵犯他人的合法权益。例如，通过未经授权的黑客手段获取的电子证据，即使内容真实，也可能因收集程序违法而被排除。在认定电子证据合法性时，需要审查证据收集主体的权限、收集程序的规范性以及证据形式的合法性。我国在《证据法》规则中存在有限的非法排除规则，其在三大诉讼中均有所体现。《最高人民法院关于执行〈中华人民共和国刑事诉讼法〉若干问题的解释》（已失效）第 61 条明确规定："严禁以非法的方法收集证据。凡经查证确实属于采用刑讯逼供或者威胁、引诱、欺骗等非法的方法取得的证人证言、被害人陈述、被告人供述，不能作为定案的根据。"《最高人民法院关于未经对方当事人同意私自录制其谈话取得的资料不能作为证据使用的批复》（已失效）规定："未经过对方当事人同意私自录制其谈话，系不合法行为，以这种手段取得的录音资料，不能作为证据使用。"《最高人民法院关于执行〈中华人民共和国行政诉讼法〉若干问题的解释》（已失效）第 30 条规定："下列证据不能作为认定被诉具体行政行为合法的根据：（一）被告及其诉讼代理人在作出具体行政行为后自行收集的证据；（二）被告严重违反法定程序收集的其他证据。"

电子证据的关联性认定是判断其与案件事实之间是否存在逻辑联系的重要环节。关联性要求电子证据能够直接或间接证明案件的争议焦点。例如，在电子商务交易纠纷中，交易记录、聊天记录或支付凭证等电子证据需要与具体的交易行为、合同条款或违约事实相关联。在认定关联性时，需要结合案件的具体情况，分析电子证据的内容、背景及其与其他证据之间的逻辑关系。如果电子证据与案件事实无关，即使其真实性和合法性得到确认，也无法作为有效证据使用。

在电子证据的认定过程中，技术手段的运用至关重要。由于电子证据的技术依赖性，法官或仲裁员往往需要借助技术专家或鉴定机构的协助，对电子证据进行专业分析和评估。例如，通过数据恢复技术提取被删除的电子证据，通过解密技术读取加密数据，或通过日志分析技术还原系统操作过程。这些技术手段不仅能够帮助认定电子证据的真实性和完整性，还能够揭示其与案件事实之间的内在联系。

此外，电子证据的认定还需考虑其证明力的强弱。证明力是指证据对案件事实的证明程度。电子证据的证明力通常取决于其真实性、合法性和关联性的综合评估结果。例如，经过公证保全的电子证据通常具有较强的证明力，而未经技术验证或来源不明的电子证据则可能被认定为证明力较弱。在司法实践中，法官或仲裁员需要根据案件的具体情况，结合其他证据，对电子证据的证明力进行综合判断。

任务 3　电子商务争议解决机制

目前我国电子商务平台均已发展出自己的争议解决机制，消费者可以通过这些平台内部的争议解决机制解决电子商务中的纠纷，这些机制可以是广义的机制，即相关当事人投诉或者质询机制；也可以是狭义的机制，即允许当事人直接在平台上提起类似诉讼的维权程序，由平台对争议进行裁判，并自动在平台上执行有关裁决。除以上解决机制外，我国《电子商务法》第60条规定："电子商务争议可以通过协商和解，请求消费者组织、行业协会或者其他依法成立的调解组织调解，向有关部门投诉，提请仲裁，或者提起诉讼等方式解决。"传统的诉讼和仲裁对于电子商务交易纠纷而言，存在成本高、效率低的问题，但诉讼与仲裁是最为有效的、权威的纠纷解决途径，具有不可替代的功能。对于不同类别的纠纷，不同解决机制各有优势。因此，我国《电子商务法》确立了适应电子商务特点的多元化纠纷解决机制。

一、电子商务争议的和解与调解

（一）和解

和解是指争议双方在平等自愿的基础上，通过协商达成一致意见，从而解决纠纷的方式。和解的核心在于当事人的自主性和自愿性，无需第三方介入，完全由双方自行协商解决。在电子商务争议中，和解通常表现为买卖双方通过在线沟通工具（如平台聊天系统、电子邮件等）进行协商，就退款、换货、补偿等问题达成一致。

和解的优势在于其高效性和灵活性。由于无需经过复杂的法律程序，和解可以在短时间内解决争议，节省时间和成本。同时，和解的内容和形式完全由当事人自主决定，可以根据具体情况灵活调整，满足双方的个性化需求。例如，在商品质量争议中，卖方可以通过部分退款、赠送优惠券等方式与买方达成和解，既维护了买方的权益，又避免了全额退款带来的损失。

然而，和解也存在一定的局限性。由于缺乏第三方的监督和约束，和解协议的履行完全依赖于当事人的诚信。如果一方不履行和解协议，另一方可能难以通过法律手段强制履行。因此，在达成和解协议时，建议当事人将协议内容以书面形式固定下来，并通过电子签名或其他技术手段确保其法律效力。此外，电子商务平台可以提供和解协议的备案服务，以增强和解协议的约束力。

（二）调解

调解是指在第三方的主持下，争议双方通过协商达成一致意见，从而解决纠纷的方式。调解的第三方可以是电子商务平台、行业协会、专业调解机构或司法机关。与和解相比，调解引入了中立的第三方，能够更好地平衡双方的利益，促进争议的公正解决。

在电子商务争议中，调解通常由电子商务平台在线争议解决机制提供支持。平台作为中立的第三方，通过在线调解系统为买卖双方提供沟通渠道，协助双方就争议问题达成一致。例如，当买方因商品质量问题提出退款申请时，平台可以介入调解，根据交易记录和双方提供的证据，提出合理的解决方案。

调解的优势在于其公正性和专业性。第三方调解人通常具有丰富的经验和专业知识，能够客观分析争议事实，提出公平合理的解决方案。同时，调解程序相对灵活，可以根据争议的具体情况调整调解方式和内容。例如，在复杂的跨境电子商务争议中，调解人可以根据国际惯例和相关法律，提出双方都能接受的解决方案。

调解协议的效力取决于当事人的自愿履行。虽然调解协议不具有强制执行力，但通过电子商务平台的信用评价机制或其他约束手段，可以有效促使当事人履行协议。例如，平台可以将调解协议的履行情况纳入商家的信用评级体系，对不履行协议的商家采取限制措施。此外，当事人还可以通过司法确认程序，将调解协议转化为具有强制执行力的法律文书。

◇ 案例 9-2

闲鱼购车纠纷调解案[1]

1 月 5 日，河南省叶县人民法院诉前调解中心成功调解一起因购车引起的纠纷。案件从接收到化解仅用了 3 天时间，得到双方当事人一致好评。

王某在闲鱼网看到李某挂卖的二手车，双方线上沟通谈拢后，王某自行到李某处提车。2023 年 12 月 27 日以 27 700 元的价格成交，双方当场签订了售车协议，李某向王某交付了车辆。因李某售车时保证车辆无事故、无泡水、无火烧情况，王某才提的车，但王某在保养中发现车辆有维修和理赔记录，后双方争执不下。

诉调中心接到案件后，立即联系双方了解情况，对王某起诉的退一赔三和为了买车及买车之后的费用 5000 元（路费、加油费、高速费、过户费、保养费）等，进行了重点询问沟通，给对方详细讲解了相关法律规定。后王某不再主张"退一赔三"请求，只希望把自己损失降到最低。而另一边李某同意退回购车款，但王某需要把该车开到叶县交付。

摸清双方的调解"底线"后，调解员从社会正义及诚实信用原则出发，从法理情理道理上给双方做了大量的思想工作。最终，双方各让一步，一致同意：李某当场一次性退还购车款及各项损失 29 300 元，王某当场交付该车辆及相关手续。双方顺利签订调解协议并在线申请了司法确认。该纠纷得到圆满化解。

二、电子商务争议的投诉、举报机制

电子商务争议的投诉、举报机制是维护消费者权益、规范市场秩序的重要手段。在电子商务活动中，由于交易主体众多、交易环节复杂，争议难以避免。投诉、举报机制为消费者提供了便捷的维权渠道，同时也为监管机构提供了发现和处理违法违规行为的重要途径。

（一）投诉

投诉是指当事人通过网络购买商品或者接受服务，与电子商务经营者发生争议，向有关部门或机构反映经营者违法、侵权事实，并请求维护其权益、解决争议的行为。根据事实，受理投诉的有关部门或机构应当依法行使职权。依照法律、法规和规章，公正予以处理。

（二）举报

举报是消费者或其他主体对电子商务活动中的违法违规行为向监管部门或平台进行报告的方式。举报的内容通常包括销售假冒伪劣商品、虚假交易、刷单炒信、侵犯知识产权等。举报不仅为消费者提供了维权的途径，也为监管部门打击违法行为提供了线索。

（三）受理投诉、举报的主体

1. 电子商务经营者。《电子商务法》第 59 条规定："电子商务经营者应当建立便捷、有效的投诉、举报机制，公开投诉、举报方式等信息，及时受理并处理投诉、举报。"该规定将投诉、举报的受理主体扩大到电子商务经营者，按照这一规定，各种电子商务经营主体都应承担建立投诉、举报机制的义务。实践中，电子商务经营者建立的投诉、举报机制大致分为两种：一种是各类电子商务经营者面向消费者或者其他社会公众设立的就其自身提供的服务进行投诉、举报的机制。此种投诉、举报机制是电子商务经营者内部设立相应的机构或者渠道，对

---

[1] 《闲鱼购车惹纠纷诉前调解化矛盾》，载 https://www.pkulaw.com/pal/a3ecfd5d734f711d782f43527781352e93350d122b99b1fbbdfb.html? keyword = %E7%8E%8B%E6%9F%90%E5%9C%A8%E9%97%B2%E9%B1%BC%E7%BD%91%E7%9C%8B%E5%88%B0%E6%9D%8E%E6%9F%90%E6%8C%82%E5%8D%96%E7%9A%84%E4%BA%8C%E6%89%8B%E8%BD%A6&way = listView，最后访问日期：2025 年 7 月 25 日。

其业务活动进行的一种监督或者约束，属于市场自治中的经营者自律行为。另一种是电子商务平台经营者面向其他平台内经营者进行投诉、举报的机制。此种投诉、举报是电子商务平台经营者对平台内经营者的约束，属于市场自治中的他律机制。《电子商务法》规定了电子商务经营者应当建立投诉、举报机制，这就意味着建立投诉、举报机制是电子商务经营者的法定义务，而不是可以自愿选择是否建立的事项。这一规定有利于保护消费者权益，维护电子商务市场秩序，促进电子商务规范健康发展。

2. 行业组织。实践中，一些行业组织基于其章程的规定，受理其成员或者其他当事人的投诉、举报。例如，中国互联网协会的章程规定，其业务范围之一就是受理网上不良信息及不良行为的投诉和举报，协助相关部门开展不良信息处理处置工作，净化网络环境。《中国认证认可协会行业自律投诉举报受理处理实施办法》明确了投诉、举报机制。随着行业组织作用的不断增强，其受理投诉、举报的行业资质范围日益扩大。

3. 消费者组织。《消费者权益保护法》第37条规定："消费者协会履行下列公益性职责：（一）向消费者提供消费信息和咨询服务，提高消费者维护自身合法权益的能力，引导文明、健康、节约资源和保护环境的消费方式；（二）参与制定有关消费者权益的法律、法规、规章和强制性标准；（三）参与有关行政部门对商品和服务的监督、检查；（四）就有关消费者合法权益的问题，向有关部门反映、查询，提出建议；（五）受理消费者的投诉，并对投诉事项进行调查、调解；（六）投诉事项涉及商品和服务质量问题的，可以委托具备资格的鉴定人鉴定，鉴定人应当告知鉴定意见；（七）就损害消费者合法权益的行为，支持受损害的消费者提起诉讼或者依照本法提起诉讼；（八）对损害消费者合法权益的行为，通过大众传播媒介予以揭露、批评。各级人民政府对消费者协会履行职责应当予以必要的经费等支持。消费者协会应当认真履行保护消费者合法权益的职责，听取消费者的意见和建议，接受社会监督。依法成立的其他消费者组织依照法律、法规及其章程的规定，开展保护消费者合法权益的活动。"

4. 行政管理部门。《消费者权益保护法》第39条规定："消费者和经营者发生消费者权益争议的，可以通过下列途径解决：（一）与经营者协商和解；（二）请求消费者协会或者依法成立的其他调解组织调解；（三）向有关行政部门投诉；（四）根据与经营者达成的仲裁协议提请仲裁机构仲裁；（五）向人民法院提起诉讼。"受理投诉、解决当事人的争议是政府部门履行职责的重要方面。具体到电子商务交易纠纷的投诉、举报，也应按照相应的职权划分确定受理投诉、举报的部门。按照相关的法律法规和部门职责划分的有关规定，电子商务争议系消费者的权益、知识产权保护方面的投诉、举报事项，应由市场监督管理部门受理。但涉及行政许可，销售、提供法律禁止销售的商品或者服务等违法行为的，以及对主管部门职责另有规定的，由相应的审批、许可和主管部门受理。

（四）处理程序

《市场监督管理投诉举报处理暂行办法》第2条规定："市场监督管理部门处理投诉举报，适用本办法。"因此对电子商务交易纠纷的投诉、举报也应遵守此规定。该办法规定了投诉举报的途径，即向市场监督管理部门提出投诉举报的，应当通过市场监督管理部门公布的接收投诉举报的互联网、电话、传真、邮寄地址、窗口等渠道进行。消费者投诉应当提供下列材料：①投诉人的姓名、电话号码、通讯地址；②被投诉人的名称（姓名）、地址；③具体的投诉请求以及消费者权益争议事实。投诉人采取非书面方式进行投诉的，市场监督管理部门工作人员应当记录以上信息。委托他人代为投诉的，除提供上述材料外，还应当提供授权委托书原件以及受托人身份证明。授权委托书应当载明委托事项、权限和期限，由委托人签名。投诉人为两人以上，基于同一消费者权益争议投诉同一经营者的，经投诉人同意，市场监督管理部门可以按共同投诉处理。投诉由被投诉人实际经营地或者住所地县级市场监督管理部门处理。

对电子商务平台经营者以及通过自建网站、其他网络服务销售商品或者提供服务的电子商务经营者的投诉，由其住所地县级市场监督管理部门处理。对平台内经营者的投诉，由其实际经营地或者平台经营者住所地县级市场监督管理部门处理。上级市场监督管理部门认为有必要的，可以处理下级市场监督管理部门收到的投诉。下级市场监督管理部门认为需要由上级市场监督管理部门处理本行政机关收到的投诉的，可以报请上级市场监督管理部门决定。对同一消费者权益争议的投诉，两个以上市场监督管理部门均有处理权限的，由先收到投诉的市场监督管理部门处理。市场监督管理部门，应当自收到投诉之日起 7 个工作日内作出受理或者不予受理的决定，并告知投诉人。

市场监督管理部门经投诉人和被投诉人同意，采用调解的方式处理投诉，但法律、法规另有规定的，依照其规定。鼓励投诉人和被投诉人平等协商，自行和解。市场监督管理部门可以委托消费者协会或者依法成立的其他调解组织等单位代为调解。经现场调解达成调解协议的，市场监督管理部门应当制作调解书，但调解协议已经即时履行或者双方同意不制作调解书的除外。调解书由投诉人和被投诉人双方签字或者盖章，并加盖市场监督管理部门印章，交投诉人和被投诉人各执一份，市场监督管理部门留存一份归档。未制作调解书的，市场监督管理部门应当做好调解记录备查。

三、电子商务争议的诉讼与仲裁

◇ 案例 9-3

王某某诉平台销售机票隐性捆绑增值服务案[1]

王某某因出行在某机票代销平台购买青岛至宁波的机票。平台显示成人票 280 元，加机场建设费、燃油附加费 70 元，优惠 40 元，王某某实付 310 元。验真时，他发现航空公司官网票价仅 300 元。询问客服无果后，王某某向中国民用航空局投诉，平台退还 10 元差价。但王某某认为平台欺诈，因订票页面未显示 10 元外卖红包，他以为支付的是纯机票款。于是，王某某向北京互联网法院起诉，要求平台退还 310 元票款并三倍赔偿。

庭审中，平台称王某某买的是"机票＋外卖礼包"组合产品，王某某反驳，其费用明细截图无券包信息。平台无法证明王某某购票时能看到 10 元外卖礼包券，所提供的后台数据消费者无法获取。

北京互联网法院对案件作出判决，依据中国民用航空局相关通知，认定销售代理企业不得额外加收服务费、恶意篡改价格或捆绑销售。本案中，平台有义务在购买界面设置提示和勾选选项，却未向王某某说明费用构成，导致他无法知悉费用详情并拒绝支付。而且平台对 10 元费用用途说法不一。因此，北京互联网法院判定平台存在欺诈，责令其向王某某支付机票价格三倍赔偿，共计 930 元。

请分析：

1. 电子商务争议诉讼的在线审理程序是什么？

2. 互联网法院的开设带来了哪些好处？

（一）诉讼

1. 概述。诉讼是指当事人通过向人民法院提起诉讼，由人民法院依法审理并作出判决的方

---

〔1〕《北京互联网法院涉在线文化旅游消费纠纷典型案例》，载 https://m. thepaper. cn/baijiahao_ 30007451，最后访问日期：2025 年 7 月 25 日。

式解决争议。在电子商务争议中，诉讼通常适用于争议金额较大、法律关系复杂或当事人无法通过协商达成一致的案件。例如，当消费者因购买到假冒伪劣商品而遭受重大损失，或商家因平台规则不公而提起诉讼时，人民法院可以根据相关法律和事实作出公正裁决。

诉讼的优势在于其权威性和强制执行力。人民法院的判决具有法律效力，当事人必须履行判决内容，否则可以申请强制执行。此外，诉讼程序公开透明，能够保障当事人的合法权益，特别是在涉及重大利益或复杂法律问题时，诉讼能够提供更为严谨和公正的解决方案。

然而，诉讼也存在一定的局限性。首先，诉讼程序较为复杂，从立案、审理到判决通常需要较长时间，难以满足电子商务争议高效解决的需求。其次，诉讼成本较高，包括诉讼费、律师费以及其他相关费用，可能对当事人造成经济负担。最后，电子商务争议往往具有跨地域性，当事人可能分散在不同地区甚至不同国家，这增加了诉讼的难度和复杂性。

2. 电子商务诉讼的在线审理程序。传统案件的审理是通过线下的方式进行的，基于我国网络交易纠纷案件数量的增多及此类案件的特殊性，电子商务诉讼开始向在线审理方向发展，提交诉状、证据材料、授权委托手续、送达开庭通知书等一系列操作均在线进行，形成了线下审理和在线审理方式的结合。在线诉讼解决机制虽然依据传统审判的程序规则进行，但因为添加科技因素而表现出特殊性。目前，我国虽然还没有形成全国性的人民法院在线诉讼操作规则，但浙江省高级人民法院批准设立的浙江电子商务网上法庭的运作水平和实践经验已具有相当高的水平。以下通过对其模式的介绍，阐释电子商务争议诉讼在线审理程序。

（1）发起诉讼阶段。在进入诉讼之前，纠纷当事人要提起诉讼，需要进行实名注册认证，并绑定纠纷发生所在平台账号，按照自己在电子商务交易中网上注册的交易身份起诉，并在线填写电子起诉状。以淘宝交易为例，买家可以通过支付宝账号发起诉讼，电子平台在得到注册用户授权后，可以自动调取涉案的商品信息、物流信息、维权信息等证据材料，便于审判人员在开庭审理案件前全面了解案件信息，形成心证，大大提高审判的效率。随后，网上法庭提供人民法院在线诉讼须知，确保当事人了解庭审流程和操作程序。纠纷当事人可以自愿选择是否起诉，对确定起诉的，网络平台会根据之前调取的信息，自动计算赔付金额、起诉请求等，让当事人更方便、快捷地获取诉讼信息。

（2）诉讼调解阶段。原告起诉后，人民法院电子系统会将原告的起诉信息通过电子方式送达给被诉方，被告也需要通过注册账户查询被诉信息。原告在系统中点击确认起诉后，在线人民法院的审判人员依据当事人提交的材料在线确认是否立案，并将处理结果以电子形式通知当事人，人民法院确认立案的，在进入审判程序之前，在线法庭提供案前调解程序，当事人可以根据意愿选择是否进行诉前调解。浙江电子商务网上法庭还引入八位资深的调解员，通过之前的网上电子起诉信息，可以全面快速了解纠纷当事人的案件情况，从而更好地进行调解。

（3）人民法院立案阶段。当调解不成功或当事人不愿意诉前调解的，原告的电子诉状将正式提交到网上法庭，人民法院按照我国民事诉讼法的立案规定，审查起诉是否成立，对于符合立案规定的案件，原告只要在线完成诉讼费用的缴纳，便能实现案件的线上立案。人民法院通过电子送达的方式向被告发送应诉通知书。在立案阶段，网上法庭仍按照传统的审判规则开展立案活动，保障当事人管辖异议、证据交换等诉讼权利的完全行使。

（4）人民法院在线审判阶段。在庭审阶段，浙江电子商务网上法庭通过人民法院网络视频技术开展庭审活动。在庭审前除了完成传统的开庭准备工作外，人民法院还增加了告知当事人关于网络庭审的程序流程的特殊性的事项，保证当事人能更全面地了解人民法院在线诉讼解决机制的特点，充分尊重当事人选择解纷机制的权利，也为后续在线审判工作的顺利开展做好准备。进入审判程序后，庭审过程仍与线下审判一致，需要开展法庭调查、法庭辩论、案件评议和宣告判决等诉讼活动。此外，与线下庭审相比较，人民法院更应该重视当事人在线诉讼阶段的诉讼权利和诉讼义务的实现，制定相应的庭审规则，保证在线庭审的严肃性和公正性。

（二）仲裁

1. 概述。仲裁是指当事人根据仲裁协议，将争议提交仲裁机构进行审理并作出裁决的方式解决争议。与诉讼相比，仲裁具有程序灵活、保密性强、一裁终局等特点，特别适用于涉及商业秘密或需要快速解决的电子商务争议。例如，在跨境电子商务争议中，当事人可以选择国际仲裁机构，根据国际惯例和相关法律进行仲裁，避免因司法管辖权问题导致的争议。

仲裁的优势在于其高效性和专业性。仲裁程序相对灵活，当事人可以根据争议的具体情况选择仲裁规则、仲裁员和仲裁地点，从而更好地满足个性化需求。此外，仲裁裁决具有法律效力，当事人可以申请人民法院强制执行。仲裁的保密性也为当事人提供了更好的隐私保护，特别是在涉及商业秘密或个人隐私的争议中，仲裁能够避免公开审理带来的不利影响。

然而，仲裁也存在一定的局限性。首先，仲裁需要当事人达成仲裁协议，如果一方不同意仲裁，则无法启动仲裁程序。其次，仲裁费用通常较高，特别是在国际仲裁中，费用可能成为当事人的负担。最后，仲裁的一裁终局特性虽然提高了效率，但也意味着当事人无法通过上诉程序对裁决结果进行救济。

为适应电子商务争议的需求，许多仲裁机构推出了在线仲裁服务。在线仲裁通过互联网技术实现仲裁程序的全程在线化，包括提交申请、交换证据、开庭审理和作出裁决等环节。这种模式不仅提高了仲裁效率，还降低了仲裁成本，为电子商务争议的解决提供了更加便捷的途径。

2. 电子商务诉讼的在线审理程序。《中国国际经济贸易委员会网上仲裁规则》（以下简称《网上仲裁规则》）第18条第1项和第19条规定了申请人和被申请人提交文件的要求及受理的程序。按照仲裁委员会设定并在仲裁委员会网上争议解决中心网站上公布的"仲裁申请书格式"及"仲裁申请书提交指南"的要求向仲裁委员会提交由申请人及/或申请人授权的代理人签名及/或盖章的仲裁申请书。仲裁委员会秘书局自收到仲裁申请书之日起5日内，认为符合受理条件的，应当受理，并书面通知当事人；认为不符合受理条件的，应当书面通知当事人不予受理，并说明理由。

《网上仲裁规则》第32条规定："除非当事人约定或者仲裁庭认为有必要开庭审理，仲裁庭只依据当事人提交的书面材料和证据对案件进行书面审理。"第33条规定："开庭审理的案件，仲裁庭应当采用以网络视频会议及其他电子或者计算机通讯形式所进行的网上开庭方式；根据案件的具体情况，仲裁庭也可以决定采用常规的现场开庭方式。"第34条规定："开庭审理的案件，仲裁庭应当确定开庭的日期、时间和地点（如有必要）以及庭审方式。仲裁委员会秘书局应当在开庭日前12日将开庭通知发送双方当事人。当事人有正当理由的，可以请求延期开庭，但应当在开庭日前5日以书面形式向仲裁庭提出；是否延期，由仲裁庭决定。第一次开庭审理后的开庭审理日期及延期后开庭审理日期的通知，不受上述12日的限制。"

四、电子商务平台在线争议解决机制

电子商务平台在线争议解决机制（Online Dispute Resolution，ODR）是依托互联网技术，为电子商务争议提供高效、便捷解决途径的创新模式。随着电子商务的快速发展，传统的争议解决方式已难以满足高频、小额、跨地域的争议解决需求，而电子商务平台在线争议解决机制通过在线化、智能化的方式，为当事人提供了更加灵活和高效的纠纷解决服务。

（一）概述

电子商务平台在线争议解决机制是指平台利用互联网技术，整合协商、调解、仲裁等多种争

议解决方式，为买卖双方提供一站式纠纷解决服务的系统。电子商务平台在线争议解决机制的核心在于其在线化和技术驱动，当事人无需面对面接触，即可通过平台提供的在线工具完成争议解决的各个环节。例如，消费者可以通过平台的争议解决页面提交投诉，与卖家进行在线协商，或申请平台介入调解甚至仲裁。

电子商务平台在线争议解决机制的优势在于其高效性、便捷性和低成本。由于争议解决过程完全在线进行，当事人无需耗费时间和精力参与线下程序，争议可以在短时间内得到解决。此外，电子商务平台在线争议解决机制通常依托平台的规则和技术手段，能够快速匹配争议类型并提供相应的解决方案，进一步提高了争议解决的效率。

（二）在线协商机制

在线协商机制是电子商务平台在线争议解决机制中最基础也是最常用的争议解决方式。它允许买卖双方通过平台的在线沟通工具（如聊天系统、电子邮件等）直接进行协商，就争议问题达成一致。例如，当消费者因商品质量问题提出退款请求时，可以通过平台的协商系统与卖家沟通，双方就退款金额、退货方式等达成协议。

在线协商机制的优势在于其灵活性和自主性。当事人可以根据争议的具体情况，自由选择协商的内容和方式，无需第三方介入。此外，平台的智能客服系统可以为协商提供支持，例如，自动生成协商模板、提供解决方案建议等，帮助双方更快达成一致。

我国最具代表性的电子商务交易纠纷在线协商机构是上海浦东新区网购纠纷协调服务平台。该平台是一个电子商务可信交易环境门户网站，由上海市浦东新区商务委和民政局推动成立的浦东电子商务行业协会负责运行，是一个第三方公共服务机构，依据政府的授权和委托承担电子商务可信交易环境建设，兼具公信力与市场灵活性。平台为电子商务市场提供公益性基础服务，其性质是"服务的服务，第三方的第三方"。平台为网络消费者提供服务（该网站称之为快速纠纷解决服务），其宗旨是快速解决电子商务在线交易纠纷，遵循行业标准，联合业界专业人员，为企业及其消费者提供包括在线法律咨询、消费投诉、和解在内的一站式电子商务交易纠纷处理服务，使企业和消费者无须进行法律诉讼就能快捷解决电子商务交易纠纷。但是其受理范围也有一定的限制，只受理消费者与通过平台验证并加入电子商务可信交易生态圈的电子商务企业之间，通过在线交易产生的投诉与纠纷。

然而，在线协商机制的效力依赖于当事人的诚信和合作意愿。如果一方拒绝协商或协商无法达成一致，争议将进入更高层级的解决程序。

（三）在线调解机制

在线调解机制是在协商无法解决争议时，由平台或第三方调解人介入，协助双方达成一致的方式。调解人通常由平台指定的专业人员或独立的第三方机构担任，他们通过在线调解系统与双方沟通，分析争议事实，提出公平合理的解决方案。例如，当消费者与卖家就商品描述不符问题无法达成一致时，平台可以指派调解人介入，根据交易记录和双方提供的证据提出调解方案。

在线调解机制的优势在于其公正性和专业性。调解人作为中立的第三方，能够客观分析争议事实，平衡双方的利益，提出双方都能接受的解决方案。此外，在线调解程序相对灵活，可以根据争议的具体情况调整调解方式和内容，进一步提高争议解决的效率。为增强在线调解的效力，许多平台将调解结果与商家的信用评级挂钩。例如，如果卖家拒绝履行调解协议，平台可以降低其信用评级或采取其他限制措施，从而促使卖家主动履行协议。

中国在线争议解决中心（ChinaODR，以下简称中心）成立于2004年。宗旨是切实加强我国电子商务法律服务，保障电子商务消费者的合法权益，改变我国电子商务交易纠纷得不到及时解决的局面。在线调解是其服务的主要模式，电子邮件与聊天室是其主要的沟通方式。根据该中心的网上调解规则在双方当事人同意的基础上受理各种类型的在线争议案件，遵循意思自治、正义、公平和公正的原则，快速有效地帮助当事人化解纠纷。若当事人无其他约定，则依据中心的调解规则进行调解。其基本调解步骤是：其一，调解申请。任何一方纠纷当事人若想申请在线调解，需登录该网站填写案件表格，该网站会做一个基本情况审查，符合条件的，会以电子邮件的方式及时通知对方当事人，若被申请方同意调解，则会启动相关调解程序。其二，调解员的确定。中国在线争议解决中心会提供一份调解员名单，供双方当事人进行选择，若当事人3日内无法达成选定调解员的共同意见，中心会指定一位调解员。其三，在线调解。调解员会利用电子邮件、聊天室或者视频会议等方式，在中心平台上进行调解，如若遇到复杂案件，也会采用一些离线辅助方式。其四，调解终止。调解过程中，任何一方当事人均可终止相关程序，但须向调解员提交一份书面声明；调解员也可以在无法达成和解协议的情况下，书面声明终止调解程序。若调解成功，在听取当事人的意见后，由调解员制作调解书。调解书没有强制执行力，当事人可再次申请仲裁或诉讼。

（四）在线仲裁机制

在线仲裁机制是电子商务平台在线争议解决机制中最高层级的争议解决方式，适用于协商和调解无法解决的复杂或重大争议。在线仲裁由平台指定的仲裁员或独立的仲裁机构通过在线平台进行审理，并作出具有约束力的裁决。例如，在跨境电子商务争议中，当事人可以选择平台的在线仲裁服务，由仲裁员根据相关法律和平台规则作出裁决。

在线仲裁机制的优势在于其权威性和高效性。仲裁裁决具有法律效力，当事人必须履行裁决内容，否则可以申请人民法院强制执行。此外，在线仲裁程序通常比传统仲裁更加高效，当事人可以通过在线平台提交证据、参与庭审，甚至在线签署法律文书，从而大大缩短争议解决的时间。

然而，在线仲裁机制的实施需要依托完善的法律框架和技术支持。例如，平台需要制定明确的仲裁规则，确保仲裁程序的公正性和透明度；同时，还需要利用区块链、人工智能等技术手段，确保仲裁过程的安全性和裁决的可执行性。

电子商务平台在线争议解决机制通过整合协商、调解、仲裁等多种方式，为当事人提供了高效、便捷的争议解决途径。随着技术的不断进步和法律的逐步完善，电子商务平台在线争议解决机制将在电子商务争议解决中发挥更加重要的作用。例如，通过人工智能技术实现争议的自动分类和处理，或通过区块链技术确保争议解决过程的可追溯性和不可篡改性。未来，电子商务平台在线争议解决机制还需要进一步加强国际合作，特别是在跨境电子商务争议解决中，建立统一的规则和标准，为全球电子商务生态的健康发展提供有力支持。通过不断创新和优化，电子商务平台在线争议解决机制将成为电子商务争议解决的核心工具，为当事人提供更加公平、高效和可信的纠纷解决服务。

项目小结

本项目围绕电子商务争议解决展开，深入探讨了电子商务交易纠纷中的电子证据、电子商务争议解决机制及其法律适用问题。开篇从电子证据的概述入手，明确了电子证据的定义与特征，为后续电子证据的收集、保全与认定奠定了理论基础。通过分析电子证据的虚拟性、易变性、技术依赖性、可复制性、跨地域性、多样性等特点，揭示了其在电子商务争议解决中的重要性。

在电子商务争议解决机制部分，项目系统梳理了和解、调解、投诉、举报、诉讼与仲裁等多种争议解决方式，并结合实际案例，分析了各类机制的适用场景与优势。例如，和解与调解的高效性与灵活性，投诉与举报机制对消费者权益的保护作用，以及诉讼与仲裁的法律强制力与权威性。特别是对电子商务平台在线争议解决机制的探讨，展现了技术驱动下争议解决的创新模式，为高效、便捷地处理电子商务交易纠纷提供了新思路。

通过本项目学习，学生能够系统掌握电子商务争议解决的法律框架与实践操作，深刻理解电子证据在争议解决中的核心作用，以及各类电子商务争议解决机制的适用性与局限性。同时，项目注重培养学生的法律思维与实务能力，使其能够熟练运用法律规则与技术手段，解决电子商务活动中的复杂争议问题。本项目不仅提升了学生的法律意识与风险防范能力，还为其未来从事电子商务、法律实务或相关领域工作奠定了坚实基础。通过理论与实践的结合，学员将能够更好地应对数字经济时代的新型法律挑战，助力电子商务生态的健康有序发展。

趁热打铁

一、选择题

1. 电子证据的主要特征不包括（　　）。

A. 虚拟性　　　　　　　　　　　　B. 易变性

C. 不可复制性　　　　　　　　　　D. 技术依赖性

2. 在电子商务争议解决中，以下方式中具有法律强制力的是（　　）。

A. 和解　　　　　　　　　　　　　B. 调解

C. 仲裁　　　　　　　　　　　　　D. 投诉

3. 根据《电子签名法》，电子证据的法律效力取决于（　　）。

A. 证据的数量　　　　　　　　　　B. 证据的真实性、合法性和关联性

C. 证据的存储位置　　　　　　　　D. 证据的提交时间

4. 电子商务平台在线争议解决机制的核心优势是（　　）。

A. 高成本　　　　　　　　　　　　B. 低效率

C. 在线化和高效性　　　　　　　　D. 仅限于国内使用

5. （多选）电子证据的保全方法包括（　　）。

A. 哈希值校验　　　　　　　　　　B. 时间戳

C. 数据加密　　　　　　　　　　　D. 口头承诺

6. （多选）在电子商务争议中，以下哪些可以作为电子证据（　　）。

A. 电子邮件　　　　　　　　　　　B. 聊天记录

C. 交易日志　　　　　　　　　　　D. 网页截图

二、简答题

1. 简述电子证据的定义及其在电子商务争议解决中的重要性。
2. 电子商务争议的和解与调解有何区别？
3. 在电子证据的收集过程中，如何确保其合法性和真实性？
4. 电子商务平台在线争议解决机制的优势有哪些？
5. 跨境电子商务争议解决面临的主要挑战是什么？

三、案例分析题

消费者李某在某电子商务平台购买了一台笔记本电脑，收到货后发现电脑存在严重的性能问题，与商家描述不符。李某与商家协商退货退款，但商家以"已拆封使用"为由拒绝退货。

李某向某电子商务平台投诉，某电子商务平台建议双方通过在线调解解决争议。调解未果后，李某决定通过诉讼解决争议。

请分析：

1. 李某在诉讼中需要提供哪些电子证据？如何确保这些证据的真实性和合法性？
2. 某电子商务平台在争议解决中应承担哪些责任？
3. 如果李某选择仲裁而非诉讼，仲裁结果的法律效力如何？

▲ **实训任务九** —— 知法于心 践法于行，法润商途

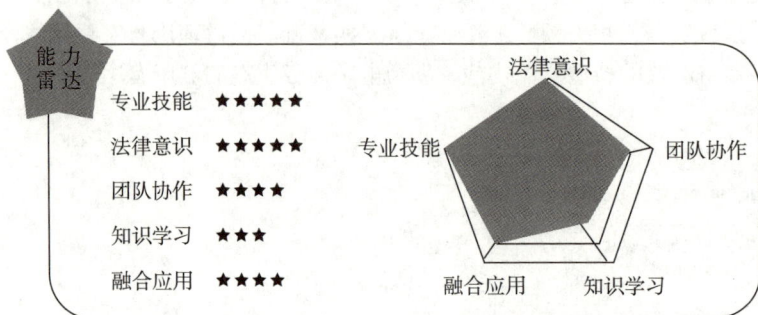

案情经过：

在某知名电子商务平台上，商家李某拥有一款电子产品的独家代理销售权。商家张某所售的同类型电子产品，在外观设计、功能描述等方面与商家李某的产品高度相似。商家李某怀疑商家张某存在侵权行为，通过电子商务平台的交易记录查询、商品页面截图以及与购买过商家张某产品的消费者的线上沟通，收集了一系列电子证据，包括商家张某商品页面的 HTML 缓存文件、交易订单的电子记录以及聊天记录截图等。在与商家张某沟通协商无果后，商家李某依据电子商务平台的仲裁条款，向平台指定的在线仲裁机构提起仲裁申请，要求商家张某停止侵权、赔偿经济损失并公开道歉。

项目要求： 1. 分组明确：全班学生分为三个小组，第一组扮演商家李某，第二组扮演商家张某，第三组担任仲裁庭成员，包括仲裁员、书记员等。

2. 法律剖析与文件准备：各小组需深入分析案件涉及的法律关系，依据《民事诉讼法》中关于电子证据的相关规定以及《最高人民法院关于民事诉讼证据的若干规定》等法律法规，准备各类相关法律文件。

3. 团队协作：小组成员需紧密配合，共同探讨案件细节、证据效力以及法律适用等问题，解决实训过程中遇到的困难，按时提交高质量的项目成果。

项目内容： 1. 第一组（商家李某）：撰写仲裁申请书，详细阐述商家张某的侵权行为，包括侵权产品与自家独家代理产品的相似之处，以及对自身造成的经济损失和市场影响。

整理并标注电子证据，制作证据清单，说明每份电子证据的来源、形成时间以及与侵权事实的关联性。例如，详细说明使用专业网页保存工具缓存商品页面的过程，以及如何确保页面内容未被篡改。

准备在仲裁庭上的陈述词，重点强调侵权事实的认定和自身的合理诉求。

2. 第二组（商家张某）：撰写答辩状，针对商家李某的仲裁申请进行反驳，质疑电子证据的效力，如指出商品页面截图可能被 PS 修改，交易记录可能被伪造等。

收集并整理能够支持自己观点的证据，如产品研发记录、进货渠道证明等，以证明自身产品的合法性和独立性。

准备在仲裁庭上的辩论意见，强调商家李某证据的瑕疵和自身行为的合理性。

3. 第三组（仲裁庭）：审查双方提交的法律文件和证据，对电子证据进行真实性、合法性和关联性的判断。要求商家李某补充提供电子证据的原始载体信息，向电子商务平台发出协助调查函，获取商家张某商品页面的历史数据备份以及交易记录的后台日志。

组织模拟仲裁庭审，按照仲裁程序，引导双方进行陈述、举证、质证和辩论。

根据庭审情况和证据审查结果，撰写仲裁裁决书，明确裁决依据、结果，包括商家张某是否侵权、应承担的法律责任，如停止侵权行为、赔偿金额、道歉方式等。

项目评价： 1. 教师评价（60%）：教师观察学生在模拟仲裁过程中的表现，从法律知识运用的准确性、证据分析的合理性、辩论逻辑的严密性以及语言表达的规范性等方面进行评价。例如，判断学生是否准确引用法律条文来支持观点，对证据的分析是否全面深入。

2. 能力雷达评价（40%）：依据能力雷达综合赋分，最终，两项评价标准的加权得分为小组在该项目中的综合分数。

项目成果： 1. 法律文书：各小组撰写的仲裁申请书、答辩状、仲裁裁决书等法律文书，要求格式规范、内容翔实、法律依据充分。

2. 模拟仲裁记录：模拟仲裁庭审的记录，包括庭审过程的视频、文字总结等，视频应清晰记录双方的陈述、辩论过程，文字总结应涵盖关键争议点、证据展示和质证情况以及最终的裁决结果。

附录　电子商务法律纠纷典型案例与实务解析

常见问题一：虚假宣传

案例再现：某电子商务平台上，商家宣传其销售的"纯天然蜂蜜"具有治疗胃病的功效，但实际检测发现该蜂蜜为人工合成，且无任何医疗效果。消费者购买后投诉至市场监管部门。

分析：商家通过虚假宣传误导消费者，违反了《广告法》和《消费者权益保护法》中关于真实宣传的规定，构成欺诈行为。

法条依据：《广告法》第4条第1款：广告不得含有虚假或者引人误解的内容，不得欺骗、误导消费者。

《消费者权益保护法》第20条第1款：经营者向消费者提供有关商品或者服务的质量、性能、用途、有效期限等信息，应当真实、全面，不得作虚假或者引人误解的宣传。

常见问题二：价格欺诈

案例再现：某电子商务平台在"双十一"促销活动中，商家将商品原价虚标为1000元，再以"5折优惠"出售，实际售价与平时售价500元一致。消费者发现后向平台投诉。

分析：商家通过虚构原价和虚假折扣的方式误导消费者，构成价格欺诈，违反了《中华人民共和国价格法》（以下简称《价格法》）和《明码标价和禁止价格欺诈规定》。

法条依据：《价格法》第14条：经营者不得有下列不正当价格行为：（一）相互串通，操纵市场价格，损害其他经营者或者消费者的合法权益；（二）在依法降价处理鲜活商品、季节性商品、积压商品等商品外，为了排挤竞争对手或者独占市场，以低于成本的价格倾销，扰乱正常的生产经营秩序，损害国家利益或者其他经营者的合法权益；（三）捏造、散布涨价信息，哄抬价格，推动商品价格过高上涨的；（四）利用虚假的或者使人误解的价格手段，诱骗消费者或者其他经营者与其进行交易；（五）提供相同商品或者服务，对具有同等交易条件的其他经营者实行价格歧视；（六）采取抬高等级或者压低等级等手段收购、销售商品或者提供服务，变相提高或者压低价格；（七）违反法律、法规的规定牟取暴利；（八）法律、行政法规禁止的其他不正当价格行为。

《明码标价和禁止价格欺诈规定》第20条：网络交易经营者不得实施下列行为：（一）在首页或者其他显著位置标示的商品或者服务价格低于在详情页面标示的价格；（二）公布的促销活动范围、规则与实际促销活动范围、规则不一致；（三）其他虚假的或者使人误解的价格标示和价格促销行为。网络交易平台经营者不得利用技术手段等强制平台内经营者进行虚假的或者使人误解的价格标示。

常见问题三：销售假冒伪劣商品

案例再现：消费者在某电子商务平台购买了一款知名品牌运动鞋，收到货后发现为假冒产品，经品牌方鉴定为假货。消费者向平台索赔。

分析：商家销售假冒伪劣商品，侵犯了消费者的知情权和公平交易权，同时也侵犯了品牌方的商标权，违反了《产品质量法》和《商标法》。

法条依据：《产品质量法》第 5 条：禁止伪造或者冒用认证标志等质量标志；禁止伪造产品的产地，伪造或者冒用他人的厂名、厂址；禁止在生产、销售的产品中掺杂、掺假，以假充真，以次充好。

《商标法》第 57 条：有下列行为之一的，均属侵犯注册商标专用权：（一）未经商标注册人的许可，在同一种商品上使用与其注册商标相同的商标的；（二）未经商标注册人的许可，在同一种商品上使用与其注册商标近似的商标，或者在类似商品上使用与其注册商标相同或者近似的商标，容易导致混淆的；（三）销售侵犯注册商标专用权的商品的；（四）伪造、擅自制造他人注册商标标识或者销售伪造、擅自制造的注册商标标识的；（五）未经商标注册人同意，更换其注册商标并将该更换商标的商品又投入市场的；（六）故意为侵犯他人商标专用权行为提供便利条件，帮助他人实施侵犯商标专用权行为的；（七）给他人的注册商标专用权造成其他损害的。

常见问题四：个人信息泄露

案例再现：某电子商务平台因技术漏洞导致大量用户个人信息被黑客窃取，包括姓名、电话、地址等，消费者因此遭受骚扰和诈骗。

分析：电子商务平台未尽到保护用户个人信息的义务，违反了《网络安全法》和《个人信息保护法》的相关规定，需承担法律责任。

法条依据：《网络安全法》第 40 条：网络运营者应当对其收集的用户信息严格保密，并建立健全用户信息保护制度。

《个人信息保护法》第 51 条：个人信息处理者应当根据个人信息的处理目的、处理方式、个人信息的种类以及对个人权益的影响、可能存在的安全风险等，采取下列措施确保个人信息处理活动符合法律、行政法规的规定，并防止未经授权的访问以及个人信息泄露、篡改、丢失：（一）制定内部管理制度和操作规程；（二）对个人信息实行分类管理；（三）采取相应的加密、去标识化等安全技术措施；（四）合理确定个人信息处理的操作权限，并定期对从业人员进行安全教育和培训；（五）制定并组织实施个人信息安全事件应急预案；（六）法律、行政法规规定的其他措施。

常见问题五：售后服务缺失

案例再现：消费者在某电子商务平台购买的家电产品出现故障，联系商家要求维修，但商家以"已过保修期"为由拒绝提供售后服务。

分析：商家未按约定提供售后服务，违反了《消费者权益保护法》中关于售后服务的规定，损害了消费者的合法权益。

法条依据：《消费者权益保护法》第 24 条：经营者提供的商品或者服务不符合质量要求的，消费者可以依照国家规定、当事人约定退货，或者要求经营者履行更换、修理等义务。没有国家规定和当事人约定的，消费者可以自收到商品之日起七日内退货；七日后符合法定解除合同条件的，消费者可以及时退货，不符合法定解除合同条件的，可以要求经营者履行更换、修理等义务。依照前款规定进行退货、更换、修理的，经营者应当承担运输等必要费用。

常见问题六：不正当竞争

案例再现：某电子商务平台通过技术手段屏蔽竞争对手的商品链接，导致竞争对手的商品无法在搜索结果中显示。

分析：某电子商务平台利用技术手段排挤竞争对手，违反了《反不正当竞争法》中关于公平竞争的规定。

法条依据：《反不正当竞争法》第 2 条第 1 款：经营者在生产经营活动中，应当遵循自愿、平等、公平、诚信的原则，遵守法律和商业道德，公平参与市场竞争。

常见问题七：合同违约

案例再现：消费者在某电子商务平台下单并支付后，商家以"库存不足"为由单方面取消订单，且未给予任何赔偿。

分析：商家单方面取消订单，构成合同违约，违反了《民法典》中关于合同履行的规定。

法条依据：《民法典》第 577 条：当事人一方不履行合同义务或者履行合同义务不符合约定的，应当承担继续履行、采取补救措施或者赔偿损失等违约责任。

常见问题八：侵犯知识产权

案例再现：某电子商务平台上的商家销售未经授权的盗版书籍，侵犯了著作权人的合法权益。

分析：商家销售侵权商品，侵犯了著作权人的知识产权，违反了《著作权法》的相关规定。

法条依据：《著作权法》第 53 条第 1 款第 1 项：有下列侵权行为的，应当根据情况，承担本法第五十二条规定的民事责任；侵权行为同时损害公共利益的，由主管著作权的部门责令停止侵权行为，予以警告，没收违法所得，没收、无害化销毁处理侵权复制品以及主要用于制作侵权复制品的材料、工具、设备等，违法经营额五万元以上的，可以并处违法经营额一倍以上五倍以下的罚款；没有违法经营额、违法经营额难以计算或者不足五万元的，可以并处二十五万元以下的罚款；构成犯罪的，依法追究刑事责任：（一）未经著作权人许可，复制、发行、表演、放映、广播、汇编、通过信息网络向公众传播其作品的，本法另有规定的除外。

常见问题九：不公平格式条款

案例再现：某电子商务平台在用户协议中规定"平台对任何商品质量问题不承担责任"，消费者购买到问题商品后无法维权。

分析：某电子商务平台通过不公平格式条款免除自身责任，限制了消费者的权利，违反了《民法典》和《消费者权益保护法》的相关规定。

法条依据：《民法典》第 497 条：有下列情形之一的，该格式条款无效：（一）具有本法第一编第六章第三节和本法第五百零六条规定的无效情形；（二）提供格式条款一方不合理地免除或者减轻其责任、加重对方责任、限制对方主要权利；（三）提供格式条款一方排除对方主要权利。

《消费者权益保护法》第 26 条第 2 款：经营者不得以格式条款、通知、声明、店堂告示等方式，作出排除或者限制消费者权利、减轻或者免除经营者责任、加重消费者责任等对消费者不公平、不合理的规定，不得利用格式条款并借助技术手段强制交易。

常见问题十：物流配送问题

案例再现：消费者在某电子商务平台购买的商品因物流原因延迟送达，且物流信息长时间未更新，导致消费者无法正常使用该商品。

分析：某电子商务平台或物流公司未按照约定时间配送商品，构成合同违约，违反了《民法典》中关于合同履行的规定。

法条依据：《民法典》第 577 条：当事人一方不履行合同义务或者履行合同义务不符合约定的，应当承担继续履行、采取补救措施或者赔偿损失等违约责任。